KB274751

한국이 싫다

한국이 싫다

정 광 호 지음

한·중 소통을 위한 비교문화 에세이

매일경제신문사

일러두기

이 책의 중국어, 한자어 표기는 다음의 기준에 따랐다.

1. 근대 이전 봉건시대 인명, 지명 등은 우리식 한자어 발음으로 표기했다.
2. 근대 이후 현대사에 해당하는 경우는 중국어 발음을 기준으로 표기했다.
3. 중국어의 우리말 표기는 국어의 외래어표기법에 따랐다.
4. 현대사에 속하는 경우라 할지라도, 이미 우리식 한자어 발음으로 널리 인식되어 있는
   경우에는 예외적으로 그에 따랐다.
5. 한자표기는 한국에서 쓰는 정자체(번체자)를 사용했다.

언론사 주재원으로 오랜 시간 한국에서 생활한 뒤 돌아간 한 중국 기자의 이임사가 인상적이었다.

"이 나라는 온갖 사건이 일어나는 너무 재미있는 나라다. 그런데 그걸 중국 사람들에게 기사로 소개하는 것이 정말 힘들었다. 제대로 설명하지 않으면 중국 사람들은 이해를 못하기 때문이다."

중국에서 살고 있는 한국 교민들도 마찬가지 심정일 것이다. 비록 유사한 문화권의 이웃나라지만 고국 사람들에게 중국에 대해 짧은 말로 설명하기가 쉽지 않다는 측면에서 말이다. 그래서 피상적인 언론 보도를 바탕으로 나름대로 중국을 이해한 한국의 지인들로부터 이런저런 중국에 관한 질문을 받게 되면 무어라 명쾌히 대답하기 어려운 답답한 심정이 되곤 한다. 직접 겪어보지 않은 사람에게 그 사정을 온전히 풀어 이해시키기가 간단치 않기 때문이다.

한·중 양국의 어떤 차이점이 이런 설명하기 어려운 간극을 만들어내는 것일까? 정리하기가 쉽지 않은 일이지만 그 핵심을 이렇게 요약할 수 있지 않을까 싶다. 무소불위(無所不爲)의 절대 권력이 통치하는 13억 인구대국은 한국 사람들이 쉽게 짐작하기 어려운 사회·문화 환경을 만들어낸다. 마찬가지로 중국인들도 중국에서는 도무지 일어날 것 같지 않은 납득하기 어려운 사건사고와 스캔들로 범벅이 된 한국사회의 소용돌이가 재미있게 느껴지면서도 한편으로는 불가사의하다. 그리고 이런 차이점은 철저하게 권력과 '보도지침'의 통제 아래 있는 중국 언론의 국가주의적 엄숙함과 선정적 상업주의에 물든 한국 언론의 자유주의적 폭로성에 의해 더욱 불거진다.

베이징올림픽의 성화가 점화되었던 2008년, 연초부터 불거진 양국민 사이의 갈등과 충돌의 배후에는 분명 소통의 문제가 도사리고 있었다. 1992년 수교 당시 서로 호기심 어린 접촉을 시작한 양국민이 그간 흘려보낸 16년의 시간만으로는 한 세기의 외교단절, 반세기의 교류단절이 파생한 상호 몰이해와 이질감을 모두 극복하기에 역부족이었다고 해야 할 것이다. 연애과정 없이 급작스레 결혼한 부부가 살아가다 서로 몰랐던 결점과 기벽을 하나하나 발견해가며 갈등하는 모습이라고 비유할 수 있지 않을까.

베이징올림픽을 전후하여 한국의 서점가에는 올림픽 특수를 기대하는 중국 관련서가 폭포수처럼 쏟아졌다. 아직 중국에 관해 할 이야기가 더 남아있을까 싶을 정도로 다양한 각도에서 다양한 소재로 중국에 대한 이해를 돕는 책들이 출간되어, 갖가지 필요에 따라 중국과 중국문화를 탐구하는 독자들의 욕구를 충족시켜주었다. 그리고 예기치 않게 중국에 혐한 기류가 조성되고, 그 배경을 분석하는 기사들이 한국의 언론매체를 타고 비중 있게 보도됨으로써 양국 사이에 존재하는 갈등과 문제들이 남김없이 드러나게 되었다.

이렇듯 수교 이후 베이징올림픽 시점까지의 기간이 한·중 양국의 신혼기·탐색기였다면 이제 양국과 양국민은 한층 차원 높은 이해와 소통이 필요해진 단계에 이르렀다고 할 수 있겠다.

이를테면 이 책은 모자이크 방식으로 써내려간 체험적 한·중 비교문화론이라고 할 수 있다. 이웃나라인 한·중 양국은 서로 유사성도 적지 않아서, 그 사회·문화적 차이점을 분명하게 집어내 정리하기가 쉽지 않다. 간명하게 만들려고 애쓸수록 오류가 생기고 불필요한 선입견을 만드는 미묘한 측면이 있기 때문이다. 다양한 측면과 현상들을 분석하고 정리하다 보면 모자이크가 하나의 큰 그림을 이루듯 자연스럽게 그 차이점과 분위기를 감지할 수 있을 것이다. 그렇게 해서 얻게 되는 감각이야말로 보다 사실에 가깝다고 여긴다. 이 책이 중국과 중국인들을 한층 깊이 이해하고 그들과 원활한 소통을 이루는 데 조금이라도 도움이 되기를 간절히 바란다.

어느 빛 좋은 날 베이징에서
저자 정광호

목차

part 4

한국 속의 중국인, 중국 속의 한국인

part 5

한 · 중 소통을 위한 몇 가지 중국문화 상식

가장 싫은 이웃나라가 되어버린 한국

강국을 이웃하고 살아가는 법,
'원칙 있는 여우'

한 마리 면양이 있었다. 면양은 절대 다른 동물과 다투지 않는다는 명쾌한 처세철학을 지니고 있었다. 갈등이나 충돌이 생기면 최대한 상대를 만족시키는 방향으로 문제를 해결했다. 면양은 그렇게 함으로써 세상을 평안하고 무사하게 살아갈 수 있으리라 믿었다.

동물들은 모두 면양의 친절과 선량함을 극구 칭찬했다. 면양도 자기 처세철학이 옳은 것이란 확신을 더욱 굳게 다졌다.

어느 날, 면양이 한 마리 늑대를 만나게 되었다. 늑대는 탐욕스런 눈빛으로 계면쩍게 웃으며 물었다. "넌 참 친절하고 다른 동물들의 말을 잘 들어준다던데 사실이니?" 면양이 대답했다. "무엇이든 내가 할 수 있는 일이면 최선을 다할게."

"그럼 미안하지만 내 점심이 되어줄 수 있겠니!" 늑대는 말을 마치기가 무섭게 면양에게 달려들었다. 그제야 면양은 자신의 처세철학이 영원히 평안을 보장할 수 있는 것이 아님을 깨달았다.

《CEO 경영우언》 중에서

공식 언론이 이성과 예의를 지키는 점잖은 파티석상이라면 인터넷상의 사이버 공간은 속마음과 감정을 여과 없이 분출하는 시장통이다. 특히 올림픽이나 월드컵과 같은 국제적 스포츠이벤트가 벌어지거나 영토나 역사 문제로 외교 분쟁이 발생하면 철저한 민족주의로 무장한 한·중·일 신세대 누리꾼들이 벌이는 이른바 '막말 삼국지'의 열기가 한없이 달아오른다.

전문가의 분석에 의하면 한·중·일 젊은이들이 사이버 전쟁을 벌이는 데는 공통적인 사회적 원인이 있다. 그것은 세계화의 진행으로 고용과 노사관계가 불안해지면서 주로 젊은 세대가 실업과 비정규직으로 내몰렸다는 점이다. 격렬한 구직경쟁과 빈부격차의 심화 속에서 사회에 대한 원망이나 불안감을 지니게 된 이들이 사이버 공간에서 이런 울분과 불만을 해소시키고 있다는 것이다. 그래서 그들은 더욱 자극적인 어휘와 수사를 구사하기 마련이다.

이 공간은 때로 거대한 담론이 난무하기도 한다. 만일 한반도에 무슨 일이 생기면 중국군이 한강변까지 밀고 내려올지도 모르고, 이에 따라 한·중 군사충돌이 발생하면서 세계대전으로 발전할지도 모른다거나, 일본 천황가계가 한국인이요, 만주에서 베이징에 이르기까지가 다 역사 속 한국의 영토라는 등 다양하다. 너나없이 점잖은 논객이 되거나, 고대사에 해박한 역사학자가 되고, 혹은 국수주의로 무장한 검객이 되어 한바탕 처절한 혈투를 벌인다. 한·중·일 삼국이 얽힌 역사와 영토 분쟁은 이렇게 할 말도 많고 따질 일도 무궁무진하다.

비록 대결과 침략의 상흔이 없지 않지만, 크게 보아 삼국은 오랜 세월 서로 문화를 공유하고 교류하면서 발전해왔다. 그러나 근대적 국민국가가 등장하면서 영토와 국경이 생겨났고, 민족주의와 국수주의에 근거한 배타적 문화사관이 형성되었다. 이런 국가주의 교육 이념에 따라 학습하고 성장한 국민들이 하나같이 우국적 민족주의

자가 되는 것은 어찌 보면 당연한 일이다.

한·중·일 삼국의 역사와 영토 분쟁에 대해 역사학자들은 "국가를 기반으로 하는 민족주의에서 벗어나지 않고서는 영원히 해결할 수 없는 문제"로 지적하며 "국민국가 개념에서 탈피해 '동아시아 문화권'이란 공동체 개념을 만들어야 한다"고 말한다. 일련의 진보적 사학자들은 한걸음 더 나아가 아예 '국사해체'를 주장하기도 한다. 민족주의와 자국 우월주의로 미화·포장된 각국의 국사와 그 교육체계를 그냥 두고서는 근본적으로 해결을 논할 수 없다고 보는 것이다.

그러나 이런 근본적인 문제점들은 단시간에 어떤 해결책이나 돌파구를 찾기 어렵다. 더구나 한 세기를 굴욕과 은둔 속에 지내다 이제 세계라는 무대에 욱일승천하며 등장한 중국에게는 민족주의와 국가주의를 바탕으로 한 국위의 선양이 무엇보다 효율적인 통치 방편이 되고 있다. 이는 중국경제가 비약적인 도약을 거듭하는데 반해, 정신문화나 국제적 리더십 측면에서는 동일한 발전을 이루지 못한다는 지적이 국제적으로 팽배하고 있음과 무관하지 않다. 중국의 통치권이 중화민족주의 이데올로기를 적극적으로 부양시키면 중국인들은 이에 적극 호응하여 편협한 민족주의 심리를 애국주의로 포장하는 일이 반복되고 있다.

아편전쟁, 열강의 침탈, 항일전쟁을 거치면서 중국이 겪은 근대사의 수많은 굴욕적인 기억들은 이런 애국주의 열기를 극단으로 치닫게 한다. 특히 1989년 천안문사태가 발생한 이후 서방과의 갖가지 충돌사건에서 중국은 이를 자연스럽게 근대사의 굴욕적인 사건들과 연결시켜버리는 경향을 보였다. 이에 수반하여 중국인들은 집단시위를 통해 민족주의 정서를 극단적으로 표출하는 상황을 끊임없이 연출하고 있다.

강한 피해의식에 젖은 대국의 출현은 세계인들로 하여금 등골에 땀이 흐르게 하는 일이다. 하물며 이런 강대국을 이웃하고 살아가야 하는 나라는 어떨 것인가. 평화와 협력을 바탕으로 하는 문화적 잠재력과 그에 근거한 리더십을 갖추지 못한 채, 돈을 뿌리며 자신의 재력을 과시하는 졸부의 양태를 보이고 가짜상품과 불량식품이 판치는 나라가 세계의 지도자가 된다면 이 얼마나 끔찍한 일일 것인가.

중국인들의 민족주의 정서와 애국심은 다분히 이중적이다. 그들은 자신에게 개인적인 손해가 발생하지 않는다면 민족주의 정서를 극단적으로 표출하고 애국적 시위행렬에 발 벗고 나설 것이다. 그러나 일단 자신이 위험에 노출되고 구체적인 손해가 발생하는 상황이라면 흔적도 없이 흩어져버리거나 우물쭈물하며 제대로 말도 하지 못하게 될 것이다. 그리고 만일 이민, 유학, 해외취업의 기회가 주어진다면 너나없이 서로 기회를 잡으려고 데모를 하던 해당국 대사관 앞에 다투어 줄을 설 것이다. 나아가 언젠가는 뒤도 돌아보지 않고 그렇게 열렬히 사랑하던 조국에 작별을 고할 것이다.

최근세사의 민족감정은 원래 영토야욕과 식민지 개척을 위해 일본이 벌인 침략전쟁으로 인해 한국과 중국이 일본을 향해 지닌 공통적 울분이었다. 그런데 한·중 수교 이후 갖가지 사건들이 불거지면서 한국과 중국 사이에도 민족감정의 대립이 서서히 고개를 들고 있다. 그것은 주로 영토와 역사 분쟁, 문화유산의 원조 논쟁에 의해 촉발된 것이다. 특히 중국의 중화민족주의가 드러내는 '과거 영화에 대한 그리움'은 한국으로 하여금 구시대의 굴욕적 지위를 떠올리며 극도의 경계심을 나타내게 한다.

중국의 한 TV토론 프로그램에서 앞으로 중국문화를 어떻게 세계적으로 확산시킬 것인가에 관해 관련 학자·전문가 포럼이 개최되었다. 참석자들이 공통적으로 피력한 견해는, 중국문화의 보편적 가치를 발견해내고 포용과 화합의 정신을 견지하는 자세로 세계와 만나야 한다는 점이었다. 중국문화의 발전 내력이 시대별로 다양한 민족문화를 수용·융합하는 과정이었으며 이것은 오늘날에도 변함없이 유지해야 할 정신이라는 것이다. 그리고 구시대의 중화주의가 속국으로 삼았던 주변국들에게 안겨주는 우려를 감안해, 특별히 스스로 마음가짐을 단정히 하고 평화와 화합을 추구하는 자세를 일관되게 유지해야 한다고 강조했다.

중국의 학계와 문화계도 중국문화 자체가 다민족 문화의 융화를 통해 발전해온 것임을 인정한다. 그러나 그 인식체계에 있어서 중국과 주변국 사이에 선명한 차이가 존재한다. 즉, 한국 등 주변국은 다민족의 융합이라는 중화문명의 형성과정에 중점을 두는 반면, 중국은 그 결과로서 이룩한 중화세계의 웅장함에만 중점을 두는 경향이 있다. 중국이 '과거에 대한 그리움'을 버리지 않는 한, 그것이 강력한 중화주의로 발전할 가능성은 항상 존재한다. 우리가 중국과의 교섭에서 몽골, 베트남 등과 같이 비슷한 처지의 동아시아 국가들과 긴밀한 교류와 연대를 유지할 필요가 있는 것은 이런 이유 때문이다.

2강 1중. 오늘날 한·중·일 삼국의 위상을 요약하는 말이다. 두 강국 사이에 한국이라는 중등국가가 끼어있다. '종이호랑이', '아시아의 거대한 병자'로 지칭되던 중국은 이제 강대국으로 성큼 올라섰고, 가난한 소국이었던 한국도 OECD 회원국인 중등국가가 되었다. 그러나 두 강대국 사이에 낀 한국은 항상 위기의식과 피해의식을 지니고 있다. 역사적 혼란기나 국제적 역학관계의 변화가 발생하는 전환기에 항상 새로운 질서를 만들어내기 위한 국제적 전쟁터나 희생양이 되었던 뼈저린 기억들이 있기 때문이다. 역사적으로 겪은 수많은 피침, 현대사의 한국전쟁과 오늘날의 분단 상황도 모두 이런 상황이 빚어낸 일들이다.

동아시아의 지도를 펼쳐놓고 보면 하나의 이야기를 만들 수 있다. 중국의 국경선을 연결하면 마치 알을 품고 있는 한 마리의 닭과 같은 형상이 된다. 그러나 그 닭에는 부리가 없다. 그 부리 부분에 해당하는 것이 바로 한반도다. 마치 거대한 닭이 한반도라는 부리로 일본섬이라는 먹이를 쪼려고 하는 듯하다. 그리고 그 닭이 품고 있는 알은 바로 대만섬이다.

우리는 한반도의 형상을 대륙을 향해 포효하는 호랑이, 혹은 토끼로 자주 묘사한다. 그런데 토끼는 일제강점기 조선총독부가 한국인의 기상을 억누르기 위해 만들어낸 이야기란 점이 부각되어 민족주의자들은 당연히 한반도의 형상을 웅혼한 기상의 호랑이로 내세운다. 그러나 우리가 자신의 이미지를 호랑이로 형상화하여 자기최면을 걸고 살아가는 것이 스스로 자신감을 다지기 위해 나쁜 일은 아닐지언정, 아무리 생각해도 호랑이는 동아시아의 역학관계상 우리의 바람직한 역할모델이 아닌 듯하다.

우리는 지난 참여정부 시절에 국제사회의 지역블록에서 우리의 역할모델로 '동북아 균형자론'을 내세운 바 있다. 그러나 소위 '균형자' 역할의 성공적 수행은 해당국들이 극렬한 대치국면에 있어 자체적 해결능력이 없고, 이들이 균형자의 역할을 필요로 하고 인정할 때 비로소 성립할 여지가 생긴다는 문제점이 있었다. 더구나 그것이 성립한다손 치더라도 그 효율성을 위해서는 은밀하고 주도면밀함이 생명이건만 우리는 이를 지나치게 내세우며 선언하는 치명적인 실수를 하고 말았다. 우리는 종종 정권의 우둔한 과시욕이나 관료들의 조급한 성과주의 때문에, 국제적 역학관계 속의 한반도 자위전략이나 통일문제 등과 같은 예민한 문제에 관해 너무 우리의 내부지침이나 속마음을 적나라하게 드러내는 실수를 저지른다. '동북아 균형자론'의 적절한 외부적 포장은 소박하게 '동북아 공동번영을 위한 협력체제 구성'이라는 원칙론을 표방하는 정도가 현명한 일이었다.

그런데 '균형자'라는 말이 뜻하는 역할모델에 호랑이가 지닌 위엄과 주도적 권위가 있어 보이지는 않는다. 그렇다고 토끼와 같은 나약함과 피동성을 뜻하는 것도 아니다. 그것은 여우와 같은 가변성과 조율의 역할에 가까운 듯이 보인다. 작게는 2강, 크게는 미·중·일·러 4강 사이의 한반도 지위는 필연적으로 우리로 하여금 주도적이고 권위적인 역할모델보다는 가변적이고 능동적인 탐색과 임기응변의 모델이 보다 현실적임을 자각하게 한다. 여우의 생존방식이 우리가 견지해야 할 적합한 역할모델로 떠오르는 것은 이런 이유에서다. 비록 여우의 이미지와 속성에 교활함이라는 부정적인 냄새가 배어있을지언정, 호랑이의 패권성이나 늑대의 음흉함이 없고 게다가 순결한 면양이나 착한 토끼의 우매함이 불러올지도 모를 비극은 막아낼 수 있을 것이기 때문이다.

참여정부 시절, 상대국의 관심과 호응을 끌어내지 못했던 한·중 외교의 '전략적 동반자관계' 격상이 미국 중심의 전통적 외교관계 복원이라는 기치를 내건 이명박정부 출범 이후 어렵지 않게 실현되었다. 또한, 유례없는 국제적 금융위기가 몰고 온 우리의 외환부족 사태를 해소할 한·미, 한·중, 한·일 통화스와프 협정이 애초에 예견됐던 난관들을 극복하고 관련국들이 상호 연쇄반응을 일으키며 비교적 수월하게 성사된 바 있다. 이러한 것들이 우리에게 시사하는 바가 크다. 적어도 우리는 한반도라는 국제적 역학관계의 교차점을 중립의 지위에 머물게 할지언정 어느 한 국가의 독점적 영향력 아래 두기를 누구도 원치 않는다는 점을 확인할 수 있었다. 주변 강국들과의 교섭에서 우리의 처세방식으로 여우형 모델에 주목하는 것은 이런 이유 때문이기도 하다.

그러나 우리가 견지하는 여우형 처세방식은 원칙과 자기중심을 지키는 것이어야 한다. 박쥐처럼 원칙이 없거나 혹은 이기적인 원칙에만 몰두하는 여우가 되어서는 곤란하다. 교활함과 영악함만 가득한 여우는 비록 일시적으로 자기도취에 안주할 수 있을지언정 결코 그 지위가 떳떳하거나 영구적이기 어렵다. 더욱이 그 운명은 비극적이기 쉽다.

동아시아의 항구적 번영을 위해 민족주의와 국가주의에 근거한 논쟁과 대립구도를 걷어내고 지역공동체를 창출하는 것이 타당하고 설득력 있는 대안으로 자주 거론된다. 한 · 중 · 일 삼국은 문화적 유사성과 지리적 인접성을 바탕으로 유럽공동체와 같은 지역 연대방식을 구상해 볼 수도 있다. 이 분야에 대한 연구가 가장 앞선 것은 일본이다. 그러나 삼국 공통의 강렬한 민족주의와 자국제일주의, 근현대사의 여러 가지 아픈 상처들이 이러한 발상 자체를 억누르고 있다. 일본 제국주의에 의한 대동아 공영권 실험, 중국의 공산화, 냉전체제와 한국의 분단 상황 등은 삼국의 지역연대 구상이 진

정한 선린을 바탕으로 실질적인 진전을 이루는 데 결정적 장애요인
이 되어온 것이다.

　삼국의 지역연대 구상이 실질적인 차원에 진입하고 시너지 효과
를 창출하는 모습으로 발전하는 데에는 적지 않은 시간이 필요할
것이다. 그러나 이 지역에서 한국이 처한 지위나 분단 상황을 고려
하면, 중국의 동북공정에 대응하여 고구려연구재단을 발족시킨 것
처럼 동북아 공동체를 위한 연구와 대비에도 우리는 기민하게 대처
해야 한다. 강대국 사이에 낀 조정자의 역할은 대결과 충돌의 국면
에서보다는 미래를 향한 평화와 협력의 국면에서 더욱 효과적인 능
력을 발휘할 수 있을 것이기 때문이다. 아울러 장차 이러한 논의와
담론이 실질적이고 가시적인 실현단계에 이르렀을 때 우리의 입장
과 이해를 보다 실질적으로 구현하기 위해서도 필요한 일이다. 급
변하는 국제정세와 한반도를 둘러싼 강대국들의 역학관계 속에서
우리의 지위와 운명이 그들의 타협 아래 피동적으로 결정지어질 위
험성을 우리는 항상 경계해야 한다.

　'동북아 공동체' 라는 머나먼 길을 바라보며 우리가 앞장서서 이
끌어야 할 실질적이고 구체적인 조치들이 몇 가지 있다. 그것은 우
선 한·중·일 삼국이 서로 상대 국가와 민족의 인격권을 존중하고
보호하도록 제안하고 솔선수범하는 일이다. 이를테면 드라마, 소
설, 영화 속 상대국의 이미지에 대해 상호 존중하는 분위기를 조성
하는 일과 같은 것이다. 이런 노력에 각국 언론매체의 협력과 역할

이 매우 중요함은 두말할 필요가 없는 일이다.

또 한 가지는 한·중·일 젊은이들이 유럽의 청년학생들처럼 방학이 되면 비자 없이 자유롭게 국경을 넘나들며 서로의 문화를 배우고 자연을 탐험하며 이웃나라 친구로서 우정과 추억을 쌓아가도록 배려하는 일이다.

이런 작지만 실질적인 일들이 바탕에 쌓여 가면 아무리 큰일이라도 그 실현의 희망을 품을 수 있게 된다. 때로 부딪히고 논쟁하더라도 이렇게 근본적인 협력과 상생의 분위기가 유지된다면 결국 세월이 좋은 결실을 가져다 줄 것이기 때문이다.

Chapter 2

한국을 가장 싫어하는 나라,

중국

한국인의 애국심은 너무 지나치다. 외국과의 운동경기 응원 열기는 이런 과잉 애국심을 잘 보여주는 사례다. 그들은 이겨도 울고 져도 운다. 잘 운다는 것은 약한 성격과 품격부족을 드러내는 일이다. 인구로 보아 상대가 되지 않는 대국과의 경기에서 지는 것이 그리 부끄러운 일도 아닌데, 한국인은 정말 분수를 모른다.

쿵칭둥(孔慶東)의 《한국쾌담》 중에서

2007년 연말 중국 관영 신화통신이 발행하는 〈궈지셴취다오바오(國際先驅導報)〉는 인터넷 설문조사 결과 '좋아하지 않는 이웃나라'로 한국이 1위를 기록했다는 내용의 기사를 게재했다. 뒤이어 2008년 연초 중국 공산주의청년단(共靑團) 기관지인 〈중궈칭녠바오(中國靑年報)〉는 주요 포털 사이트와 함께 중국의 50개 드라마를 대상으로 '가장 싫어하는 드라마' 선정 작업에 나섰다. 그러면서 외국 드라마로는 유일하게 〈대장금〉을 이에 포함시켰다. 중간 투표

결과 〈대장금〉이 1위를 달리고 있다는 소식이 전해지자 한국의 언론매체들이 이에 민감하게 반응했고, 한·중 민간교류에 심상찮은 분위기가 형성되어가던 와중에 주최 측은 〈대장금〉을 투표대상에서 슬그머니 제외시켰다. 그러나 이에 대해 아무런 해명이나 설명도 뒤따르지 않았다.

그동안 중국에서의 한류바람에 관한 기사들을 자긍심과 우월감 속에서 즐기던 한국인들에게 중국인들이 가장 싫어하는 국가로 한국이 꼽혔다는 기사는 의아함과 더불어 일종의 충격을 안겨주었다. 더구나 한류의 핵심이었던 한국드라마, 특히 홍콩에 이어 2005년 대륙을 떠들썩하게 만들며 선풍적인 인기리에 방영되었던 〈대장금〉이 중국인들이 가장 싫어하는 드라마로 치부되었다는 사실은 한국인들에게 극도로 의외의 사건이었다.

대표적 한류 드라마이자 한류를 상징하는 문화상품이기도 한 〈대장금〉을 의도적으로 흠집 내려고 한 것은 한류에 대해 정면으로 반감을 표시하는 일이었다. 이는 중국 관련 매체들이 흥분하기 쉬운 네티즌과 사이버 공간이라는 비공식 언론을 이용해, 설문조사나 여론조사 등과 같은 방식으로 한류에 대한 견제심리를 노골적으로 드러낸 것이다. 관영언론들이 자칫 외교마찰을 불러일으킬 수도 있는 민감한 문제에 대해 상대적으로 우회적이고 간접적인 방법을 동원한 것이 아닌가 하는 의혹을 불러일으키기에 충분했다.

중국에서는 신문, 방송, 출판, 영화, 인터넷 등 문화매체에 대해 정부의 철저한 통제와 검열이 이루어진다. 모든 문화매체를 관영이라고 보아야 하며 이는 체제 보위와 선전을 위한 으뜸가는 수단이 되기 때문이다. 중국의 WTO 가입 이후 많은 부문에서 대외개방과 외국의 투자가 유치되었지만 적어도 이런 문화산업은 패션, 미용과 같이 사회평론과 무관한 일부 잡지류를 제외하고는 철저하게 대상에서 제외되었다. 아울러 최근 편집권과 연관이 없는 유통부문에 대해 약간의 문호가 개방되었을 뿐이다. 이런 중국의 현실에서 관영 언론매체의 지속적인 혐한 유발 기사는 곧 중국 중앙정부의 내부지침과 마인드의 일면을 내비치는 것이라고 해석할 수 있다. 그렇다면 의도성이 다분히 개입되었다고 여길 수 있는 이런 움직임의 동기는 무엇일까?

이렇게 언론보도를 통해 직접적으로 한국에 알려진 사건들이 마치 중국 내 혐한 분위기를 조성한 도화선이 된 것처럼 보이지만 사실 이외에도 이미 오래 전부터 중국에서는 혐한 분위기와 관련한 여러 가지 선행된 징후들이 나타났었다. 그리고 그 원인을 심층적으로 따져보면 매우 복합적인 문제와 상황들이 작용하고 있음을 감지할 수 있다. 그러나 대국적으로 보아 세 가지 정도로 그 배경을 정리할 수 있을 듯하다. 즉, 1992년 수교 이후 한·중 국민들이 서로에 대해 지녔던 신선감이 사라져가는 과정이라는 점, 대륙을 풍미했던 한류 10년의 예고된 반작용이라는 점, 심각한 불균형을 보였던 중·한, 중·일 관계의 균형 잡기 시도가 개입되어 있다는 점

등으로 그 배경을 분석할 수 있다.

이미 혐한 내지 반한 감정에 대한 다양한 분석 기사들이 언론에 보도되었다. 그러나 한·중·일 삼각관계가 그 핵심적 요소의 하나로 작용하고 있다는 점에 대해서는 그다지 주의를 기울이지 않는 것 같다. 중국 내 문화매체들이 혐한 분위기 조성과 관련해 취한 일련의 태도들이 최근의 중·일 화해무드와 궤적을 같이 한다는 점에 특히 주목할 필요가 있다. 특히 베이징올림픽은 중·일 양국 국민들이 품고 있던 상호 적대감을 상당부분 해소하는 절호의 기회로 활용되었다.

중·일 수교는 한·중 수교보다 약 20년을 앞서 이루어졌다. 한·중 수교 이후의 상황과 마찬가지로 중·일 수교 이후에도 일본 문화가 한때 대륙을 휩쓸며 일류(日流) 바람을 일으켰고, 일본의 트렌디 드라마가 중국 청년층에게 크게 환영받으며 안방극장에 외국 드라마가 주류를 차지한 적이 있었다. 그러나 역시 피로현상이 찾아왔다. 막 개혁개방을 시작한 가난한 중국인들과 우월감에 젖은 일본인들의 접촉이 늘어나자 갖가지 부작용이 발생했다. 중국과 중국인을 깔보는 일본인들을 지탄하는 목소리와 언론보도가 잇따랐고, 일본 단체관광객의 호색행위가 중국인들의 민족주의 감정을 극도로 자극하는 일이 빈번했다. 더구나 일본의 대중 경제원조와 투자진출의 실상은 일본 내 사양산업, 환경오염산업의 해외이전대상으로 중국을 이용하는 것이라는 인식이 중국 민간에 광범위하게 형성되었다.

이런 시기에 이루어진 한·중 수교와 뒤이은 한국기업, 문화상품의 중국 진출은 일종의 반사효과를 누린 측면이 있었다. 수입단가가 몇 배에 이르는 일본드라마는 서서히 중국의 TV에서 찾아보기 어렵게 사라졌고, 값싸고 재미있는 한국드라마가 이를 대신했다. 더구나 유교문화에 바탕을 둔 동아시아 문화의 미덕을 잘 보존하고 있는 한국드라마와 문화상품은 문화대혁명 기간에 실종된 사회적 미덕을 복원할 필요성을 절감하고 있던 중국 지도층에게 가족애, 경로사상, 공중도덕, 타인에 대한 배려 등 민중교육을 위한 안성맞춤의 간접 교육 교재로 여겨져 더욱 수입을 확대 장려한 측면이 있었다.

'좋아하지 않는 이웃나라' 설문조사 결과 한국이 수위에 꼽혔다는 것보다 한국인에게 더 충격적이고 믿기지 않는 것은 중국인들이 한국을 일본보다 더욱 싫어하는 것으로 드러난 점이었다. 중·일 전쟁, 남경대학살, 만주국 건국 등 근대사의 아픈 기억들이 숱한 중국인들은 비록 교류는 할지언정 일본은 영원히 용서할 수 없는 원수임을 수시로 언급해왔고, 중·일 외교마찰이 불거질 때마다 과격한 반일 데모집회가 들불처럼 번지는 것을 지켜봐온 터에 한국을 일본보다 더 싫어하다니.

중국의 국가적 염원이었던 베이징올림픽을 전후하여 돌출한 중국 내 혐한 기류는 중·한 관계와 중·일 관계의 형평을 추구하려는 중국 통치권 내부의 마인드가 작용한 측면이 강하다. 사회적으로 지나치게 일본을 혐오하는 분위기와 과도하게 한국문화에 경도된 측면에 대해 국가이익 차원의 상황정리가 필요해진 것이다. 혐한 기류의 분출은 그간 누적되었던 한·중 사이의 각종 마찰과 갈등이 배경이 되었고, 최근 일기 시작한 중·일 화해무드가 그 방점의 효과를 발휘한 것이라고 볼 수 있다. 한국을 의도적으로 배척한 것은 아니지만, 일본과의 관계회복 과정에서 한국을 소외시키고 그 관계를 일정부분 희생시킨 측면이 있다. 지리적으로 문화적으로 근접한 한·중·일 3국의 관계는 이렇게 서로 미묘하게 얽혀있는 셈이다.

한동안 최악의 상황을 치닫다가 화해 분위기로 돌아선 중·일 관계는 서로 절실한 필요성이 그 바탕에 깔려있다. 미국의 대중국 동아시아 포위동맹은 일본을 돌아서게 한다면 무용지물이나 다름없다. 이제 아시아를 넘어 미국과 함께 전 세계 양대 수퍼파워로 꼽히는 중국이 일본과 아시아의 주도권을 다투며 사사건건 대립하는 것은 결코 중국의 국가이익에 유리하지 않다는 인식이 팽배한 것이다. 더 이상 배울 것이 없는 한국에 비해, 중국이 경제대국에서 경제강국으로 도약하는 데 일본의 첨단기술과 협력은 필수불가결한 전제조건이 되는 일이다. 일본으로서도 더 이상 '빛 좋은 개살구'가 아닌 실질적 구매력을 갖춘 거대시장으로 부상하는 중국을 방치할 수 없고, 국가적 염원인 유엔 상임이사국 지위를 쟁취하기 위해서는 중국의 협력과 동반이 필수적인 것이다.

2007년 양국이 정상 교차방문을 통해 관계개선을 위한 다양한 방안들을 논의하는 과정에, 필연적으로 중국 국민들의 드높은 반일감정 해소문제가 중점적으로 거론되었을 것이다. 이는 결국 민간교류 확대와 민감한 문제에 대한 양국 언론보도 자제라는 결론으로 귀결될 수밖에 없는 문제다. 그러나 양국은 동시에 중국 내 한류열풍과 반일감정에 대비되는 중국인들의 한국에 대한 우호감정에 주의를 기울이게 되었음을 짐작할 수 있다. 하루이틀에 조성된 반일감정이 아니다. 청일전쟁 이후 100년이 넘는 세월 동안 쌓인 민족감정이 누군가의 작위적 노력으로 단기간에 개선되기는 불가능한 일이다. 이런 일에는 반드시 속죄양이 필요한 법이다. 그것이 가장 실질적 효과를 지니는 처방전일 수 있다. 이웃나라에 대한 국가선호도 설문조사 결과가 언론에 보도된 일이라든지, 쓰촨 대지진의 매몰자 구조를 위해 파견된 국제구호단 활동에 관한 보도에서 일본구조대의 활동이 특히 언론의 집중적인 조명을 받은 것은 이런 배경 때문이었다. 이미 사망한 채 구조된 매몰자의 시신 앞에 도열해 묵념하는 일본구조대의 모습은 중국매체들의 1면 화보를 장식하여 크나큰 감동을 불러일으켰다.

중·일 해빙무드에는 중국 측의 태도변화와 더불어 일본의 분발도 한몫을 했다. 연전 일본기업 연수단의 집단매춘 사건으로 촉발된 격렬한 반일시위 때처럼 상하이의 일본인들이 한국인을 자처하

중국의 최정상 TV 앵커 바이엔쑹(白岩松)
이 펴낸 《엔쑹이 들여다본 일본》의 표지.

며 위기를 모면해야 했던 치욕적인 상황을 더 이상 두고 볼 수 없었
던 것이다. 일본은 주도면밀하고 은밀한 대중 국가이미지 개선 전
략을 채택했다. 그 핵심대상은 주로 CCTV와 같은 중국 내 유력 언
론매체와 그 간부들이었다. 사이버 공간에서도 친일 누리꾼들이 활
동하고 있다는 풍문이다. 베이징올림픽 개회식 때 일본선수단이 두
손에 중·일 양국 국기를 함께 들고 입장한 일은 이런 노력의 하이
라이트에 해당한다. 오성홍기를 흔들며 관중들의 환호를 받는 일본
선수단의 모습은 중국 언론매체들의 집중적인 조명을 받아 중국인
들의 뇌리에 깊은 인상을 남겼다.

　중국의 최정상 TV 시사프로그램 앵커인 바이엔쑹(白岩松)의 일

본 방문취재기를 담은 《엔쑹이 들여다본 일본》은 이런 배경 속에 출간되어 "이제 그만 애증(愛憎)은 내려놓고 일본을 가보고 이해하도록 노력하자"라고 대중들에게 외쳤다. 이런 와중에 뜬금없는 국가 선호도 설문조사 결과가 관영언론에 기사로 게재되었고, 중국 문화 당국의 엄격한 통제 하에 있는 해외드라마 수입은 최근 일본드라마 수입편수가 한국드라마를 초과하는 상황으로 역전되었다. 인기 한국드라마를 중국 시청자들에게 소개하는 개봉관 역할을 해온 CCTV8 드라마채널은 최근 일본드라마를 위주로 다양한 국가의 드라마를 번갈아가며 방송하고 있다. 이제 중국시청자들의 한국드라마 중독현상을 단호히 끊고야 말겠다는 의지가 엿보인다.

중국의 혐한 기류에 대한 대응책으로 많은 중국전문가들은 각종 민간교류의 지속적인 확대를 통해 상호 몰이해와 편견을 해소해가는 노력을 우선적으로 꼽았다. 특히 청소년을 위주로 한 양국 미래 세대의 교류를 대폭 확대할 것을 주문했다. "서구식 민주주의가 최선은 아니다"라는 주입식 정치교육을 받으며 공산당원이 되는 것을 지고한 인격의 완성으로 여기는 사회분위기 속에서 성장한 중국 청소년들과 다양한 이념과 이해집단이 충돌하며 서구 민주주의를 최선의 가치로 여기는 사회에서 성장한 한국 청소년 사이에는 서로 이해하기 어려운 간극이 존재하는 것이 엄연한 현실이다. 이렇게 다방면의 민간교류를 통해 장기적으로 중국의 친한·지한(知韓) 인맥을 형성해가는 것이 매우 긴요하다는 판단이다.

우선 혐한 기류와 관련한 우리 언론의 자극적 확대보도는 자제되어야 한다. 각국의 내부논의와 사회분위기가 서로 공개되어 있는 상황에 이러한 보도 자세는 도리어 상호 악감정의 상승효과를 유발하는 원인으로 작용하게 된다. 또한 사이버 공간의 리플과 같은 비공식 언론의 자극에 지나치게 민감할 필요가 없다고 본다. 그것은 이런 비공식 언론이 사회적으로 실질적인 영향력을 행사하는 것은 매우 제한적이며, 중국에서도 악성 리플에 대한 사회적 비판과 우려가 상당하기 때문이다. 더구나 중국의 비공식 언론은 공식 언론과 마찬가지로 통치권의 관리대상 아래 있다. 반미·반일 데모를 하던 청년들이 다음날 해당국 대사관의 유학비자 신청 대열에 서는 것과 같은 이중성을 지닌 것이 중국 비공식 언론의 실체이기도 하다.

수교 이후 중국 유학이 폭증해 이제 우리의 중국전문 인력도 상당히 축적되었다. 이들을 한·중 교류에 보다 적극적으로 활용하려는 노력이 더욱 활성화되어야 한다. 중국은 외교 일선에서 중국을 이해하고 중국어를 유창하게 구사하는 펑유(朋友)를 매우 환영하고 우대하는 편이다. 그러므로 이들 중국전문 인력을 현재 한·중 교류 일선에 폭넓게 활용하고, 장차 대중국 외교 일선에 배치하는 체계적 인력관리 시스템이 양국 관계의 안정적 발전을 위해 매우 중요하다. 또한 언론인 연수 교류확대와 한국 지상파 방송의 우수 중국드라마 방영 등은 당면한 혐한 기류에 대처하는 대증적 단기요법으로 고려할 만한 가치가 있다.

최근 양국민의 반목에 주목한 홍콩의 펑황(鳳凰)TV는 이 주제를 사회이슈 토론프로그램의 화제로 삼았다. 이 채널은 대륙에서도 폭넓게 시청되고 있다. 마무리 발언으로 던져진 중국 측 패널의 말이 한국인들의 폐부를 찔렀다. "그 동안 한국인들의 심중에 중국은 가난한 인구대국이었다. 그러나 이제 한국인들도 달라진 중국을 받아들여야 한다. 부강한 중국을 인정해야 한다." 그는 한국에 유학한 적이 있는 지한(知韓) 인사였다.

먼저 상대를 이해하고 존중하지 않으면 같은 대접을 받을 수 없다는 것은 국제교류 현장에서 지극히 상식적인 일이다. 더구나 중국은 여느 나라와 달리 우리에게 역사적으로나 문화적으로 매우 특별한 이웃이다. 새 세기의 수퍼파워 국가로 다시 과거의 영화를 되찾으며 화려하게 부상하는 이 특별한 나라를 이웃으로 삼고 살아가기 위해서는 우리에게도 좀 특별한 마음가짐과 대응책이 있어야 하지 않을까?

▶ 이 글은 〈월간 중앙〉 2008년 11월호에 실렸던 필자의 기고문을 보완하여 다시 쓴 것임을 밝혀둔다.

Chapter 3

한류(韓流)가 한류(寒流)가
되어버린 배경

한국은 마치 중국문화를 외래문화로 여기지 않는듯하다. 많은 한국인들은 마치 그들이 중국에서 분가해나간 형제로 생각하는 듯하고, 부모 집에서 편하게 얻어먹고 몇 가지를 집어나가도 괜찮다고 생각하는 듯하다. 서예, 바둑, 차도(茶道) 등 중화문명을 받아들여 발전시킨 면에서 한층 탁월한 일본은 왜 그런 욕심을 내지 않는 것일까? 그것은 그렇게 함으로써 자신들의 문화가 독창성 없음을 드러낼 뿐이라는 점을 그들이 이성적으로 깨닫고 있기 때문이다.

추쉬(秋旭)의 블로그 글 중에서

1992년의 한·중 수교는 1897년 고종이 대한제국을 선언하고 황제에 즉위하며 중화문명권으로부터 독립을 선언한지 한 세기만에 이루어진 국교수립이었다. 비록 일제가 대한제국의 국권을 침탈하기까지와, 8.15 해방 후 중화인민공화국이 건국되기까지의 짧은 시간 동안 양국의 교섭이 있긴 했지만, 동아시아 전체의 정치사회적 혼란과 동란을 감안하면 실질적으로 대한제국을 선언한 뒤로부터 한·중 간의 관계는 단절된 것이나 다름없었다. 말하자면 양국이 수직적 종속관계에서 동등한 수평적 관계를 새로이 모색하려는 찰나에 국교가 단절되어버린 것이다. 한·중 수교는 실로 한 세기만의 외교관계 복원(1910~1992), 대륙과 남한이 냉전체제 아래 서로 내왕이 끊긴지 반세기만의 재소통(1949~1992)이라는 역사적 의미를 지닌 일이었다.

중국 수도 베이징에서 가장 가까운 외국 수도가 서울이다. 물론 북한은 제외하고 하는 이야기다. 직선거리로 보자면 상하이보다 도리어 서울이 베이징과 더 가깝다. 그런 의미에서 한국과 중국은 지리적으로 가장 가까운 이웃나라라고 할 수 있다. 베이징 올림픽 직후인 지난 8월 말 이루어진 후진타오 중국 국가주석의 방한은 양국의 수교 16주년을 기념하는 것이기도 했다. 양국 관계의 눈부신 발전은 수교 이후 그야말로 급속한 성장세를 유지해온 경제교역 규모가 잘 대변해준다. 향후 지속적으로 증가해갈 경제 분야교역 외에도 활발하게 진행되는 각종 민간교류는 지근거리에 있는 두 나라 사이의 비정상적이었던 단절 상태가 급속도로 제자리를 찾아가는 과정이었다고 할 수 있다.

그러나 냉전체제 아래 반세기나 서로 대립구도의 반대편에 섰던 양국민의 새로운 만남은 매우 생경하고도 어색한 것이었다. 구시대에 서로에 대해 가졌던 인식과 친근감은 아무 쓸모가 없을 정도로 두 나라 국민은 서로 매우 다른 사고방식과 문화를 가진 사람으로 변해 있었기 때문이다. 사회주의 혁명을 진행하면서 전통적 사상과 문화를 송두리째 버렸지만 새로이 개혁개방의 기치를 내건 중국인, 일제에서 해방되어 서구식 민주주의와 자본주의 시장경제 체제를 발전시킨 한국인은 그렇게 서로 생경하면서도 호기심어린 마음으로 새로운 접촉을 시작했었다.

수교 초기 한국을 방문한 중국 지도층 인사들의 눈에 한국은 한마디로 '발전모델로 삼을만한 앙증맞은 이웃나라'였다. 비록 소국이지만 서구문화와 전통문화를 잘 조화시킨 역동적인 사회문화, 중국과 비교되는 성공적인 산림녹화와 청결한 생활환경, 중화문명의 장점을 자신들보다 더욱 잘 보존 발전시킨 사회상에 잔잔한 감동을 느낄 수 있었기 때문이다. 이에 발맞추어 중국 매체들도 서울 거리를 뒤덮은 국산 자동차 물결, 1997년 외환위기 극복을 위해 전개된 전 국민 금모으기 운동 등 지금까지도 중국인들의 뇌리에 본받아야 할 한국인들의 헌신적 애국주의 행위로 기억되는 기사들을 집중적으로 다루었다.

이렇게 형성되기 시작한 한국에 대한 호감과 신선감은 차츰 한류라는 문화현상으로 발전했다. 비록 한류의 영향이 주로 신세대들인 학생과 청년층에 집중적으로 영향을 미친 국한성이 없지 않았지만, 한류가 불러일으킨 각종 문화적 현상은 중국사회 전반에 광범위한 영향을 미치며 중국에서 한국과 한국인의 위상을 제고시켰다. 슈퍼마켓에 초코파이, 신라면, 크린랩 등의 한국브랜드 상품이 진열되어 소비자의 인기를 얻고, 베이징거리에는 현대자동차 택시가 물결을 이루어 달리고, 한복을 곱게 차려입은 접객원들이 문 앞에 도열한 각종 한국요리 식당이 곳곳에 우후죽순처럼 생겨났다. 청년들은 한국풍 캐주얼 의상과 액세서리를 갖추어 입는 것이 하나의 유행이 되었고, 학생들은 한글이 새겨진 팬시상품이나 문구류에 심취했다. TV CF에는 한류스타들의 얼굴이 수시로 나타나고 다국적 패스트푸드 체인점들은 김치버거와 같은 한류 기획상품을 출시하기도 했다.

물론 부작용이 없지 않았다. 한국과 한국인에 대한 관심이 증가할수록 한국의 실상과 한국사회의 문제점들이 과장되거나 왜곡되어 중국에 알려지는 일이 종종 발생했다. 가령 중국인들이 한국여성들은 거의 대부분 성형수술을 받는 것으로 여기는 일이나, 대다수 한국 남성들은 사회에 적응하고 살아남기 위해 매일 퇴근 후 술자리에 끼어 죽을 듯이 술을 마셔대야 하고, 집에서는 아내에게 수시로 손찌검을 하는 유교적 남성우월주의에 휩싸여있는 것으로 알려진 일이 그런 상황이다. 또 일종의 한류 거품현상이라고 할 수 있는 일도 비일비재했다. 한류 드라마에 심취한 한 중국 아가씨는 한국 남성과 교제해 결혼에까지 이르게 되었으나, 예비 신부로 한국 시댁을 방문하고 돌아와서는 갑자기 생각을 바꾸어버렸다. 드라마 속에서 본 한국인들은 모두 고급 소파와 그랜드피아노가 있는 이층 양옥집에 사는 줄 알았는데, 예비신랑의 시골집은 그것이 아니더라는 것이었다.

수교 초기 중국인들의 한국과 한국인에 대한 호감에 비하여 한국인들은 중국과 중국인에 대해 우월감에 젖은 선입견을 쌓아가기 시작했다. 그것은 주로 중국을 방문한 한국인들이 목격한 가난하고 비위생적인 중국서민들의 생활상에 근거한 것이었다. 아울러 수시로 한국의 언론매체를 장식하는 짝퉁상품, 불량식품, 무질서, 부정부패에 대한 보도로 아예 중국을 가보지 않은 사람들조차 중국에 대한 나쁜 선입견을 지니게 되었다. 100달러짜리 지폐를 펼쳐들고 당신들 봉급이 얼마냐며 돈 자랑을 늘어놓았던 어글리 코리언의 이야기는 주룽지 총리 재임시절 양국 총리의 회담석상에서까지 언급되어 한국 총리의 얼굴을 달아오르게 만들었다. 한국을 찾은 중국 관광객이나 유학생에 대한 홀대와 푸대접은 귀국 후 그들로 하여금 한국을 '다시 찾고 싶지 않은 나라'로 매도하게 하였다.

수교 전후 경제 및 문화계 인사, 유학생 등 비교적 선별된 한국 사람들만 중국을 방문했었던 것과 달리 관광과 기업진출이 봇물을 이루면서 다양한 계층의 한국인들이 중국을 찾았다. 최근의 통계에 따르면 연간 500만 명에 달하는 한국인들이 중국 땅을 밟는다. 하루 1만 명을 훨씬 상회하는 숫자다. 불가피하게 마찰과 갈등, 사건 사고가 꼬리를 물고 이어졌다. 한국 투자기업에는 중국과 중국인들을 잘 이해하지 못하는 관리자들이 적잖게 부임하여 사회주의적 평등의식이 고취된 근로자들에게 한국의 수직적 노사문화를 강요했다. 그리고 그들 중 상당수는 노임 책정에 매우 인색한 반면 중국근로자 수개월치 봉급을 하룻밤 유흥비로 아낌없이 지출하는 모순된 모습을 보여주었다. 중국인들에게 한국계 기업은 동족을 홀대하는 대만계 기업에 버금갈 정도로 중국 노동자를 저임금에 혹독하게 착취하는 외자기업이라는 부정적 이미지가 차츰 형성되어 갔다. 중국 진출 기업의 다수가 국내에서는 더 이상 버티기 어려운 노동집약적 사양 산업이었다는 현실이 불가피하게 이런 결과를 초래한 것이다.

더구나 중국 체류 한국인이 폭증하면서 베이징, 상하이 등 중국 대도시에 한국인들의 집단거주지가 생겨났다. 현재 중국에 장기체류하는 교민 수는 약 80만 명이다. 비록 세계적 금융위기로 증가세가 일시 주춤하고 있지만 조만간 100만 명에 달할 것이란 예상이다. 양국민이 혼거하는 이런 지역에서 문화적 충돌이 심심찮게 발생했다. 최근의 중국 내 혐한 기류에 대해 한국인들의 중국 방문과 체류의 증가로 민간 접촉이 늘어난 것이 원인이라는 한국 외교부의 언급은 무대책의 궁색한 변명으로 언론의 질타를 받았다. 하지만 이런 시각이 전혀 허무맹랑한 것은 아니라 생각된다.

접촉이 다면화되고 폭이 넓어질수록 문제가 발생할 소지가 커지는 것은 당연한 일이다. 특히 중국인들의 시각에 도를 넘은 한국인들의 민족주의와 애국심, 이에 근거한 집단생활 문화는 너무 야단스럽고 성가시다는 느낌을 주었기 때문이다.

베이징 시민들에게 한국인들의 집단거주 문화는 일본인들과 극명하게 비교된다. 일본인들은 너무 조용해서 이웃에 일본인이 사는지조차 느끼기 어려운데 반해, 한국인들은 요란하고 함께 뭉쳐 활동하는 것을 좋아한다. 외국에서 현지의 문화를 존중하고 순응하는 것이 무난함에도 한국인들은 모든 부문에서 한국식을 고집하며 한국식 생활문화를 유지하려 애쓴다. 그것이 마치 애국인 듯이 치부하는 분위기마저 있다. 개별적 성향에서도 일본인들이 예의바르고 상냥한 느낌을 주는 반면, 한국인들은 식당이나 접객업소 등에서 중국인 종사자들을 무시하는 언행을 일삼으며 무례하다는 인상을 주었다. 2차 세계대전 패전국 국민으로서 특히 반일감정이 드센 아시아 국가에서 안전을 위해 극도로 자신을 낮추며 없는 듯이 살아가는 자세가 몸에 밴 일본인들의 해외생활 태도가 이런 차이를 더욱 불거지게 만든 측면도 있을 것이다.

베이징 왕징(望京) 아파트 밀집지역에 형성된 코리아타운은 중국에서 한국인의 밀집도가 가장 높은 지역일 것이다. 또 길에서 우리 유학생들을 수시로 마주치게 되는 대학촌 우다오커우(五道口)에도 많은 유학생과 그 가족들이 모여 산다. 한글 간판이 즐비한 이들 지역에서는 중국어를 모르고도 살아갈 수 있을 정도다. 일반적으로 중국의 생활리듬은 한국과 사뭇 다르다. 중국인들은 대개 밤 10시 이전에 잠자리에 들고 아침 일찍 하루를 시작한다. 그래서 밤늦게까지 모임을 즐기고 때로 고성방가를 일삼는 한국인들의 생활습관은 이웃한 중국인들로부터 많은 불편과 민원을 야기한다. 일부 유학생들이 밤늦게까지 오토바이를 몰고 다니는 일이 잦자 소음공해에 따른 수면방해를 호소하는 중국인들의 신고가 자주 제기되었다.

음식배달 문화에 생소한 중국이웃들에게 식사 후 그릇을 문밖에 내놓아 냄새를 피우는 아파트촌 한국인들의 생활행태는 종종 혐오감을 불러일으킨다. 주말이면 등산모임, 골프 나들이, 봄가을 체육대회, 부녀회 활동, 각종 어린이 과외 등 중국인에게 과시하듯이 얄미워 보이는 한국인들의 야단스런 생활행태는 마치 중국 땅에서 중국인들이 얹혀사는 듯한 자괴감을 안겨주었다.

무엇보다도 한류의 핵심은 드라마라고 할 수 있다. TV가 대중적이면서도 지역이나 연령에 관계없이 가장 광범위한 계층이 접촉할 수 있는 문화매체라는 점에서 그렇다. 한류가 최고조를 이루었을 무렵, 저녁시간에 TV를 틀면 한국의 최신 드라마에서부터 수년전 흘러간 드라마에 이르기까지 수많은 채널들이 한국드라마를 편성하는 것을 볼 수 있었다. 한국드라마가 이렇게 폭발적인 인기를 끌 수 있었던 것은 무엇보다 중국드라마들이 역사물, 경찰수사, 무협, 군사혁명, 항일전쟁 등 무거운 주제들에 집중해 지나치게 엄숙하고 재미가 없었기 때문이다. 더구나 중국드라마들은 거의 대부분 영상소설에 가깝다고 할 정도로 스토리 전개속도가 빠르다. 이에 비해 한국드라마는 가족의 따뜻함, 순수한 사랑, 사회적 인정미 등을 주제로 섬세한 감정묘사를 기조로 한 것들이어서 중국인들에게 신선감과 흥미를 불러일으키기에 충분했다. 한류드라마의 중국 안방극장 점령은 중국 영상산업이 자기반성과 함께 면모를 일신하여 새롭게 태어나는 데 상당한 기여를 했다. 최근 중국 관방의 지원 아래 제작되는 계몽성 사회드라마의 수준이 급격히 높아진 것은 이런 외부의 자극이 큰 힘이 되었다.

이렇게 수교 직후부터 드라마, 영화, 가요 등의 한국 문화상품에 의해 비롯된 한류 열기는 한국인들로 하여금 중국인들이 한국을 문화적으로 선망하고 추종한다는 터무니없는 우월의식을 지니게 만들었다. 중국을 찾은 한류스타들의 요란스런 영접행사는 이런 우월감을 더욱 부추겼다. 이런 분위기 속에 중국에 머무는 한국인들은 자신들이 어떻게 행동하든 중국인들이 양해하고 받아들일 것이란 착각을 품게 되었다. 그러나 〈대장금〉 방영으로 한류 분위기가 정점에 이르렀을 무렵부터 중국의 문화매체들은 한류 스타들의 잇따른 중국 방문과 그에 따른 북새통을 보도하며 '피로현상'을 드러내기 시작했다. 방송 프로그램에서 들리기 시작한 "또 하나가 왔다", "마치 한국이 아시아 대중문화의 메카가 된 듯이 처신한다" 등의 논조와 멘트가 그것이었다. 코믹풍의 어느 중국 멜로드라마 대사에서는 한국 자동차를 가난뱅이들이나 타는 허접한 차로 매도하며 극도의 반감을 드러내기도 했다.

중국인과 중국의 언론매체들이 한국에 비우호적인 태도를 적극적으로 표시하는 계기가 된 것은 2005년 강릉 단오문화제가 중국의 반대 속에 유네스코 세계문화유산으로 등재된 사실이었다. 당시 중국 매체들은 '한국에 의한 문화침탈'이라는 수사를 구사하며 이 일을 비중있게 보도했고 이런 기사에는 중국 네티즌들의 리플이 수없이 올랐다. 내용의 대부분은 자국의 문화유산을 지켜내지 못한 데 대해 극도의 자괴감과 피해의식을 드러내는 내용이었다. 한국이 세계문화유산으로 등재한 것은 단오절 자체가 아니라 한 지방의 특수한 문화행사와 관련한 것이라는 한국 측의 해명은 그들의 귀에 일절 들리지 않는 듯이 보였다.

그 후 공자의 혈통, 한자 발명 등과 같은 문제에서부터 최근 베이징올림픽을 전후해 쑨원의 혈통, 중국 고대신화의 기원 등에 이르기까지 중국 언론매체들이 자행한 한국관련 각종 왜곡보도는 끊임없이 계속되었다. 서예, 차(茶)문화 등을 받아들여 더욱 정교하고 고아하게 발전시킨 일본은 이런 자국 문화유산의 기원이 중화문명에서 비롯되었음에 추호의 이의를 제기하지 않는 반면 배은망덕, 후안무치한 한국의 태도는 그렇지 않다는 평설이 꼬리를 물고 이어졌다. 더구나 베이징올림픽을 앞두고 한국의 TV가 개막식 리허설 장면을 사전 노출시킨 일은 더욱 중국인들을 자극했다. 이런 배경이 베이징올림픽 야구 준결승 한일전에서 중국 관중들이 일본팀을 일방적으로 응원하는 상황을 연출했던 것이다.

비록 한류의 열기가 많이 가시긴 했지만 그것이 중국인들의 뇌리에 남긴 인상은 매우 선명하다. 여전히 드라마 대사에서 잘생긴 남자의 전형이 특급 한류스타 배용준으로 비유되고, 베이징 도심에 위치한 낭만의 호반 스차하이(什刹海) 카페거리에는 신승훈이 부르는 애잔한 〈I believe〉 선율이 지나가는 아베크족들을 유인한다.

그러나 이제 중국에서 한류는 과거사 속의 문화현상의 하나로 치부되는 분위기가 역력하다. 더구나 갑작스레 불어 닥친 국제적 금융위기로 원화 가치가 폭락하자, 재중 한국인들의 소비가 극도로 위축되고 생활이 곤경에 처한 일이 중국 매체를 통해 전해지면서 한국과 한국인들은 그야말로 스타일을 크게 구긴 상황이 되었다. TV의 한국드라마도 급격히 줄어들며 그 자리를 대만과 일본드라마를 위주로 한 다양한 국적의 외국드라마들이 채워가고 있다. 와중에 홍콩 펑황TV와 후난(湖南)TV 등 일부 지방TV 채널은 신작 한국드라마를 지속적으로 수입 방영하며 틈새의 광고수익을 독차지하는 재미를 누리고 있다. 이는 이미 형성된 한류드라마 마니아층이 아직 두텁다는 반증이기도 하다.

Chapter 4

한반도 통일과 중국

路遙知馬力 日久見人心 (노요지마력 일구견인심)
먼 길을 달려보아야 말의 능력을 알 수 있고, 오래 겪어보아야 사람의 진심을 알 수 있다.

중국 속담

소련의 해체와 동유럽 공산권의 붕괴를 지켜본 북한의 통치집단이 가장 다급하게 취한 조치는 군부에 대한 단속이었다. 군 지도부와 장군들에게 해체된 소련과 동구권 국가 군부의 비참한 말로와 초라한 처지에 대한 심층적 보고서를 열람시켰다. 그리고 상시적인 계엄상태로 옮아갔다. 결과적으로 북한체제는 당 우위를 벗어나 군부 주도의 준계엄체제로 재편되었다.

그리고 인민들의 생계는 도외시한 채 빈약한 국가재정의 대부분을 강성대국 건설과 핵무기 개발에 쏟아 붓는 비정상적 병영국가로 변모했다. 군 간부들에게 충성서약을 이끌어내는 당근으로 외제자동차, 고급양주, 사치품, 현금다발이 정기적으로 지급되었다. 인민들이 배를 주려도 그들의 충성만 있으면 체제의 골격은 유지할 수 있기 때문에 그들이 인민들에게 부리는 횡포나 사적으로 배를 불리기 위해 일삼는 부조리도 눈감아 주었다. 마치 봉건시대의 군주가 제후나 군벌을 관리하는 것이나 다름없는 지경이다.

한반도는 철지난 이념의 쓰레기장이요 역사발전의 블랙홀인가? 노동자 천국, 인민들의 낙원을 모토로 출범한 사회주의 국가에서 인간의 절대적 평등은 공허한 구호와 삐라의 문구로만 남아있고, 그 빈 공간을 전제적 철권통치와 족벌주의가 채우고 있다. 체제에 위협적이라는 이유로 핸드폰을 쓸 수 없고, 사회기풍을 문란하게 한다는 이유로 여성들이 바지를 입고 거리에 나설 수 없으며, 최고 통치자의 직계혈통 3세 승계를 시도하는 사회주의 국가의 몰락을 예견하는 일은 너무나 당연한 일이다.

외세에 의해 한반도가 분할되자 반도 국가인 한국은 분단 상황에 갇혀 졸지에 섬나라가 되어버렸다. 독일과 베트남이 통일을 이루고 냉전체제가 종료되었음에도 기형적인 사회주의 족벌체제는 변함없이 남북 간의 각종 교류를 독점하거나 방해하면서 이를 개인적 돈벌이에만 이용하고 있다. 국제사회의 건실한 일원이 되어 정상적인 국가발전과 인민들의 행복을 추구하는 길을 막고, 핵개발을 무기로 한반도 주변에 끊임없는 위기상황을 조장하는 일로 자신들의 존재를 부각시키고 있다. 그러나 세상은 지금 다시 한 번 전환기의 소용돌이가 일고 있다. 세계사의 새로운 질서가 탄생하기 위해 여명에 휩싸여있다. 그리고 북한체제의 종말도 그 끝자락이 보이기 시작했다. 한반도에는 운명의 새로운 지평을 열 천재일우의 기회가 다가오고 있는 것이다.

한반도 통일에 대한 논의는 북한의 자연재해나 식량난, 지도자의 건강악화 등으로 한반도에 위기감이 조성될 때마다 우리의 명운이 걸린 초미의 관심사로 떠오른다. 그리고 이와 더불어 한반도의 주변 강대국들이 한반도 통일을 어떻게 받아들일지가 우리에게 큰 관심사다. 특히 북한과 혈맹관계인 중국의 국제적 지위와 영향력이 상승하면서 그들의 한반도 통일문제에 관한 태도에 의구심을 품는다. 한·중 수교 이전이었다면 당연히 적성국이었으므로 이렇게 혼돈스럽지 않았을 것이다. 그러나 경제적으로 서로 깊이 얽히고, 수많은 사람들이 상대국에서 유학하고, 사업하고, 관광하는 마당에 한반도에 만일의 비상상황이 닥치면 과연 그들이 어떻게 대처할까 하는 문제가 궁금하고도 걱정스러운 것이다. 이는 그만큼 우리가 한반도 통일에 중국을 매우 중요한 변수로 생각하고 있음을 반증하는 일이기도 하다.

한반도 통일문제와 관련하여 최근 '중국 위협론'이나 비상시 '중국군의 북한진주 통치설' 등이 심심찮게 흘러나온다. 특별한 근거가 있는 것도 아니다. 한국에는 통일문제와 관련하여 중국에 대해 이유 없는 공포심과 혐오감을 지닌 사람들이 있다. 역사문제, 영토문제 등과 관련된 오랜 갈등이 이런 계층을 형성한 주된 원인일 것이다. 그러나 적어도 통일문제가 우리 민족에게 지닌 중요성을 감안하면 우리는 좀 더 신중할 필요가 있다. 이유 없이 중국을 의심하고 힐난함으로써 그들의 분노를 사 그들이 우리가 바람직스럽게 여기지 않는 의사결정을 하게 된다면 이것은 오히려 통일에 대한 방해요인을 우리 스스로 자초하는 셈이다.

남한이 섬나라가 되어버린 것과 같이 북한도 상황이 별반 다르지 않다. 남쪽을 향한 길이 막혔고 외부세계로 나갈 수 있는 유일한 통로로 중국을 경유해야만 하기 때문이다. 베이징 수도공항에서 북한 사람들을 심심찮게 만날 수 있다. 중국에 유학하거나 근무하다 귀국하는 사람, 중동 노무자로 가기 위해 베이징에서 비행기를 갈아타는 사람들, 평양에 다니러가는 외교관과 주재원 가족들…, 그들을 마주칠 때마다 친근감과 연민의 정으로 말을 붙여보지만 대개는 대꾸를 하지 않고 경계하거나, 한두 마디 이상은 대화가 연결되지 않는다. 그들은 외모에서 이미 확연히 구분된다. 기름기가 없는 얼굴에 항상 무언가 불안해하는 눈빛, 남루하고 시대에 뒤떨어진 차림을 하고 있기 때문이다.

민족과 종교를 초월하여 누구와도 만나고 대화할 수 있는 세상에 어째서 한 핏줄의 동포들이 허심탄회하게 인사조차 나눌 수가 없는 것일까? 세계적으로 유일한 분단국으로 남은 한반도에 이 굴레를 벗어던질 희망의 등불은 언제쯤 밝아올 것인가? 공산주의와 자본주의가 대립하고 피를 흘린 무덤에서 인류의 모순과 갈등을 치유하고 구제할 화해와 평화의 이념을 꽃피우는 일은 불가능한 것일까.

거칠고 촌스러운 사회주의 동맹국 조선은 중국으로서도 골칫거리다. 적지 않은 경제지원을 하고 있음에도 그들은 조금도 길들여지지 않고 자신들의 노선을 고집한다. 국제사회가 적어도 중국의 말은 북한이 함부로 외면하지 못할 것이라고 여기지만 그들은 좀체 중국의 체면마저 살려주지 않는 것이다. 한 북한 학자의 언급처럼 "현시점에서 북한을 관리하는 최선의 방침은 그들이 의외의 돌출행동을 하지 않도록 유도하는 것"일 수밖에 없다. 이점은 중국에게도 예외가 아니다. 북한 군부에 친중파들이 대거 포진하여 유사시 그들이 결정적이고 중요한 역할을 할 것이라는 담론이 있지만, 북한을 잘 아는 전문가들은 북한 통치집단에게 중국은 오히려 가장 경계할 대상이자 사회주의 변절자라는 것이다.

강대국의 세력판도에 세계질서의 큰 변화가 예견되는 이 시점에 우리의 대북정책은 통일 이후를 내다보는 자세를 견지하며 설계되어야 한다. 남북의 연계성을 높이고, 상호 문화적 동질성을 지속적으로 확대시켜가며, 북한으로 하여금 자신들이 당면한 체제위기와 경제위기를 해결하기 위해 의지할 수 있는 유일한 상대는 남한뿐이라는 인식을 심는데 주력해야 한다. 그들이 우리가 원하는 방식대로 길들여지기를 기다리는 것은 이 절체절명의 시기에 매우 우둔하고 무책임한 자세다.

아울러 머지않은 시기에 북한 김씨 일가의 족벌체제가 종말을 고하고 새로운 지도자 혹은 지도체제가 등장하는 상황에 대비하는 일이 긴요하다. 그들의 형성과 등장은 한반도의 운명에 하나의 중요한 갈림길이 될 수 있다. 결정적 시기에 그들과 마음을 열고 소통함으로써 한반도의 평화와 미래번영을 담보하기 위한 길을 함께 모색하기 위해서라도, 남북 간의 대치상황은 지양하는 것이 바람직하다.

어떤 상황이 닥치더라도 상시적인 대화와 협력 체제를 구축하는 것만이 예기치 못한 상황의 발생을 미연에 방지하는 길이다. 가장 바람직한 것은 북한체제를 가능한 한 덜 자극하면서 그들로 하여금 스스로 개방노선을 선택하도록 유도하는 일일 것이다. 그들을 흔들어 자존심에 상처를 주거나, 쿠데타나 민중봉기 등으로 무너지기를 기다리는 것보다 이편이 한반도 안전에 훨씬 유리하다. 비상사태로 국경선이 무너지고 급작스런 대규모 탈북 난민 문제가 발생해 국제적으로 엄청난 혼란이 발생하는 일도 방지할 수 있다. 이런 비상사태가 없다면 만일의 경우 중국이 북한의 국경선을 넘어 개입할 명분도 없어질 것이다.

한반도의 평화적 통일을 위해 우리가 지금 당장 할 수 있는 일은 외부 환경 조성을 위해 부단히 노력하는 일이다. 수많은 허구적 담론, 소설에 가까운 풍문, 근거 없는 의구심을 배격하고 공개적 토론과 투명한 대응으로 한반도 문제가 자연스럽게 국제적인 공론을 형성해가도록 유도해야 한다. 통일문제를 소수 전문가와 전략가들의 영역으로 치부하여 침묵하거나, 밀실에서 수립되는 군사작전 계획을 노출시키는 상황은 최악의 처신이다. 문제의 돌발성과 불가측성만 가중시킬 뿐이다. 주변 강대국들에게 한반도의 통일이 어느 나라의 국익에도 결코 반하지 않음을 체계적인 논리로 반복해서 설득하고, 한민족의 통일과 영토회복에 대한 우리의 단호한 의지와 그 당위성을 지속적으로 표명해야 한다.

특히 한반도 통일의 주요 변수로서 중국을 안심시키고 그들의 심정적 동의를 끌어낼 수 있는 다방면의 노력이 매우 긴요한 시점이다. 양국 간 전략 대화는 한반도 통일에 대한 우리의 의지를 설명하고 그들과 이 문제에 대한 상호교감을 이루는 자리가 되어야 한다. 통일한국의 출현에 대한 중국의 위기감이나 우려를 불식하기 위한 우리의 통일정책과 지역안보에 관한 입장에 대해 그들과 깊이 있는 대화를 지속시켜 나가야 한다. 한반도 통일 후 중국군이 압록강을 사이에 두고 미군과 마주 서고, 미군 정찰기가 만주와 서해 너머를 지근거리에서 끊임없이 감시하는 상황은 없을 것임을 담보해야 한다.

어쩌면 통일을 위한 환경조성에 가장 큰 난관은 외부에 있는 것이 아니라 우리 내부의 단결력을 확보하는 일일지도 모른다. 북한

문제에 관한 우리사회의 소모적 논쟁과 해묵은 좌우대결은 민족통일이라는 본령이 사라지고 정파의 입장과 선명성을 증명하는 수단으로 전락해버린 느낌이다. 정부는 한반도의 번영과 발전을 위한 진정한 미래비전을 제시하고, 전문 연구기관들은 투명하고 공개적인 방식으로 평화적인 한반도 통일방안에 관한 체계적 논의를 폭넓게 진행시켜야 한다. 그리고 정치권과 사회단체들은 정파와 이념을 떠나 논의를 거친 통일정책에는 일치된 협력과 지원을 아끼지 말아야 한다.

우리가 지닌 역량을 집중하지 못하고 북한에 관한 대응방식이나 지원여부를 두고 계속해서 내부적인 분열상을 노출하며 시간을 낭비한다면 통일문제는 우리의 주권이나 의사와 점차 멀어질 수밖에 없다. 한반도 통일을 위한 천금의 기회가 될 시대의 소용돌이는 우리가 느끼지 못하는 사이에 이미 우리 가까이 성큼 다가서고 있는지도 모르기 때문이다.

Chapter 5

반볜텐(半邊天)의 위기,
뉘창런(女强人)과 얼나이(二奶)

자유와 사랑을 알았든 몰랐든 죽음 앞에서는 평등하다.
죽음이 네게 끝이 아니길….
빛을 그토록 사랑한 너였기에
아무리 어둠이 짙어도 결코 두려워하지 말길….

《여름궁전》 천안문사건 망명자 리티(李緹)의 묘비명

2007년에서 베이징올림픽이 개최된 2008년으로 해가 넘어가는 연말연시, 중국의 호사가들은 심심치 않은 겨울을 보낼 수 있었다. 그것은 후쯔웨이라는 한 여성방송인이 중국의 국영방송인 CCTV 생방송 도중 남편의 불륜을 폭로하며 벌인 신중국 역사상 최악의 방송사고 때문이었다.

무대는 2007년 12월 말, 스포츠 채널인 CCTV5가 새해부터 한시적으로 올림픽 전문 채널로 운영됨을 알리는 생방송 기자 회견장이었다. 이날의 사회자는 스포츠 해설가이자 CCTV 아나운서인 장빈이었다. 그런데 방송 도중 갑자기 한 여성이 무대 위로 나와서는 장빈의 손에서 마이크를 빼앗아 버렸다. 그녀는 바로 장빈의 아내이자 베이징TV의 시사토크 프로그램 진행자인 후쯔웨이였다. 바로 몇 시간 전 남편이 다른 유명 여성 아나운서와 외도를 하고 있고, 임신까지 시킨 사실을 알게 된 그녀는 순간적으로 격분을 참지 못하고 남편이 진행하는 생방송 무대를 점령해 그를 파렴치범에 색광이라고 온 세상에 공포해버린 것이었다.

이 사건 이후 두 사람의 얼굴은 방송무대에서 사라졌다. 다만 남편 장빈은 CCTV에서 방송에 모습을 드러내지 않는 내근 업무를 계속 수행하고 있는 것으로 알려졌다.

'부자의 싼나이(三奶, 첩)가 될지언정 가난뱅이와 결혼하지는 않겠다.' 2008년 가을, 한 오지 농촌출신의 도시 여성이 이런 제목으로 인터넷에 올린 글이 중국사회에 뜨거운 화제가 되며 격렬한 사회적 논쟁을 불러일으켰다. 사회의 수많은 비난을 무릅쓰고 이런 글을 올린 그녀는 가난이 무엇인지 알지도 못하는 사람들이 쉽게 눈물 젖은 빵을 운운하는 현실이 가소롭다는 생각이었다.

지독하게 가난하고 식구가 많은 농촌가정에서 태어나 그 고장에서 처음으로 대학생이 된 그녀는 입학 후 학교 식당에서 유탸오(油條, 밀가루튀김)를 평생 처음 맛보았다. 거친 음식만 먹으며 식용기름 살 돈마저 아껴야 하는 환경 속에서 자랐으니까. 그리고 대학 4년 내내 교복만 입고, 화장품을 사용해본 적이 없었으며, 아르바이트를 하느라 기숙사의 같은 방 친구들과 얼굴을 마주 할 시간이 없었다. 그러나 고향사람들에게 선망의 대상인 대학을 졸업한 후에도 그녀의 가난은 여전했다. 쥐꼬리만한 수입으로 동생을 학교에 보내야 했고 모친의 병원비를 감당해야 했다. 생활고를 이기지 못한 그녀는 고의로 자동차에 부딪혀 목숨과 보상금을 바꿔 가족들이 조금이라도 가난을 벗어나도록 할 마음까지 먹고 그 일을 실행했다. 다행히 목숨을 보존하고 작은 돈을 손에 쥘 수 있었지만 가난은 여전히 그녀의 주변을 맴돌았다. 지긋지긋한 가난을 벗어나게 해주고, 가족들의 먹고 입는 문제를 해결만 해준다면 그 사람의 첩이 될지언정 결코 자신과 같은 불행을 짊어진 가난뱅이에게는 시집을 가지 않겠다고 그녀는 다짐한다. 그것이 술집 접대부가 되는 것보다는 낫지 않느냐는 것이다.

'반볜텐'은 사회주의 혁명으로 구체제를 무너뜨리고 중화인민공화국이 건국한 이후 중국여성의 사회적 지위상승을 상징하는 말이다. '남자는 하늘, 여자는 땅'이라는 봉건시대의 수사에 대해 마오쩌둥이 "이제 여성이 하늘의 절반을 받치고 있다"고 언급한 이래, 이 말은 여권신장의 상징어가 되었다. 비록 축첩을 하는 관습이나 가난 때문에 어린 딸을 대가집 첩으로 들여보내던 구시대의 악습은 사라졌고, 결혼 후 가사와 육아에 수반되는 노동을 남성들이 함께 나누어주고, 남성들의 전유물이었던 직종에 진출해 활동하고 있는 여성들이 늘어난 것은 사실이지만, 오늘날 중국에서 '반볜톈'의 지위는 위태롭기만 하다.

무엇보다 중국 지도자 그룹에서 발견할 수 있는 여성의 면모가 손꼽을 수 있을 정도로 소수에 불과하다는 점이다. 하늘의 반을 책임지는 '반볜톈'이라고 하기에는 턱없이 적은 숫자다. 후쯔웨이 소동이 보여준 것은 한 가정의 단면일 뿐 아니라, 동시에 여성의 지위에 관한 중국사회의 이면을 드러낸 것이기도 했다. 그녀의 외침은 중국사회의 두터운 보수성과 여성의 지위 상승이라는 허구성에 대한 반항과 조소였다. 그러나 책임의 일부는 여성 자신에게도 있다. 여성들이 자신들의 고유한 우월성을 살린 '반볜톈'의 추구를 포기하고, 남성의 카리스마를 흉내 내는 뉘창런(女强人)이 되거나, 스스로의 존엄을 포기하고 편안한 얼나이(二奶)가 되는 길을 택하는 여성들이 늘고 있는 것이 엄연한 현실이기 때문이다. 뉘창런(女强人)은 주로 사회적으로 성공한 여성 사업가를 지칭하는 말로, 남성 못지않은 강한 카리스마를 지닌 여성 실력자란 뉘앙스를 풍긴다.

1949년 신중국이 출범하면서 추방할 대표적 사회악으로 매춘과 마약이 표적이 되었다. 많은 기방의 여성들이 교화를 거쳐 갱생의 길을 걸었고, 일부일처제가 법률로 시행되면서 수천 년을 이어온 축첩의 관행이 사라지고 전족의 악습도 자취를 감추었다. 그리고 중국은 '매춘 없는 국가'를 전 세계에 자랑스럽게 선포했다. 이는 여성의 해방과 사회적 지위 향상을 추구하는 사회주의 체제의 우월성을 과시하는 일이었다. 그러나 개혁개방 30년의 부작용은 음성적 성산업이 사회에 만연하며 다시 고개를 들게 만들었다. 그리고 많은 여성들이 고된 노동과 정당한 수입을 도외시하고 권력과 재부를 쌓은 실력자들의 '벽속의 여자'가 되는 편안함을 선택했다. 이른바 얼나이(二奶), 싼나이(三奶), 샤오미(小蜜) 등은 이런 여성을 가리키는 속어로 개혁개방이 만들어낸 새로운 사회 풍속도를 상징하는 말의 일부가 되었다.

사람들이 너나없이 성공과 출세를 추구하고 평범하고 소박한 삶을 실패로 여기는 세속적 사고방식이 팽배하면서 젊은 여성들의 인생관도 바꾸어 놓은 것이다. '공부를 잘하고 좋은 직장에 들어가는 일보다 시집 잘 가는 것이 낫다'라고 생각하는가 하면, 한술 더 떠 능력 있고 돈 많은 사람이라면 같이 좀 즐겨도 괜찮은 일이라는 일탈도 서슴지 않게 되었다. 이런 환경 아래 권력자들의 축첩현상이 부활하고, 졸부들이 돈을 무기로 현대판 서문경(西門慶 고전소설 금병매에 등장하는 호색한)이 되는가 하면, 부와 권력을 배경으로 주지육림에 빠진 황제가 한번 되어보고 싶어하는 한량들을 위한 향락산업이 번창하고 있다.

사회주의 혁명이 사람들의 사고와 행동양식에 심은 평등사상은 중국의 남녀관계에도 많은 변화를 몰고 왔다. 대부분의 중국 남성

중국여성들은 동심결(同心結, 사랑의 매듭), 동심쇄(同心鎖, 사랑의 자물쇠)와 같은 상징적 물건으로 남성의 사랑을 확인받고 묶어두려고 애쓴다.

들은 주방 일에 능숙하다. 맞벌이 가정이 많은 중국에서 아내가 늦으면 남편이 밥을 지어놓고 기다리는 것이 당연한 일이다. 또 나이 차이가 있어도 서로 이름을 호칭으로 사용한다. 연애를 하는 남녀 중에 여성이 먼저 사랑고백이나 프러포즈를 하는 일이 그리 놀라운 일도 아니다. 한국적 기준으로 보면 남녀평등이 매우 잘 이루어진 셈이고, 진보적이기까지 하다.

그러나 이와 동시에 여성의 수동성과 소극적인 면을 드러내는 문화나 분위기가 없는 것은 아니다. 중국어로 남성이 여성을 지극히 아끼고 사랑함을 '텅아이(疼愛)'라고 한다. '아프다'는 뜻인 '텅(疼)' 한 글자만으로 같은 뜻을 나타낼 수도 있다. 여성의 남성에 대한 사랑을 이렇게 표현하지는 않는다. '사랑은 곧 아픔'이라는 연애사의 진리가 중국어 속에서 증명되는 셈이다. 연애중이거나 신혼기의 여성은 동심결(同心結, 사랑의 매듭), 동심쇄(同心鎖, 사랑의 자물쇠)와 같은 상징적 물건으로 남성의 사랑을 확인받고 묶어두려고 애쓴다. 그리고 진세미(陳世美)와 같은 역사적 인물상을 '조강지처를 버린 천하의 나쁜 놈'으로 그 부정적 이미지를 극대화시켜 일상 언어생활에 사용하는 배경에도 여성들의 조바심이 깔려 있다(진세미는 북송시대의 인물로 자신의 출세를 뒷바라지한 조강지처 진향련이 있음에도 과거에 급제한 뒤 이미 결혼한 사실을 숨기고 황제의 사위인 부마가 된다. 이도 모자라 그는 자신의 거짓이 탄로 날까 두려워 자객을 사 조강지처를 죽이려는 음모마저 꾸민다. 결국 그는 진실이 백일하에 드러나 판관 포청천의 손에 의해 형장의 이슬로 사라진다).

여성의 지위와 성(性)관념처럼 한·중 간 비교가 어려운 부분도 없다. 개방성과 보수성이 서로 복잡하게 뒤섞여 어느 편이 더 보수적이거나 개방적이라고 단적으로 말하기에 매우 혼란스러운 모습을 띠기 때문이다. 사회주의혁명 이후 중국여성의 지위가 확연히 향상되었음은 부인할 수 없는 사실이다. 결혼 후 가사 분담이 한국사회에 비해 평등하게 이루어지고, 한국에서는 주로 남성들이 진출하는 직종인 엔지니어, 토목기사, 중장비와 버스 기사 등에 많은 여성들이 진출한 것을 볼 수 있다. 그러나 한·중 양국이 동일하게 공공기관이나 기업의 고위직에 여성의 얼굴을 흔하게 찾아보기는 어렵다. 가정 소비의 의사결정권이 주부인 여성들에게 있고, 무자녀 가정이 늘어가는 것도 공통적인 현상이다. 그리고 중국여성들이 페미닌 스타일의 의상을 즐겨 입는데 반해, 한국여성들은 유니섹스 스타일을 좋아한다.

사교춤은 오랜 세월 한국사회에서 성적으로 일탈한 사람들이나 빠져드는 마약과 같이 여겨져 왔으나, 최근 이런 인식이 많이 개선되어 새로운 사교오락 문화로 주목받고 있다. 그러나 중국에서 사교춤은 20세기 초부터 시작된 역사가 꽤 긴 대중문화 장르다. 전혀 면식이 없는 이성 남녀가 퇴근길에 공원이나 야외 무도장에서 어울려 함께 사교춤을 배우고 즐긴다. 이런 무도장에는 노인들이 특히 많이 참여한다. 그들에게 사교춤은 태극권과 함께 신체단련을 위한 보건체조나 다름없다. 이 부분에서는 중국이 한국에 비해 매우 개방적이다.

성관념의 경우는 더욱 혼돈스럽다. 한국은 외견상 유교적 보수성이 매우 강한 것처럼 보이지만, 실질적으로는 음성적인 성매매와 관련 산업이 서구의 선진국 못지않게 발달해있다. 한국에서 개최되는 스포츠 게임을 중계방송 하는 중국TV의 여성캐스터는 종종 한국 카메라맨이 잡는 앵글이 미녀 관중에 집중됨을 의아하게 여기는 멘트를 한다. 이것은 미국적 가치관과 문화에 익숙한 한국사회의 모습을 보여주는 일이다.

중국은 거리나 공원에서 행인의 시선에 아랑곳하지 않고 키스와 포옹을 나누는 청춘남녀들을 심심찮게 목격할 수 있을 정도로 성개방 풍조가 만연한 것처럼 보이지만, 이성에게 성적인 농담을 건네다간 뺨을 맞기 십상이다. 어릴 적부터 알고 지내온 중국친구의 딸을 몇 년 만에 길에서 우연히 마주쳐 오래 못 본 사이 몰라보게 성숙해졌다는 뜻으로 무심코 짓궂은 농담을 건넸다가 그 집안과 원수지간이 된 한국인도 있다. 잠옷이나 파자마 차림으로 산보나 동네 쇼핑에 나서는 대담한 여성들이 적지 않지만, 결혼하지 않은 남녀는 숙박업소에 함께 투숙할 수 없도록 법률로 정해져있다. 그래서 혼돈스러운 한국인들이 실수를 하는 경우가 종종 있다.

한국 진출기업을 위해 자주 통역 일을 해온 교포 청년이 전하는 이야기다. 그가 한·중 합작기업의 설립을 축하하는 연회 석상에서 한국 측 대표의 신변 통역을 수행하는 중에 발생한 일이다. 한국대표가 중국 측 대표인 여성기업인의 미모를 칭찬하며 만일 자신이 조금이라도 젊었다면 구애를 하며 쫓아다녔을 것이라고 나름대로 유머가 담긴 조크를 던지더라는 것이다. 한국에서는 이런 농담이 여성에 대한 찬사로 받아들여지기도 하나, 이것은 중국적 기준으로 볼 때 엄청난 무례에 해당하는 것이어서 등줄기에 식은땀이 흐르더라는 것이다. 얼른 다른 말로 바꾸어 거짓 통역을 하는 것으로 상황을 모면했지만 그날 만찬 내내 한국 측 대표가 또 무슨 실수를 저지를까 가슴이 조마조마했었다는 것이다.

심지어 한국에서는 이런 종류의 조크가 여성이 합석하는 자리에서 빠트리지 말아야 할 예의로 치부되는 분위기마저 있다. 한국의 어떤 파티석상에서 호스트가 손님 커플의 남성에게 "선생님은 너무 무리한 결혼을 하셨군요?"라는 농담을 던지는 경우를 보았다. 그 배경의 의미는 여성의 외모나 품격으로 보아 당신 같은 남자가 감히 짝으로 삼을 수 없는 훨씬 높은 수준의 사람이라는 뜻으로, 역시 여성에 대한 찬사를 담은 칭찬성 조크다. 그러나 이 역시 중국인을 대상으로 한다면 엄청난 파국을 몰고 올 만한 무례한 언사가 될 것이다.

미국문화의 깊은 영향을 받은 한국이나 일본사회에서는 여성에 대한 이런 식의 사교예절이 비교적 자연스럽다. 그러나 "오늘 유난히 아름다워 보이신다"거나 "드레스가 참 잘 어울리신다"는 식의 여성을 위한 칭찬성 멘트가 중국에서라면 호색한으로 욕을 먹거나, 해당 여성에게 딴 속셈을 품은 것으로 간주되기 십상이다. 가족이 합석하는 자리라면 차라리 아이들을 칭찬하는 인사말을 나누는 것이 무난하다. 불필요하게 분위기를 어색하게 만들거나, 칭찬을 받은 여성의 남편으로부터 경계와 반감을 불러일으키지 않으려면 말이다.

최근 한국사회의 국제결혼이 급증하면서 한국으로 시집오는 중국여성들이 늘어나고 있다. 적잖은 문화충격이 있을 테지만 그녀들은 비교적 한국사회에 잘 적응하고 있다. 일단 외모에서 가장 한국인과 구별되지 않는 외국며느리들이기 때문에 인종적 편견이나 차별에서 자유로운 것이 그녀들의 장점이다. 또 지리적으로 서로 이웃한 나라에다 같은 한자문명권에 속하는 것 또한 그녀들이 비교우위를 누리는 점이다. 그리고 입향순속(入鄕循俗, 로마에서는 로마법에 따르다)하는 그녀들의 지혜가 단기간에 자신을 한국사회의 일원으로 변모하게 만든다.

그러나 속마음은 좀 다를 것이다. 우선 중국남성들에 비해 가부장적이고 보수적인 한국 남성들의 사고방식이 거북스러울 것이고, 가사분담을 거의 해주지 않는 점 또한 불만스러울 것이다. 그래서 한국남성과 중국여성의 조합보다는 중국남성과 한국여성이라는 조합이 훨씬 결혼성공률이 높을 것이란 추정을 하게한다. 평등 관념이 몸에 밴 드센 중국여성보다 현모양처형 한국여성의 부드러움을 중국남성들도 크게 반긴다. 중국의 경제발전이 지속되고 개인소득이 증가하는 추세에 비례하여 가까운 장래에 중국의 '반벤텐'이 되는 한국여성들도 지속적으로 늘어갈 것이다.

개인의 존엄을 대신하는 미엔즈(面子)

한 가난한 선비가 돈을 꾸러 온다. 그러나 말을 꺼내지도 못하고 우물쭈물 딴 이야기만 둘러댄다. 참으로 괴로우리라 싶어 사람이 없는 곳으로 데려가 얼마가 필요하냐고 물어본다. 그리고 방으로 들어가 돈을 내주고, 그에게 다시 이렇게 묻는다. "지금 당장 가서 일을 처리해야만 하겠나?" "괜찮다면 나랑 한 잔 하고 가면 어떻겠나?"
아아! 이 또한 얼마나 유쾌한 일인가!

김성탄(金聖嘆)의 《유쾌한 한 때 (不亦快哉 三十三則)》 중에서

중국인들이 체면을 중시한다는 사실은 이미 국제적 상식이 되었다. 많은 중국 문화 소개서들이 이를 중국인의 보편적 기질로 다루고 있어서 중국에 가보지 않고, 중국인들과 접해 보지 않은 사람들조차 이를 어렴풋이 의식하고 있을 정도다. 체면에 해당하는 중국어는 미엔즈(面子)다. 그야말로 '얼굴값'을 뜻하는 말이다. 그래서 중국인의 미엔즈는 한 개인의 사회적 영향력을 뜻하기도 한다. 미엔즈의 크기를 따지기도 한다. 미엔즈는 보통 체면으로 번역되지만 그 의미는 우리말의 체면 외에도 위신, 명예, 자존심 등 매우 넓은 의미를 포괄한다. 실수를 범하여 체면에 손상을 입으면 한국인이나 일본인은 보통 사과함으로써 체면을 유지하려고 하는 반면, 중국인은 도리어 자신의 주장과 옳음을 끝까지 관철시킴으로써 미엔즈를 지키려는 성향을 보인다.

중국인들이 자주 사용하는 성어에 문당호대(門當戶對)라는 말이 있다. 결혼에 이른 남녀의 두 집안이 사회적 지위나 경제적 형편 따위가 기울지 않고 서로 걸맞다는 뜻이다. 집안과 가문의 미엔즈가 서로 비슷한 수준인가를 따지는 말이다. 사회주의 혁명을 거친 나라의 백성들이 이런 구시대적 관념이 남아 있을까 싶지만, '벼슬과 식읍의 규모'가 '출신과 계급'이란 사회주의적 성분 개념으로 바뀌었을 뿐 그들의 사고방식에는 추호의 변화가 없다.

특히 결혼식 당일 신랑 집에서 신부를 맞이하기 위해 보내는 영친(迎親) 행렬은 중국인들의 미엔즈 관념을 가장 상징적으로 보여주는 사례다. 왜냐하면 그 고장사람들이 모두 몰려나와 구경을 하는 행사이므로 집안의 위세와 재력을 가늠하는 척도가 되기 때문이다. 구시대에 화려한 꽃가마와 악대로 구성하던 이 행렬이 이제 최고급 승용차 행렬로 대신한다. 벤츠와 BMW는 보통이요 링컨콘티넨탈도 어렵지 않게 등장한다. 때로 이들 최고급 차량을 호위하는 들러리 차량도 화려하게 꾸민 붉은색 차들만 수배해와 더욱 그 기세를 올린다.

주성치의 홍콩영화 〈쿵푸허슬〉의 한 장면을 떠올려본다. 가난한 모녀가 도끼를 든 조폭들의 행패에 시달리다 동네 장정들의 도움으로 목숨을 잃을 위기에서 벗어난다. 모녀는 은인들에게 머리를 조아리며 은혜에 대한 보답으로 삶은 감자 그릇을 내민다. 그것이 그들이 남에게 줄 수 있는 가진 것의 전부이기 때문이다. 장정들은 사양하지 않고 받아 모녀의 면전에서 감자를 한입씩 베어 문다. 비록 가난하고 보잘것없는 모녀지만 은혜를 입으면 반드시 갚음을 해야 한다는 사람노릇을 실천하는 것이기에 그것을 사양하는 것은 그들의 미엔즈를 짓밟는 것이기 때문이다.

중국인들에게 미엔즈는 한 인간으로서 '개인의 존엄성'을 대신한다. 그들에게 미엔즈는 생명과도 바꿀 수 있는 것이다. 그래서 우리가 그저 '중국인은 체면을 중시한다'고만 알고 있다면 그들의 미엔즈 관념에 대해 제대로 이해하는 것이 아니다. 아마도 외국인으로서 중국과 중국인을 올바로 이해하기 위한 핵심적 키워드는 바로 그들의 사고방식과 행동양식 속에 도사린 미엔즈 관념일 것이다. 비단 국가 간 외교나 개인적 사교, 상업거래뿐 아니라 사돈을 맺거나 하다못해 작은 선물을 하는데도 이 미엔즈가 개입되기 때문이다. 그러므로 중국인이 자기 미엔즈를 걸고 어려운 부탁을 하거나 양해를 구해올 때는 이를 물리치지 말고 신중히 고려하는 것이 좋다. 이 미엔즈를 다치게 하면 그들과의 관계는 복구하기 힘들 정도로 심각한 손상을 입는다는 사실을 염두에 둘 필요가 있다.

중국 농촌가정에 손님으로 초대받아 가면 정말 상다리가 부러질 정도로 접시를 포개가며 쌓아올린 음식에 놀라게 된다. 손님 접대에 준비하는 음식의 가지 수와

양은 곧 주인의 미엔즈를 대신하기 때문이다. 그렇다고 손님으로서 음식을 마구 뒤적거리면 눈치 없는 사람이 된다. 손님은 조심스럽게 자신이 필요한 만큼만 손을 대고 깨끗하게 음식을 남겨 주인이 두고 먹을 수 있도록 배려해야 한다. 손님이 음식을 남기는 뜻은, 충분히 배를 채웠으므로 주인이 접대에 소홀하지 않았다는 의사표시이기도 하다. 이런 처신은 생활의 실리를 추구하면서 서로 미엔즈를 살려주는 사교예절이다.

중국에서 세계적인 유명브랜드의 짝퉁상품이 활개 치는 이유 중의 하나는 중국인들의 미엔즈 관념 때문이기도 하다. 누구나 명품 한두 가지는 몸에 지니고 다니는 세상에 설사 서로 가짜인줄 알지라도 해외의 유명상표를 박아야 미엔즈가 살기 때문이다. 중국인들의 주머니가 두둑해지면서 럭셔리 상품에 대한 열풍이 불고 그 시장규모가 급격히 커지고 있는 배경에도 바로 그들의 미엔즈 관념이 도사리고 있다. 중국사회에서 자신의 부와 권력을 가장 손쉽게 과시할 수 있는 방법이 바로 럭셔리 명품이다. 실속보다는 과시욕을 충족함으로써 자신의 신분이 상승하고 성공한 사람이 되었다고 믿는 것이다.

한국에 유학 왔다 귀국하는 중국 유학생이 친척과 친구들에게 나누어줄 선물꾸러미를 바리바리 준비하는 것을 볼 수 있다. 그래도 해외유학을 갔다 왔는데 그럴싸한 선물이라도 하나씩 안겨야 자신과 부모의 미엔즈가 서는 것이다. 비록 돌아가 한동안 궁색하게 지낼지라도 선물구입에 아르바이트로 고이고이 모아 둔 돈을 아낌없이 지출한다.

중국인과의 상거래시 그들로부터 좀처럼 '어렵다', '안 된다', '불가능하다' 라는 말을 듣기 어렵다. 무엇이든 '문제없다', '가능하다' 라는 응답을 할 뿐이다. 그들의 미엔즈 관념상 자신의 체면을 구길만한 부정적인 답변은 좀체 입 밖에 낼 수 없는 것이다. 그러므로 상담석상에서 돌아올 답변이 빤한 질문은 차라리 하지 않느니만 못하다. 그보다 중요한 것은 조금이라도 의심스러우면 철저하게 현장과 사실을 확인하는 일일 것이다.

합작이나 수주계약 등을 체결할 시 상대 회사의 사장이나 부서장과의 교분으로 일이 성사되었다고 생각하면 착각이다. 중간관리자나 실무자의 미엔즈도 함께 배려하지 않으면 조만간 예상치 못한 차질이 발생하기 십상이다.

무역 거래에서 고의성이 없는 하자나 실수가 발생했을 때, 이를 공개적으로 드러내 계약서대로 클레임을 제기하기보다 조용히 우회적인 방법으로 시정을 요구하고 해결하는 것이 훨씬 효과적일 수 있다. 설사 명백한 잘못이라 할지라도 이를 공개적으로 질책하며 걸고넘어지는 방식은 그들로 하여금 미엔즈를 상했다고 느끼게 할 수 있기 때문이다. 더욱이 유력한 국유 공기업이라면 더욱 그러할 것이다. 클레임 이후에도 거래를 지속하고자 한다면 신중하게 그들의 입장을 살펴주어야 한다.

중국인의 식사초대를 반복해서 거절하는 것은 그들의 미엔즈를 다치게 하는 일이다. 가능하면 적정한 선에서 흔쾌히 응해주는 것이 무난하다. 술, 담배를 권하는 것은 그들의 전통적인 손님접대 예절이다. 설사 자신이 금주, 금연 중이라 할지라도 적당히 응대해주는 시늉이라도 하는 것이 그들의 미엔즈를 살려주는 길이다.

어느 한국계 외자기업이 빈번한 상품 분실을 적발하기 위해 중국 여공들에 대해 몸수색을 실시했다. 그들의 미엔즈를 배려하지 않은 무리한 대처방식이었다. 중국인은 남들 앞에서 자신의 실체에 관해 지적을 받으면 크나큰 모욕감을 느낀다. 더구나 자기보다 아랫사람들 앞에서 질책을 당하면 더 이상 얼굴을 들고 다니기 어려울 정도로 미엔즈를 잃었다고 생각한다. 더구나 외자기업에서 벌어진 일이라면 중국인 전체의 미엔즈를 깔아뭉갠 일로 받아들인다.

한류 열기가 시들해지고 혐한 기류로 역풍을 맞은 것은 '한류 바람이 대륙을 점령했다', '중국인들이 일상적으로 한류 문화에 빠져 살아간다'는 한국 언론의 자아도취적 보도 자세에 중국인들이 국가적 미엔즈를 구겼다고 생각하기 때문은 아닐까?

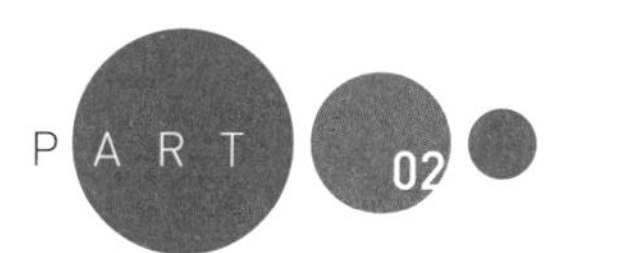

한국은 왜 중국과의 협상에서 실패할까?

Chapter 1

중국인은
왜 금전에 집착하는가?

중국인은 고관대작이 되는 것을 성공으로 여기기도 하고, 억대 수입을 버는 월급쟁이가 되는 것을 성공으로 생각하기도 한다. 중국인들은 성공과 부자의 꿈을 이루기 위해 어떤 힘든 일도 견뎌낼 수 있고, 가족과 함께 사는 즐거움을 버리고 사해를 떠돌아다닐 수도 있다. 그러나 안타깝게도 중국인들은 가정의 화목과 담담하고 평범한 인생도 하나의 성공이라는 사실을 알지 못한다. 어쩌면 그것은 중국인들이 영원히 깨닫지 못할 이치일지도 모른다.

유자(由甲)의 블로그 글 중에서

물물교환의 번거로움을 해소하는 화폐가 발명되면서, 화폐를 매개로 유통되는 경제체제가 인간생활에 많은 편리를 가져다주며 다양한 모습으로 발전을 거듭했다. 그렇지만 중국만큼 돈을 숭배하는 문화적 토양이 깊고도 폭넓게 펼쳐진 나라도 없을 것이다. 중국은 상업경제의 역사가 유구하고, 중국인은 투철한 상업관과 탁월한 상재(商才)를 지닌 민족이다. 그들이 발전시켜온 '돈의 문화'는 마침내 중국인과 돈을 마치 강과 물고기처럼 불가분의 상관성으로 묶어

중국인들의 춘절 명절음식인 교자만두 자오쯔(餃子)의 모양은 원보(元寶)를 닮았다. 원보는 봉
건시대에 화폐로 사용된 말굽 형상 은자(銀子)의 다른 이름이다. 가족들이 모여 귀한 원보 모
양의 자오쯔를 먹으며 새해 가정에 재운이 깃들기를 함께 기원한다.

놓았다.

돈과 재부(財富)를 숭상하는 중국인들의 사고방식은 중국 최대의
전통명절인 춘절(春節, 설날) 세시풍속에 고스란히 스며있다. 중국
인들이 춘절에 빠짐없이 먹는 교자만두 자오쯔(餃子)의 형상은 봉
건시대에 화폐로 사용된 말굽 모양의 은자(銀子)인 원보(元寶)의 모
양을 본뜬 것이다. 가족들이 모여 귀한 원보 모양의 자오쯔를 먹으
며 새해 가정에 재운이 깃들기를 함께 기원하는 것이다.

때로 자오쯔를 빚을 때 그 중 특별히 하나에 동전을 넣기도 한다.
이는 한나라 때부터 전해져오는 풍속으로 이를테면 봉건시대의 복

화교들이 운영하는 중식당에 들어설 때 입구에서 만나게 되는 재신상(財神像)은, 대개 도교의 많은 신(神)가운데 하나인 조공명상(趙公明像)이거나 관우상(關羽像) 둘 중에 하나다.

권이다. 비록 동전 하나지만 이 자오쯔를 먹는 사람에게는 큰 황재의 기회가 찾아온다고 믿는다. 섣달그믐 한해의 마지막 식사인 녠예판(年夜飯)에 생선요리가 빠지지 않는 일에도 중국인들의 재부에 대한 기원이 담겨있다. 생선(魚)의 발음과 여유로움(餘)을 뜻하는 글자의 발음이 같아 새해 경제적으로 여유로움이 있기를 소원하는 뜻을 담는 것이다. 나아가 새해 친지들에게 제일 자주 건네는 덕담도 "꿍시파차이!(恭喜發財)"로 돈을 많이 벌라는 축원의 말이다.

중국인들은 수많은 신을 섬긴다. 그들처럼 다양한 신을 섬기는 나라도 다시없을 것이다. 조상신은 기본이고 땅의 신, 집의 신, 화장실 신, 대문 신, 심지어 부뚜막 신도 있다. 이런 형편에 돈의 신

(錢神)이 없을 수 없으며 그보다 한 차원 높은 재신(財神)도 있다. 중국인은 죽어서도 돈에 대한 집착을 버리지 못한다. 망자의 영혼이 황천길에 노잣돈이 부족하거나, 섭섭한 일이 있어 후손들을 해코지할까 두려워 남겨진 가족들은 망자가 마지막 가는 길에는 수많은 지전(紙錢)을 태우고 뿌려준다.

중국인들이 숫자 '8'을 선호하는 배경에도 부자가 되기를 염원하는 그들의 기복(祈福) 심리가 숨어있다. 중국인들은 그야말로 숫자 '8'만 들어가면 만사형통으로 생각한다. 그것은 '八'의 중국어 발음이 'pa(파)'로 '發(발)' 자의 'fa(파)'와 비슷하고, 이 '發' 자에 '發財(돈을 벌다, 재산을 모으다)'라는 의미가 담겨있기 때문이다. 8이 들어간 전화번호, 휴대폰 번호, 자동차 번호판 등에 거액의 프리미엄이 붙어 거래되는 것도 그것이 상업적 가치가 있기 때문이다. 중국인들은 하다못해 주식투자도 종목코드의 숫자에 '8'이 들어가느냐에 따라 결정한다. '8'이 들어가는 종목코드를 대개 거대 우량기업들이 독차지하고 있기 때문이다.

중국인의 숫자 '8'에 대한 사랑과 집착은 여기에 그치지 않는다. 시장이나 백화점의 가격표, 식당의 음식 값에 88위안(元), 888위안이나 끝자리를 '8'로 맞춘 경우를 무수히 볼 수 있다. 가격을 이렇게 정해놓으면 깎기 좋아하는 중국인들도 흥정을 하지 않고 그냥 구매하는 경우가 많다고 한다. 깎으면 재운(財運)이 날아가 버릴지 모른다는 심리가 있기 때문이다. 이사나 결혼을 위한 길일(吉日)도

8이 들어가는 날에 집중된다. 88년, 98년, 2008년 8월 8일을 길일로 여겨 이날 결혼식을 올리려는 청춘남녀들이 몰려 결혼 관련 산업이 수요폭증으로 비명을 지르기도 한다. 8이 들어가는 해에는 출산율도 비정상적으로 높아진다. 태어날 아이의 명운을 위해 출산시기를 조정하는 것이다. 부자가 되기 위한 일이면 그들은 무엇이든 할 수 있다.

중국인들이 돈에 대해 남다른 애착을 가지는 것은 나름의 이유가 있다. 사실 역사적으로 그들만큼 많은 전쟁과 재앙을 겪은 민족도 드물 것이다. 그래서 언제 닥칠지 모를 재난에 대비해 항상 재물을 비축하고, 그것을 이동에 편리한 돈으로 바꾸어 간직하고 넘치면 땅속에 묻어두었다. 이 정도로 금전에 집착한다면 수전노에 속물이라는 힐난을 들을 만하지만 중국인들은 이를 당연시한다. 그들은 항상 비상시를 대비해야 한다는 일종의 강박감을 지니고 있다. 이런 이유로 그들은 설사 평생 사용하기에 충분한 돈을 모았다 하더라도 돈에 대한 집념을 쉽게 버리지 않는다.

비록 사농공상이라는 전통사회의 신분서열이 분명했지만, 이런 사고방식이 장사치가 되는 것을 사회적으로 부끄럽게 여기지 않게 만들었고 중세이후 중국에서는 찬란한 상업문화가 꽃필 수 있었다. '하남양(下南洋)'은 멀리 남양으로 진출하여 오늘날 동남아 화교의 선조를 이룬 초기 중국이민들의 출정을 상징하는 말이다. '주서구(走西口)'는 몽골초원과 멀리 러시아와 유럽에까지 진출한 중국 진상(晋商, 산서상인)들의 행적을 상징하는 말이다. 진상 가문에 몸을 의탁한 나이어린 도제(徒弟)들은 한번 걸음에 4~5년씩 타향에 체류하며 생업에 종사했다. 특별히 본인의 결혼이나, 부모의 상을 입어야 귀향이 허락되었던 그들은 평생 고향땅을 밟을 수 있는 기회가 손꼽을 수 있을 정도였다.

돈을 벌기 위해 일신을 희생하고 가족을 위해 타향에서 홀로 고생을 감내하는 것은 중국인들이 느끼는 인간적 미덕이다. 고향을 떠나 도시로 돈벌이에 나선 중국 농민공들의 소원은 다른 것이 아니다. 노인을 부양하고 아이를 대학에 보내 자신과 다른 인생을 살도록 하는 것이다. 중국에서 가장 빼어난 상재(商才)를 지닌 것으로 일컬어지는 원저우(溫州) 상인들이 이룩한 성공신화의 배경에도 이런 희생정신이 있다.

그들의 시작은 대개 구두닦이나 노점과 같이 남들이 꺼리는 일들이다. 그러나 그들은 티끌 같은 이윤을 모아 종자돈을 만들고 마침내 기적을 이루어낸다. 그들은 어떤 고생도 이겨낼 마음가짐을 지니고 있고, 무엇보다 중요한 것은 그것을 실천에 옮길 용기를 지니고 있다는 점이다. 그래서 그들은 큰돈을 벌어도 티를 내지 않고 어려운 시절과 다름없는 생활을 영위한다. 그것을 근검절약 정신이라고 할 수도 있겠지만, 무엇보다 그들이 돈을 버는 목적은 돈 그 자체이지 자신의 영달과 행복이 아니기 때문이다.

사회주의 혁명은 중국인들의 금전에 대한 추구와 집착을 한동안 우리에 가두어두었다. 모든 사유제는 철저히 부정되고 집단소유라는 생소한 관념이 도입되었다. 그러나 그 지루한 세월은 채 30년을 넘기지 못하고 개혁개방이 선언되면서 종말을 고했다. 그러자 중국인들의 상재(商才)와 재부에 대한 집착은 다시 용솟음쳤다. 덩샤오핑이 "샹첸칸!(向前看, 미래를 향해 나아가자)"이라고 외쳤지만, 그 소리가 중국인들의 귀에는 "샹첸칸!(向錢看, 돈을 보고 나아가자)"으로 들렸다. 문혁 기간의 공포와 가위눌림에 주저하던 그들에게 '사회주의 시장경제', '중국 특색의 사회주의'라는 심리안정제가 주입되자 비로소 그들은 안심하고 '파차이(發財, 돈벌이)'의 욕망을 추구하기 시작했다. 거티후(個體戶, 사영업자)의 꿈에 부풀어 본업을 팽개치고 '샤하이(下海, 본업이나 안정적인 생활을 버리고 세상의 돈벌이 경쟁에 뛰어듦)'하는 사람들이 줄을 이었다. 그리고 많은 바오파후(爆發戶, 벼락부자)들이 출현했다.

개혁개방 이후 민간에서 자생적으로 생겨나 회자된 운문조 소리가락인 순커우류(順口溜)는 이 시대의 사회상을 풍자하며 태어난 것이다.

"수술 칼 든 의사보다 계란장수가 돈 잘 벌고, 인공위성 연구하는 과학자보다 음식점 주인이 더 많이 버네."

"벤츠 자동차 타고, 외국 아가씨 사귀고, 외국 담배 피우고, 위스

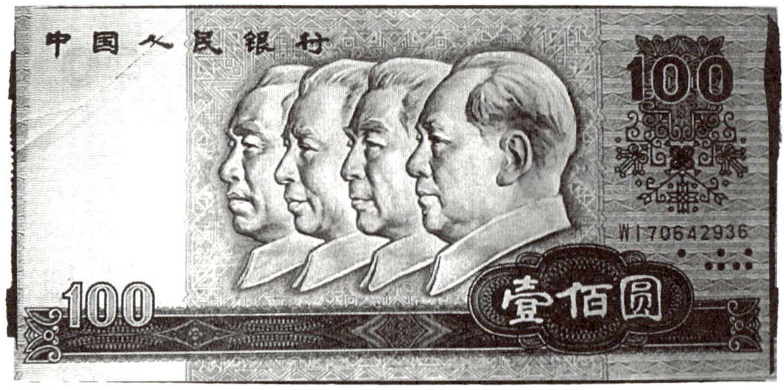

신구(新舊) 100위안(元) 인민폐. 인민폐에는 중국공산당의 영구집권 희망이 숨어있다. 연전 모든 지폐의 도안을 공산당과 사회주의 혁명을 상징하는 마오쩌둥 영정으로 통일했다. 여기에는 인민들의 부(화폐)에 대한 집착을 공산당에 대한 숭배로 치환하려는 의도가 숨어있다.

키 마시고, 유행하는 옷 사 입고, 사우나에서 목욕하고, 아! 내 목표는 거티후가 되는 것이라네.”

인민들의 돈과 재부에 대한 본능적 추구를 공산당의 통치수단으로 활용하는 현상도 나타났다. 중국의 화폐에는 숨은 비밀코드가 도사리고 있다. 원래 100위안 구지폐에는 마오쩌둥, 류샤오치, 주더, 저우언라이 등 4명의 건국 주역 인물상을 함께 도안으로 사용했다. 여타 1, 5, 10, 20, 50위안 소액권 지폐의 도안에도 다양한 그림들이 사용되었으나, 수년전 모든 지폐의 도안이 마오쩌둥 영정으로 통일되었다. 중국 공산당과 사회주의 혁명을 상징하는 인물로 이미지의 단순 획일화, 아이콘화를 시도한 것이다. 그 이면에는 중국공산당이 천년왕국을 꿈꾸는 영구집권의 희망이 숨어있다. 인민들의 부(화폐)에 대한 집착을 공산당에 대한 숭배로 치환하려는 숨은 의도가 있는 것이다.

부의 상징 = 돈 = 인민폐 = 마오쩌둥 = 중국공산당

중국인들은 오랜 세월 너무 가난하게 살아서, 또 어찌 돌변할지 모를 세상에 대한 위기의식이 강해서 죽어라 돈을 모으고 또 모은다. 언제 어찌 될지 모르니 항상 돈이 모자랄까 걱정이다. 돈을 추구하다 건강을 잃고 목숨까지 버리는 어리석음도 마다하지 않는다. 사업가는 이미 충분한 돈을 벌었음에도 모든 것을 희생하며 죽어라 더 많은 돈을 벌고, 뇌물 공무원은 이미 온 가족이 평생 쓰고도 남을 만큼 많은 돈을 모았음에도 어리석게 더 많은 뇌물을 탐하다 결국 꼬리를 밟히고 만다.

중국인들의 관심사는 '애국, 숭고, 사명, 헌신, 성공' 이라는 단어
들에 내재된 가치의 성취에 몰두하는 일이다. 이런 가치가 성취된
결과적인 모습은 바로 입식출세와 재력이다. 동시에 그들은 자유와
자아의 가치를 홀대하고 안빈낙도의 즐거움을 실패로 간주한다. 중
국인들은 돈이 죽음을 앞둔 사람에게 종이나 다름없는 존재임을 알
지 못하는 것일까? 그들은 돈에 대한 집착과 기대만으로 너무 많은
것을 희생하면서 살아간다. 조금 가난하더라도 가족이 모여살고 평
안한 것이 최대의 행복이라는 사실, 행복은 재산의 다과나 지위의
귀천과 아무 관계가 없다는 사실, 이런 세상사의 소박한 이치를 대
부분의 중국인들은 죽을 때까지 깨닫지 못한 채 살아가는 것이다.
이런 중국인의 자화상을 자탄하는 무수한 이야기와 글들이 사이버
공간을 떠돌아다닌다.

영국의 어느 작은 마을, 한 중년의 중국 여인이 멀리 가족을 떠나
와서 일을 하고 있었다. 그리고 이 작은 마을의 길가에서 매일 노래
를 부르면서 살아가는 청년이 있었다. 그들 둘은 항상 같은 식당에
서 식사를 했다. 그래서 그들이 만나는 일이 잦아졌다. 시간이 흐르
면서 둘은 낯이 익게 되었다.

어느 날 중국 여인이 그 청년에게 아주 친절한 어투로 말했다.
"더 이상 길가에서 노래나 부르며 지내지 말게. 좀 제대로 된 직업
을 가지려고 노력하게. 내가 소개할 테니 중국에 가서 영어나 가르

쳐보게. 그곳에 가면 자넨 지금보다 훨씬 많은 돈을 벌 수 있을 거야."

그 말에 청년은 깜짝 놀라면서 반문했다. "내가 지금 하는 일이 정당한 일이 아닌가요? 나는 이 일을 좋아해요. 노래 부르는 것은 나뿐만 아니라 다른 사람에게도 즐거움을 안겨주죠. 그게 뭐 나쁜 일인가요? 내가 왜 멀리 바다를 건너가서, 가족도 버리고, 고향도 버리고, 내가 좋아하지도 않는 일을 해야 되죠?"

옆자리에 앉아있던 영국인들도 노인이건 어린아이건 모두 마찬가지로 의아해했다. 그들은 이해할 수 없었다. 겨우 돈을 조금 더 벌기 위하여 가족을 버리고, 행복을 버리는 것이 뭐 그리 부러울 것이 있단 말인가? 그들에게는 가족이 모여살고, 평안한 것이 최대의 행복이었기 때문이다. 행복은 재산의 다과나 지위의 귀천과는 아무 관계가 없는 것이었다. 그래서 이 작은 마을 사람들은 중국 여인을 불쌍하게 보기 시작했다.

Chapter 2

허리를 굽히지 않는 중국인
– 중국식 사회예절

영국의 조지 3세는 건륭제의 80회 생일을 맞아 조지 매카트니를 축하사절로 청국에 파견했다. 열하의 피서산장에서 건륭제를 알현한 매카트니는 청조 대신들이 삼배구고두(三拜九叩頭, 세 번 절하고 절할 때마다 세 번씩 머리를 조아리는 전례)의 예를 완강히 요구했음에도 불구하고 한쪽 무릎만 꿇는 영국식 예법으로 절하고, 조지 3세의 선물과 함께 통상의 뜻을 전했다.

사회예절의 차이는 TV아나운서들의 모습에서 상징적으로 드러난다. 뉴스 보도를 마친 앵커가 정수리가 보일 정도로 머리를 숙여 시청자들에게 절을 하는 한국이나 일본의 경우와는 달리, 중국 아나운서들은 머리를 꼿꼿이 든 채 인사말만 전한다. 중국인이 머리를 숙이거나 허리를 굽히는 일은 매우 정중하고 특별한 인사를 하는 경우에 한정된다. 크게 신세를 진 은인이거나, 시부모가 될 어른들을 처음 만나는 자리 외에는 좀체 이런 일이 없다.

수직적 노사관계와 가부장적 온정주의 관리문화가 농후한 한국 기업들이 중국에 진출하여 겪게 되는 문화충격 중의 하나가 바로 이런 예절과 인사방식의 차이점이다. 중국인 직원들은 설사 출근길에 최고경영자를 만난다 하더라도 "자오상하오(早上好)!"라고 간단한 아침 인사말만 던질 뿐 허리를 굽혀 절하지 않는다. 인종이 아주 다른 유럽이나 아프리카라면 그래도 이해할 수 있는 일이지만, 인종이나 문화적 배경이 유사한 이웃나라에서 이렇게 큰 사회문화적 차이가 존재한다는 사실을 중년의 한국 경영자들은 쉽게 받아들이지 못하는 편이다. 아예 한국식 예절을 중국 직원들에게 교육시킴으로써 그들로부터 절을 받아 직성을 풀고야 마는 돈키호테 같은 CEO도 있다.

전통적으로 중국인들에게 몸을 굽혀 절하는 습관이 없었느냐 하면 그런 것은 아니다. 두 손을 겹쳐 가슴께로 올리는 '공수(拱手)'를 하거나, 더 정중하게는 공수를 한 채 허리를 가볍게 숙여 '읍(揖)'을 하는 것이 전통사회의 기본예절이었다. 우리나라에서도 방영된 드라마 〈수호전〉에 나오는 송강(宋江)의 모습을 떠올리면 바로 그것이다. 공수를 하지 않고 허리를 깊이 숙여 절하는 것은 '쥐궁(鞠躬)'이라고 한다. 귀인에게 특별히 정중한 예를 올리거나, 고인의 영전에서 예를 표할 때 사용한다. 그리고 바닥에 무릎을 꿇고 머리가 땅에 닿도록 절을 하는 것은 '커터우(磕頭)'라고 한다. 봉건시대 황

제에게 예를 표하는 방식이었다. 그리고 큰 은혜를 입었거나 목숨
을 구해준 은인에게 최고의 예를 표하는 방식이다.

그러나 이제 공수를 하고 읍을 하는 것과 같은 전통적 예절은 사
라졌다. 쥐궁이나 커터우를 하는 일도 장례나 성묘 때가 아니면 일
상생활에서 좀처럼 찾아보기 어려운 일이 되었다. 중국인들의 미엔
즈(面子, 체면) 관념상 허리를 굽히거나 머리를 숙이는 일은 바로
자신의 존엄을 포기하는 일과 다름없다. 그래서 미엔즈를 접고 무
릎을 꿇어 엎드리는 것으로 남에게 입은 은혜에 감사의 뜻을 표하
거나, 간절한 소원을 비는 장면을 드라마에서 자주 볼 수 있다. 한
걸음 나아가 무릎을 꿇고 자기 뺨을 때리며 자책하는 행위는 중국
인이 극도로 자괴감을 표시하며 사죄하는 방식이다.

중국에서 사회주의 혁명이 고취한 평등사상과 전통적 관습의 부
정은 한·중 간 예절문화가 더욱 상이하게 발전하도록 부채질했다.
한·중·일 삼국의 사회예절의 차이는 기본적으로 좌식생활과 입
식생활의 차이처럼 그 상이함이 두드러진다. 좌식생활을 하는 한국
과 일본은 허리와 고개를 숙이는 것이 사교예절의 기본처럼 습관화
되어 있는 반면, 입식생활을 하는 중국인들은 그렇지 않다. 지리적
으로 인접한 나라이지만 매우 큰 문화적 차이를 지니고 있다는 점
이 기이하다.

중국인들은 안면이 있는 사람과 마주쳤을 때 상투적으로 건네는

인사말이 있다. 이런 인사말을 젠몐위(見面語)라고 한다. 그런데 이 인사말이 시대와 함께 부단히 변해왔다는 점이 흥미롭다. 개혁개방이 시작되기 전인 1970년대에는 "밥 먹었니?(吃了嗎?)"라는 인사말이 일반적이었다. 당시는 먹는 문제가 생활의 중대한 관건이었기 때문이다. 개혁개방 초기인 1980년대에는 가전제품을 가지는 것이 가가호호 꿈이었다. 그래서 "TV 봤니?(看電視了沒?)"라는 인사말이 크게 유행했다. 90년대에 들어 경제발전이 본격화되고 거티후(個體戶, 사영업자)로 부자가 된 사람이 늘어나면서 "요즘 무슨 일로 돈 버니?", "새집으로 이사했어?" 등과 같은 말들이 인사말로 자주 들렸다. 그리고 이혼 가정이 늘어나 사회문제가 되면서 "갈라섰어?(離了嗎?)"라는 풍자적인 인사말도 출현했다. 오늘날에 와서는 중국인들의 생활수준이 급속도로 향상되고 해외여행이 보편화되면서 "최근에 어디로 여행 갔다 왔니?"라는 인사말이 시대에 뒤떨어지지 않는 적절한 인사말이 되고 있다.

이런 인사말은 그야말로 상투적으로 던지는 말에 불과하므로 진지하게 대답할 필요가 없다. 그러나 이런 문화에 익숙하지 않은 서양인들은 종종 그 대답을 찾느라 고민하거나, 중국인들의 "시간 있으면 우리 집에 놀러와?"라는 인사말에 "언제 갈까요?"라고 되묻곤 한다. 이런 상투적 인사말과 닮은 것이 중국사회의 겸양어(客氣話)다. 이런 겸양어와 중국인들의 체면차림은 외국인으로서 매우 적응하기 어려운 관습이다. 게다가 중국인들은 전통적으로 자기감정을 드러내지 않는 것이 신분 있는 사람의 자세라 여겨 좀체 속마음을 털어놓지 않는다. 가령 선물을 건넬 때 몇 차례 사양하는 것은 당연한 일이다. 남의 집에 손님으로 가 음식접대나 음료접대를 사양하는 것도 너무나 의례적이다. 선물을 그가 받도록 반복해서 권하고, 아니면 주머니에 찔러주거나 차에 실어주는 것이 중국식이다. 손님이 음료를 사양하면 몇 가지 음료를 내놓아 그의 기호대로 자연스럽게 집어 마시게 하는 것이 중국식이다. 사양의 말을 곧이곧대로 받아들이면 참으로 썰렁해진다.

인구대국 중국의 사회적 현실은 예절과 에티켓 문화에도 깊은 영향을 미친다. 문제는 사람이 너무 많아 사람 사이의 거리가 너무 좁다는 데 있다. 그래서 때로 길을 서로 양보하기도 어렵다. 스치거나 가볍게 부딪히는 일도 다반사다. 그러므로 사과의 말을 건넬 필요가 없고, 그러지도 않는다. 대중식당에서 자리 잡기 경쟁도 치열하다. 아직 앞사람이 식사하는 중에 자리를 일부 선점해서 찜을 하는 일이 양해가 된다. 그러므로 중국의 대형식당에서 가족 회식을 하다 낯선 사람들이 식탁 주위에 둘러서 있거나, 빈자리에 다가와 슬그머니 함께 앉더라도 놀랄 일이 아니다. 버스나 대중 교통수단 안에서도 빈자리에 물건을 두어 지인을 위해 자리를 대신 잡아주는 것이 보편적인 일이다.

로마에서는 로마법에 따라야 한다. 비록 문화와 사고방식의 차이로 납득이 잘 되지 않는 일이 있더라도 중국에서는 중국식을 이해하고 따라야 중국인과의 사교가 원만해진다. 가령, 중국인들은 일반적으로 친구 집을 방문할 때 사전 약속을 하지 않는다. 서양에서 유래된 인사법인 악수도 중국식은 다르다. 힘을 써 손을 꽉 쥐는 것은 예의에 어긋난다. 식탁에서 손님의 밥그릇에 음식을 집어 올려 주는 것이 접대예절이자 정감의 표시다. 또 손님으로서 음식을 남기지 않고 깨끗이 비우는 일을 음식이 맛이 있었음을 표시하는 예절로 삼는 나라들이 있는 반면에, 중국에서는 음식을 좀 남기는 것이 손님의 예의다. 그렇게 함으로써 주인이 음식을 모자라지 않게 충분히 손님에게 접대했다고 자부할 수 있는 것이다. 이런 사소한 생활예절의 차이를 이해하고 적절히 응대하는 것은 돈독한 우정을 위해 윤활유와 같은 역할을 한다.

한 · 중 간의 차이가 가장 확연히 두드러지는 예절은 복장과 관련한 것이다. 한국인이나 일본인들은 격식을 매우 중시하여 한여름에도 비즈니스 정장을 갖추어 입는 것이 당연한 일이다. 그러나 중국인들은 복장예절이 비교적 실용적이고 자유로운 편이다. 두발, 복장 등 외모관리에 대한 중국인들의 행태는 거의 무신경에 가깝다. 남의 눈에 내가 어떻게 비칠까 노심초사하는 한국인에 비해 중국인들은 자신의 편리와 실용에만 신경 쓴다. 중국에서 남성화장품 시장이 이제 형성되기 시작한 상황은 이런 사실을 반증한다.

한 · 중 양국의 식사, 음주 예절의 차이도 매우 선명하다. 이에 대

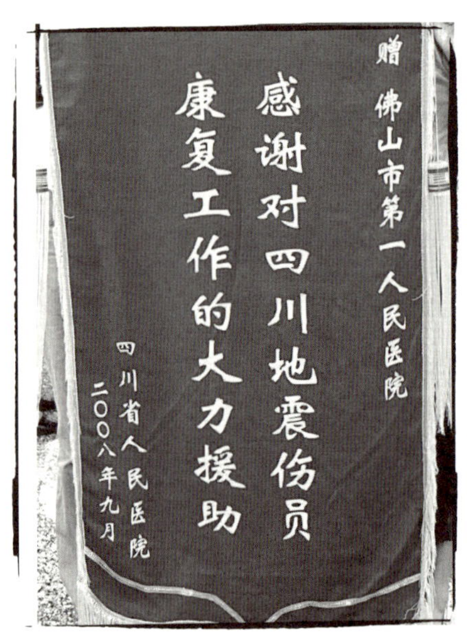

금기(錦旗 페넌트) 문화는 봉건시대의 편액 문화가 시대에 맞게 변형된 것이다. 중국인에게 음덕을 쌓으면 죽어 천당에 간다는 내세관은 아무런 의미가 없다. 그들에게 중요한 것은 오직 현세의 실용적 가치다. 은인은 세상에 드러내 칭송하는 것이 마땅한 일이다.

해서는 이미 졸저 《음식천국, 중국을 맛보다》와 《신(新) 중국, 중국인 이야기》에서 자세히 설명한 적이 있다. 다만 너무나 중국적이어서 세계 어디에서도 다시 찾아볼 수 없고, 중국을 방문한 외국인들이 신기하게 여기는 것 하나만 들추어 다시 이야기하고자 한다. 식사 테이블에서 누군가가 자신에게 술이나 차를 따라줄 때, 중국인들이 검지와 중지를 이용하여 테이블을 가볍게 두드리거나, 두 손가락을 테이블에 굴리며 절하는 모양새를 취하는 것을 볼 수 있다. 이것이 변형되어 아예 손바닥 전체나 다섯 손가락 전부로 테이블을 가볍게 치기도 한다. 이렇게 예를 표하는 방식은 청나라 때부터 시작된 것이라고 한다. 청대의 황제들이 민간 암행을 하다가 수하들과 저자거리의 식당에서 식사를 함께 하게 되었을 때, 신분을 드러내지 않기 위해 수하들이 손가락과 눈빛으로만 황제에게 예를 표하던 일에서 비롯되었다는 일화가 있다.

또 하나 매우 중국적인 사회예절 문화를 소개하고자 한다. 바로 금기(錦旗)를 증송하는 일이다. 이는 우리나라에서 감사패를 전달하는 문화와 닮은 점이 많지만 그 활용 폭이 우리에 비해 훨씬 넓고 보편적인 경향이다. 금기는 우리말로 페넌트에 해당한다. 어느 작은 동네 식당에 이 금기가 걸려있기에 주인에게 연고를 물었다. 언젠가 손님이 거금이 든 돈가방을 두고 간 적이 있었는데 고이 보관했다 그에게 돌려줬더니 이렇게 금기를 보내왔다는 것이다. 그 문구는 정확하게 기억이 나지 않지만 "금전을 돌같이 여기는 고귀한 기상은 오래토록 사람들의 칭송을 받아 마땅하다"라는 뜻이었다.

금기를 자주 증송하는 대상은 공안국이나 교육기관, 병원과 같은 사회적 공공서비스 기관들일 경우가 많다. 비록 자신들의 본분을 다한 것이지만 큰 혜택을 입고 감동한 시민들이 그 은혜에 대한 보답으로 금기를 보내는 것이다. 혹은 스승에게 제자들이 금기를 증송하기도 한다. 이렇게 빈번하게 금기를 증송하는 대상들을 위해서는 아예 금기에 새기는 모범적인 문구가 정해져 있을 정도다.

雪中送炭 冬里暖陽(설중송탄 동리난양)
위급한 지경에 처한 사람을 도와 어려운 처지를 벗어나게 하다.

醫德高尚 仁心仁術(의덕고상 인심인술)
덕망이 높은 의술로 세상에 후덕함을 베풀다.

桃李滿天下 春風遍人間(도리만천하 춘풍편인간)
문하생이 천하에 가득하니 봄바람이 세상에 감도는 듯하다.

이 금기 증송문화는 봉건시대의 편액 증송문화가 시대에 맞게 변형된 것이라고 볼 수 있다. 구시대의 편액은 표창, 감사, 예의, 축하, 장려, 임명 등 많은 의미를 지닌 사회적 의사표현 방식이었다. 그 중 특히 청백리나 덕정을 베푼 현령, 헌신적으로 인명을 구해준 의술인에게 백성들이 보답의 뜻으로 편액을 증송하던 일이 오늘날의 금기 증송문화와 가장 유사하다. 우리나라에서도 훌륭한 관리나, 자신을 희생함으로써 옳은 일을 해낸 사람을 위해 송덕비(頌德碑)를 세우던 문화가 이와 비슷하다. 봉건시대건 오늘날이건 중국인들은 은혜를 입으면 반드시 이렇게 은인을 세상에 공개적으로 드러내 칭송하는 것을 당연하게 여겨왔다. 은밀하게 복을 쌓으면 죽어서 천당이나 극락에 간다는 내세관은 중국인에게 아무런 의미를 지니지 못한다는 점이 한국적 관념과는 차이가 있다. 그들에게 중요한 것은 오직 현세의 실용적 가치다.

중국에 진출한 우리 기업이나 주재원들은 이 중국의 금기 증송문화를 잘 이해하고 활용한다면 그들과 원만한 소통을 이루는데 큰 도움이 될 것이다. 은혜나 혜택을 입고도 감사하다, 잊지 않겠다는 말치레에 그친다면 중국인들로부터 염치없는 사람으로 치부될 수도 있다. 칭찬과 감사의 뜻은 반드시 널리 드러내어 표시하는 것이 좋겠다.

Chapter 3

한국은 왜 중국과의
협상에서 실패하는가?

중국인은 쉽게 속내를 드러내지 않는다. 화가 날수록 웃고, 기쁠수록 냉정해진다. 사고 싶은 물건을 보면 먼저 트집을 잡으며 이어질 흥정을 염두에 둔다. 사지 않을 물건은 도리어 '하오하오(好好)'를 연발하며 좋은 물건이라고 추켜세운다. 그러나 그들도 입장이 정해지면 달라진다. 뿌연 안개처럼 애매모호하던 화법이 명확하고도 의지가 담긴 말로 바뀐다. 공격적이기까지 하다. 그래서 비즈니스건 외교건 중국인과의 협상 때는 그들의 말속에 숨은 뜻을 세심하게 따져봐야 한다.

〈중앙일보〉 '중국인의 협상 명심보감' 중에서

중국인들은 외국인, 특히 한국인을 대할 때 자주 자랑삼는 것이 중국의 광활한 영토와 유구한 역사다. 즉, 자신들은 대국 사람들로 한국은 중국의 일개 성보다도 작다는 자부심을 크게 드러낸다. 나라가 큰 것이 개인의 실력이나 행복과 무슨 상관이 있냐고 되묻고 싶은 마음이 굴뚝같지만 그래도 그것이 그들의 자랑거리라 생각하고 참아 넘긴다.

그러나 중국인들은 중국이 대국이어서 그 국민들이 대범하고 포용력이 있으며 후덕함이라는 장점을 지닌다고 생각한다. 이른바 대국기질이다. 이에 비해 한국인에게는 소국기질이 있다는 것이다. 소국기질이란 역사적으로 주변의 침략을 자주 받은 이유로 생존을 위해 표리부동한 처세술을 지니게 된 것과, 자신과 다른 이질적인 문화를 수용하고 소화하는 포용력이 없는 편협함을 일컫는 것이다.

한쪽이 이유 없다고 여기는 일을, 다른 한쪽에서는 당연히 자랑 삼을 일이라고 생각하는 차이에서 이미 소통의 장벽이 하나 생겨나는 셈이다. 이른바 그들의 대국기질을 위시하고 모호함을 바탕 삼는 독특한 화술, 미엔즈(체면) 관념, 관시문화, 모략에 대한 숭앙 등은 외국인으로서 거북스러움을 느끼는 중국인의 성격이자 그들의 사회관습이다. 동시에 그들과의 협상이나 교섭에서 실패하거나 함정에 빠지게 되는 주된 원인으로 작용한다. 그래서 깊은 이해가 필요하다. 그것을 어떻게 극복할 것인가는 그 다음의 문제다.

한국이 각종 중국과의 협상에서 어려움을 겪는 이유를 한마디로 압축하면 '순진함'이다. 그것은 삼십육계와 손자병법을 일상적인 처세술의 교범으로 삼는 중국인들의 자질에 비겨 한국 사람들은 너무 단순하고 '나이브(naive)' 하기까지 하다는 뜻이다. 이런 차이가 한국인의 결함이나 잘못은 아니다. 서로 다른 역사적 환경과 사회 분위기 속에서 성장한 사람이 서로 다른 기질과 처세술을 지니게 되는 것은 당연한 일이기 때문이다. 그러나 상대방을 제대로 연구하지 않고 무방비한데서 오는 실패와 좌절은 비난받아 마땅한 일이다. 그래서 중국인들의 기질과 협상문화를 분석하고 소화해서 그에 대한 대비를 갖추는 것이 중요하다.

광활한 지리적 영역 속에 다민족 사회를 이루는 중국에서 사람들이 모략과 술수에 의존하게 된 것이 어쩌면 자연스러운 일이기도 하다. 단일민족 국가를 표방하는 한국처럼 모두가 형제자매요, 한 다리 건너면 친인척 관계가 얽히는 사회와는 차원이 다르다. 나와 내 혈족이 살아남기 위해서는 상대방과 그 민족을 딛고 일어서야 하는 치열한 경쟁의 사회 환경이 너나없이 권모술수에 몰입하게 만든 것이다.

중국사회에서 모략은 일종의 문화다. 역사가 오랜 나라이기에 모략의 문화가 이룩한 수준이 세계 어떤 국가도 견주기 어렵게 발달했다. 그리고 그것은 중국인들의 사고방식에 스며들어 행동양식을 지배한다. 나아가 그들의 처세술을 구성하는 핵심요소로 자리 잡았다. 권모술수를 부정적인 것으로 여기는 한국적 마인드는 중국인에게 순진함으로 비칠 뿐이다.

중국에서 권모술수의 문화가 성행하게 된 기원은 열국이 패권을 다투던 춘추전국 시대 백가쟁명(百家爭鳴)의 모사(謀士) 문화에서 그 뿌리를 찾을 수 있을 것이다. 이후 수천 년 역사의 봉건시대를 거치며 중국인들이 일관되게 인생의 목표로 삼은 것은 입신출세하여 높은 벼슬자리에 오르는 일이었다. 가문을 빛내고 조상들에게 영광을 더하는 '광종요조(光宗耀祖)'를 위해서다. 그래서 관료사회의 극심한 경쟁과 파벌투쟁 속에서 남을 딛고 일어서기 위해 모략과 술수에 의지하는 것이 자연스러운 일이 되었다. 이런 모략술의 정화가 손자병법과 삼십육계로 집약되었다.

중국이 사회주의 국가로 변모한 후에도 이런 전통이 사라진 것은 아니다. 여전히 지도자들이 가까이 하는 것은 마르크스와 레닌의 이념서적들이 아니라 《삼국지연의》나 《자치통감》과 같이 중국의 전통적인 지모와 모략으로 가득한 책들이었다. 항일전쟁과 내전이 종결되면서 외세가 사라지자 다시 내부적인 권력투쟁과 생존경쟁이 불가피한 상황으로 돌아간 것이다. 시장이 사라진 계획경제 체제 아래, 각급 기관과 국유기업들은 자신들의 영역을 확장하고 유리한 지위를 점유하기 위해 서로 치열한 협상을 전개해야만 했다. 권모술수로 가득한 처세와 협상술은 여전히 중국사회를 지배했다.

모든 모략과 술수의 기본적인 바탕은 자신의 속을 절대 드러내 보이지 않는 것이다. 그리고 일단 칼자루를 쥐면 추호의 주저함도 없이 무자비하게 휘두른다는 점이다. 여기에 한국적 인정주의가 끼어들 여지는 추호도 없다. 한 다리 건너면 모두 동향, 동문, 친지가 걸리는 대가족주의가 만들어낸 온정주의, 이것을 후덕한 인품을 상징하는 것으로 여기는 한국적 인정미는 협상의 무대에서 치명적인 약점이 된다. 한국인들이 자주 착각하고 말려드는 것이 바로 이런 점이다.

중국의 협상 문화가 드러내는 두 가지 큰 원칙이 있다. '선례후병

(先禮後兵)’과 ‘선소인후군자(先小人後君子)’가 그것이다. 전자가 ‘접객의 원칙’이라면 후자는 ‘협상의 원칙’이라고 할 수 있다.

‘선례후병’의 뜻은 ‘먼저 예의를 갖추어 손님을 접견하지만, 일단 본론에 들어가서는 목적달성을 위해 모략이나 강압적 수단을 동원할 수도 있다’는 말이다. 병불염사(兵不厭詐), 즉 ‘경쟁상황에서는 속임수도 마다하지 않는다’라는 성어가 그들의 이런 사고방식을 대변한다. 그래서 중국과 협상을 진행하다 보면 처음에는 우정, 의리, 친분 등을 거론하며 우호적인 분위기를 한껏 조성하지만, 본론에 들어가면 시간이 지날수록 철저하게 이해타산을 따지는 식으로 변모하는 것을 볼 수 있다. ‘의리→타산’이라는 자세의 변화가 중국식 협상문화에 비추면 자연스러운 일이지만 한국적인 관념으로는 쉽게 따라잡기가 어렵다. ‘우정을 느끼는 친구’에서 ‘실리를 다투는 적수’로 순식간에 돌변하는 것은 한국적 인정주의에 비추어 사람 노릇을 포기하는 것이나 진배없기 때문이다.

재일 중국계 저널리스트 쿵샹린(孔祥林)은 상황에 따라 쉽게 표변하는 중국인의 기질을 ‘두 얼굴을 가진 중국인’으로 표현한다. 한 가지 얼굴밖에 가지지 못한 일본인이나 한국인들은 그래서 중국인에게 당할 수밖에 없고 배신감을 느끼게 된다는 것이다. 그는 이렇게 중국인들이 두 가지 얼굴을 가질 수밖에 없는 이유로 세 가지를 들었다. 역사적으로 숱한 외침과 이민족의 통치는 중국인 개인으로 하여금 생존을 위한 필사적 처세를 불가피하게 했다는 것이다. 또 하나는 반복되는 난세와 가난이다. 살아남기 위해서는 뇌물을 쓰는 일이나 국가재산을 도둑질하는 일도 가리지 않고 저지를 수밖에 없었다는 것이다. 마지막 하나는 예측하기 어려운 절대권력의 인치(人治)주의가 지배하는 세상에서 임기응변이 불가피하다는 점이다. 그래서 중국인들은 '순수, 신용, 정감'이 어우러진 따뜻한 얼굴이 있는가하면, '배신, 이기, 냉정'이라는 차가운 얼굴도 동시에 지니게 되었다는 것이다. 철면피의 처세술을 설파하는 후흑학(厚黑學)은 이런 풍토 속에서 잉태된 것이다.

협상 현장에서 한국인들은 대개 우정과 의리를 들먹이는 중국인의 '따뜻한 얼굴'에 이미 자신이 가진 카드와 속마음을 다 드러내 보인다. 그리고 필요하면 매몰차게 '냉정한 얼굴'로 표변하는 중국인에 적잖이 당황해 하기 마련이다. 그래서 '중국인을 상대하기가 너무나 어렵다'는 푸념과 하소연이 나온다. '중국인의 의도를 먼저 간파할 때까지는 철저히 속내를 감춰라.' 이것은 중국과의 협상 경험이 풍부한 한국의 중국통들이 일관되게 부르짖는 대중국 협상원칙 1호다.

본격적인 협상단계에 들어가 중국인들이 견지하는 자세를 요약한 말이 '선소인후군자'다. '먼저 실리를 철두철미하게 따지는 소인이 되고, 연후에 도의를 찾는 군자가 된다'는 의미다. 이에 비겨 한국인들은 좋은 게 좋은 식이다. 후덕한 마음으로 협상을 끝내지만 각론과 실전에 들어가서 문제가 생기면 얼굴을 붉히기 시작하는

‘선군자후소인(先君子後小人)’의 성격을 드러낸다. 한국인들은 작은 이익을 위하여 처음부터 지나치게 꼬치꼬치 따지는 것을 거북스럽게 여기고 인정미에 벗어난다는 성향을 지니고 있는 것이다.

그러나 이런 마음가짐은 상대가 같은 인정미를 지니고 있을 때에만 빛을 발한다. 하지만 중국의 협상문화는 나중에 분쟁의 씨앗이 될 만한 일은 처음부터 양보 없이 철저하게 따지고, 일단 협상이 종결된 후에는 충실하게 서로 약속을 지키자는 것이다. 중국인과의 협상에서는 지나치게 쩨쩨한 것이 결코 인격이나 체면을 잃는 일이 아니다. 따져야 할 일은 처음부터 철저하게 그들과 머리를 맞대고 따진다는 자세를 지녀야 한다. 그리고 그것을 매우 자세하고 명확하게 기록으로 남겨두어야 한다. 애매하고 이중적인 화법을 구사하다가 나중에 자신들이 불리해지는 상황이 돌출하면 교묘한 방법으로 입장을 바꾸는 것이 중국인들의 협상술 중 하나이기 때문이다.

한국인들이 오랫동안 중국 비즈니스의 보검으로 의지해온 것이 ‘관시(關係)문화’였다. 그러나 그간의 경험에 비추어보면 대개 관시를 이용해 사업을 추진하던 사람들이 그 관시 때문에 낭패를 보거나 실패하게 되는 경우가 많았다는 점이다. 일본이나 서구기업들이 ‘중국인은 중국인을 내세워 섭외한다’는 방식을 고수하는 것이 일반적인데 비해 한국인들은 대개 직접 그 일선에 나선다는 차이가 있다. 그리고 단기간의 우정이나 접대를 관시로 연결하려는 무리수를 두다가 도리어 관시문화의 굴레에 속박을 당하는 편이었다.

　그러나 오늘에 이르러 관시문화에 대해 중국통들이 강조하는 사실은 그것을 중국 비즈니스의 윤활유로 삼을 수는 있겠지만 결코 의존할 대상은 아니라는 점이다. 중국인에게 '관시' 란 서로 이익이 보장될 때만 성립하는 사회적 연결고리라고 할 수 있다. 그래서 그것은 우정을 바탕으로 오랜 세월을 사귄 친구라는 관계보다 훨씬 취약하고 쉽게 허물어진다는 문제점이 있다. 중국인과 서로 정서적 교감을 이룰 수 있는 진정한 친구가 되는 데는 매우 오랜 세월을 필요로 한다. 한국인은 이 사실을 명심할 필요가 있다.

Chapter 4

관습과 예절 속의
부패와 부조리

중앙은 개혁하느라 바쁘고, 성급 간부는 출국(외유)하느라 바쁘고, 현급 간부는 먹고 마시느라 바쁘고, 마을 간부는 도박하느라 바쁘다.

순커우류(順口溜)

중국인들은 누구를 가릴 것 없이 모두 대단한 입담을 지니고 있다. 특히 베이징 사람들의 거침없는 입심은 전국에서 알아준다. 이런 문화적 토양이 중국식 만담인 상성(相聲)이나 민간에 유전되는 운문가락인 순커우류(順口溜)가 태어나 성행하게 된 이유일 것이다. 상성은 역사가 오랜 민간예술 장르지만, 순커우류는 주로 개혁개방 이후 언어생활의 산물로 생겨난 것이다. 순커우류는 서구의 문화가 유입되고 시장경제가 실시되면서 하루가 다르게 급변하는 세상사에 대한 풍자를 그 주된 내용으로 한다. 특히 공직자의 부패상과 사회 부조리에 대한 서민들의 심정을 대변하는 내용이 압도적인 주류를 차지한다.

'부패와 부조리'라는 부정적 일면이 '관습과 예절'이라는 일상적 측면과 경계가 불분명한 상황아래 뒤섞여있는 것이 중국적 현실이다. 대개 이민들로 수립된 신흥국가들의 부패와 부조리가 총기와 폭력이 수반되는 극단적 양상을 띠며 선악의 구분이 명확한 반면, 역사가 오랜 나라일수록 그 사회의 관습으로 뿌리내리고 축적된 부조리 문화가 있기 마련이다. 중국사에서 왕조와 정권의 교체는 이데올로기가 아니라 부패와 오직(汚職)이 배경의 원인이 되는 '역사의 법칙'을 지니고 있다. 기자 출신의 중국작가 우쓰(吳思)가 쓴 《잠재규칙》은 바로 중국역사 속에 잦아든 부패와 부조리의 역사를 통렬하게 파헤친 책이다.

작가가 말하는 '잠재규칙'이란 부패의 구조 속에 존재하는 나름의 규칙으로, 공개적으로 드러나진 않지만 당사자들이 이미 잘 이해하고 있고 또 당연시하는 행위준칙을 말한다. 봉건시대 황제를 둘러싼 관료집단에서 최근의 공산당 지도층에 이르기까지 중국사회의 관리들은 제도권의 힘을 독점하고 법을 장악함으로써 민초들의 운명을 지배해왔다. 중국의 역사적 인물들과 사건을 세심하게 더듬어보면 통치 집단의 지배원리가 겉으로 외치는 인의, 도덕, 충성, 청렴 등이 아니라 지배집단 내부의 현실적인 손익계산서였음을 지적한다. 비록 그것이 성문화되어 있지는 않았지만 관료들에게 구속력이 매우 강한 행동 원칙이 되었다는 것이다.

작가는 중국의 지배구조를 부패의 전통을 고스란히 계승해온 시스템으로 파악한다. 수중에 권력이 있으면 많은 사람들이 알아서 찾아와 달콤한 유혹의 손길을 뻗는다. 그리고 대부분의 관리들은 가식이 가득한 한숨을 한 번 내쉬고는 할 수 없다는 듯이 그들과 한통속이 되고 만다. 그리하여 또 한 명의 청백리가 사라지는 것이다. 결국 작가는 중국이 자랑하는 역사를 부패의 역사, 백성 착취의 역사, 청백리 도태의 역사라고 주장한다.

잠재된 규칙으로서의 부조리는 종종 관행이라는 말로 포장되어 그 부정적인 냄새를 지운다. 가장 보편적으로 관행화된 부조리 문화의 상징이 바로 '봉투' 다. 승진, 생일, 영전, 명절, 경조사 등과 같은 인간사회의 각종 기일과 전환점들이 자연스럽게 '봉투' 가 맡은 역할을 해낼 계기를 만들어준다. 그것은 누가 달라고 해서 함부로 주는 것도 아니고, 준다고 해서 거절하는 것도 아니지만, 그것을 내밀어야할 시기에는 당연한 일인 듯 내밀고 스스럼없이 받아들이게 된다. 관행이요, 관습이므로….

공직자들이 저지르는 부패의 양상은 대개 '뇌물수수' 와 '공금유용' 이라는 두 가지 모습을 띤다. 그러나 이것이 개인적인 차원이라면 범죄로 다스려지지만, 공직사회가 집단으로 저지르는 상황이면 하나의 관행이 된다. 중국 관가의 관용차 남용, 공금 선물과 회식,

공금 외유관광 등이 대표적인 사례다.

아마 중국에서 관용차 수요가 없다면 자동차 산업이 심각한 수요부족에 직면할 것이다. 한때 현급 말단 관리들마저 수입 고급차를 관용차로 구입하는 바람에, 지금은 아예 직급별 차량 수준을 공식적으로 규정해 제한하게 되었다. 하지만 관용차 부조리가 그리 쉽게 정리되지는 않았다. 각급 정부조직, 기관, 공기업들이 필요 이상의 과도한 관용차들을 보유하고 있고, 그 차량들이 대부분 간부들과 그 가족을 위한 자가용으로 사용되고 있는 것이 여전한 현실이다.

또 춘절과 같은 명절이 되면 관가에서 공금을 이용한 회식, 선물 구입을 자제하라는 경고문이 하달되는 것이 상시적인 일이 되었다. 중국에서 럭셔리 산업, 프리미엄급 사치품에 대한 수요가 폭증하고 있는 것은 개혁개방 이후 벼락부자들이 늘어나 상류사회의 폭이 두터워진 것이 주된 이유지만, 청탁을 위한 선물용 수요도 상당한 비중을 차지한다.

이런 탐관오리들의 그늘아래 세금탈루, 노동자 착취, 밀수, 공금 횡령, 비자금 해외도피 등의 비리를 저지르는 기업인들이 기생한다. 개혁개방이 실시된 이후 경제발전을 효과적으로 지원하기 위해 필요악으로 발생하는 사회 비리나 부조리에 대해서 사법기관들이 어느 정도 눈감아주는 분위기가 있었던 것이 사실이다. 심지어 지방 사법기관들마저 법에도 없는 과태료나 벌금을 징수하여 스스로 배를 불리거나 호화청사를 건축하는 일이 비일비재했다. 오늘에 이르러 상당수 기업들은 규모와 실력을 갖추었음에도 상장을 주저하는 경우가 많았다. 상장 절차를 진행하는 중에 기업 내부사정이 공개되어 과거의 비리나 어두운 측면이 드러날까 두려운 것이다.

중국인들은 세상을 살다 불가피하게 부딪히게 되는 문제들을 해결하는 나름의 전형적 대처방식이 있다. 그것을 요약하면 '자오관시(找關係), 쑹리칭커(送禮請客), 쩌우허우먼(走後門)'이라고 할 수 있다. 여기서 문제란 일상적인 것이 아니라 정당한 절차나 공개적인 수단으로는 성취나 통과가 어려운 난관을 의미한다.

'자오관시(找關係)'란 '관시를 찾는다'란 뜻으로 어떻게 하든(설사 몇 다리를 건너서라도) 영향력을 행사할 수 있는 지인을 찾아내는 일이다. 중국사회에서 이른바 '아는 사람'을 찾아 문제를 해결하는 것은 불문율이나 다름없다. 행정업무의 규범화된 절차가 있더라도 그들은 구태여 '아는 사람'을 찾는다. 그렇게 하는 것이 결과에 별 차이도 없고 도리어 불필요한 시간낭비를 초래하는 수도 있다. 그럼에도 '아는 사람'을 통해 감정과 의리를 매개로 일을 처리하려는 것은 그것이 심리적 안정을 가져다주기 때문이다. '허가도장 세 개보다 고향사람 하나가 더 낫다'라는 말은 그래서 생겨난 말이다. 관공서에 말이 통하는 지인이 하나 있다는 것은 곧 사업성공의 보증수표나 다름없다. 그래서 필요할 때 얼마나 신속하게 효과적인 백그라운드를 찾아내느냐 하는 점은 그 사람의 사회적 지위와 신분을 가늠하는 일이다. 음주운전을 단속하는 중국 교통경찰들은 아예 피의자의 핸드폰부터 압수하고 음주측정을 실시한다. 너나없이 줄을 갖다대고 빠져나가는 바람에 도무지 단속이 실효를 거둘 수 없기 때문이다.

든든한 '관시'를 찾는 일이 마무리되면 다음 단계로 '쑹리칭커(送禮請客)'를 한다. '예물을 보내고 식사자리나 주연을 마련해 접대한다'는 의미다. 중국인들은 혈연이나 사제지간처럼 특별한 친분이 있는 사이가 아니면 이유없이 예물을 받거나 식사접대에 응하지 않는다. 그러므로 이유없는 선물이나 접대는 반드시 청탁사항이 수반됨을 의미한다. 그래서 그것을 허용하는 것 자체가 이미 그 청탁에 대해 어느 정도 수락의 뜻을 표시하는 것이나 다름없다.

'쩌우허우먼(走後門)'이란 '뒷문으로 들어가다'라는 뜻으로 문제가 해결되어 비정상적인 경로지만 목적을 성취하게 되었다는 말이다. 이런 문제해결 방식이 동반하는 사교문화, 접대문화가 사회적으로 보편화 되어 있고, 너무나 이를 통상적인 일로 여기기 때문에 이것을 수반하는 부조리에 대해서는 누구도 지적하거나 언급하지 않는다.

대부분의 중국진출 한국기업들은 현지에서 정착하는 과정에 겪은 중국사회의 부조리에 관한 나름의 체험담이 있다. 그 이야기의 배경에는 대부분 '권력 = 이권 = 금전'이라는 등식이 깔려있다. 진출 초기 인허가 과정에서부터 수많은 난관을 겪었던 경우도 있고,

설사 이 과정이 만사 오케이로 순풍에 돛을 단 듯 일사천리로 진행
되었더라도 일단 공장이 들어서 이익을 내기 시작하면 너나없이 몰
려들어 손을 내민다. 각종 인허가 기관들의 준조세는 기본이고, 공
직자나 지방 실력자들의 지분 참여 요구, 지방 토호들의 이권 및 인
사 청탁 등과 같은 일이 꼬리를 물고 이어진다는 것이다.

한국 기업인들이 중국 비즈니스에 임하며 전가(傳家)의 보도(寶
刀)처럼 여겨온 것이 바로 '관시'라는 중국적 사교방식이었다. 그
러나 이것이 비록 중국적 사회문화의 일부분이긴 하지만 엄밀하게
말하면 편법이요 부조리다. 이것에 의지하고자 하는 마인드를 품는
일에서부터 이미 이 문화권의 블랙홀에 빠져드는 셈이다. 중국어를
이해하고 중국문화에 적응하여 그 구성원이 된 듯한 자세를 취하는
것이 중국인의 호감을 불러일으키는 것은 분명한 일이지만, 동시에
그들로부터 중국인과 동일한 부조리 문화의 요구를 수용해야 한다
는 위험부담도 있다.

영어권에 유학하여 훌륭한 영어를 구사하는 한국인이 중국 진출
기업의 관리자로 부임하여 무난히 임무를 수행하는 경우를 볼 수
있다. 현지인들과 통역비서를 통해 영어로 의사소통을 한다. 비록
중국어와 중국문화에는 생소한 외국인이지만 그가 유지하는 공식
적이고 규범적인 자세에 중국적 부조리가 개입할 여지가 없고, 그
런 점 때문에 그가 접촉하는 중국인들도 철저하게 글로벌한 마인드
로 그를 대한다는 것이다. 중국인과 중국적 방식으로 직접 교류하

는 한국인들의 비즈니스 방식과 현지인을 내세워 그들과 간접 교류하는 구미나 일본기업의 비즈니스 방식의 차이점에 대해 깊이 생각하게 하는 부분이다.

여기서 간접 교류방식이 어떤 상황에서나 더욱 바람직한 것이라고 말하려는 것은 아니다. 그런 방식이 어느 시기, 어느 수준에 이를 때까지 유효할까도 단정하기 어렵다. 관시를 동원하고 예물이나 봉투를 사용한다고 성공이 보장되고, 이런 문화를 도외시한다고 반드시 손해를 볼 것이라고 단정할 수 없는 것과 마찬가지다. 인허가 도장을 쥔 부패한 현지 관원이 중국문화에 생소한 외국인 사업가에게 일단 한번 찔러보자는 식으로 중국식 예물을 요구하는 경우에 이를 거절한다고 그가 해코지를 할지, 아니면 말고 식으로 웃어넘길지 누구도 알 수 없는 일이 아닌가.

한·중 양국의 부조리의 양태나 이를 처리하는 방식도 상당히 다르다. 한국사회의 비리는 대개 단기적이고 즉각적인 관계 속에 저질러진다. 이에 비해 중국은 장기적인 인간관계 속에서 비리와 부조리가 형성되는 편이다. 그리고 부조리가 하나의 관행적 사회문화로 정착되어 있어서 극도로 심각한 상황이 아니면 함부로 처벌하지 않는다. 처벌이 내려져도 그리 엄격하지 않고 비교적 관대한 편이다. 관행이란 매우 많은 사람을 연루시키는 광범위함을 의미하므로 모두 손대려다가는 체제 전체가 위태로울 수 있기 때문이다. 또 언제 조사자와 피조사자의 처지가 뒤바뀔지도 알 수 없다. 게다가 중국에는 '양심선언'의 문화가 없어 비밀보호에 대한 염려도 없다. 그러므로 무난하게 처리하는 것이 모두에게 좋다는 생각이 팽배해있다.

그러나 최근 비리와 부조리 문화에 대한 중국사회의 자각과 경계심이 크게 고조되고 있다. 국가의 대외이미지 관리차원이나 체제에 대한 누적된 불만을 해소하기 위해서도 더 이상 방치하기 어려운 병폐로 여기게 된 것이다. 그래서 대규모 비리와 독직사건이 연이어 공개되고, 그 주범들을 극형으로 처리하고 있다. 관방의 마인드를 대변하는 '주선율(主旋律)' 드라마와 영화의 으뜸가는 고정 메뉴도 부패와 비리 척결에 맞추어져 있다.

예전에는 이런 관방 드라마를 시청자들이 외면하는 분위기가 팽배했다. 내용이 너무나 천편일률적이고 식상하기 때문이다. 그러나 이즈음 중국드라마의 수준이 크게 향상되어, 관방 드라마도 지루하게 사회공익과 애국심을 일관되게 강변하는 분위기에서 벗어나 역사적인 교훈이나 러브스토리, 가정의 일상적인 일들을 개입시켜 시청자들에게 큰 감동을 안겨주고 있다. 하지만 이런 계몽성 영상물의 내용에서도 토로하듯이 공과 사, 예절과 부조리, 관행과 비리가 애매하게 뒤섞여 있는 중국사회의 모습은 이런 어두운 문화가 형성된 시간만큼이나 그 극복에도 많은 세월이 필요할 것이란 점이 비극적이다.

Chapter 5

중국인의 이해하기
어려운 화법

중국 사람들은 본심을 잘 드러내지 않는 모호한 사람들이다. 그래서 중국을 이해하기가
너무 어렵다. 이를 깨려면 중국인 스스로 마음의 문을 열도록 해야 한다. 그러려면 중국
과 중국인을 사랑해야 한다.

전 주중대사 김하중

중국인과의 사교에서 그들의 애매모호한 화법에 힘들어하거나,
상담석상에서 상대의 진의를 파악하기 어렵고 종종 말을 잘못 알아
들어 일을 그르친다는 한국 사람들의 이야기를 자주 듣는다. 그것
은 중국어 실력의 문제가 아니라 중국인의 화법에 익숙하지 않아서
생기는 일일 것이다. 외국인으로서 한국인이 잘 알아듣지 못하거나
거꾸로 알아듣는 말을 중국인 사이에는 거의 문제없이 서로 원활히
의사소통을 해내는 것을 보면 알 수 있다.

중국인의 기질과 심리가 형성하는 중국식 커뮤니케이션 방식은 외국인에게 학습과 대비가 필요한 그들 특유의 문화라고 할 수 있다. 말과 의미가 서로 다른 애매한 화법, 미엔즈(面子) 의식, 권모술수의 숭배, 철저한 보신주의, 관시문화, 시간을 무기로 삼는 인내력 등은 중국인과의 원활한 의사소통을 위해 외국인들이 염두에 두어야할 그들 특유의 기질이라고 할 수 있을 것이다. 그러나 무엇보다 가장 직접적인 난관은 그들의 애매하고 이중적인 언어습관이다.

중국인들이 입에 달고 사는 몇 가지 말들의 실질적인 의미를 한 번 짚어보자.

해당 구어(口語)	사전적 의미	실질적 의미
하이커이(還可以) 하이싱(還行)	보통이에요, 괜찮은 편이에요	중립적이거나 그보다 더 나쁜 상황
차부두어(差不多)	별차이없다, 웬만하다 대강, 대체로	답변이 곤란한 상황에 대한 명확한 의사표시의 보류
마상(馬上)	금방, 곧	시간의 한정이 없는 미래의 어느 순간
메이원티!(沒問題!)	문제없어요	단순한 자신감의 피력 결과에 대한 보장은 없음

이 중 특히 '차부두어(差不多)'는 중국인들의 애매한 화법을 대표하는 말이자, 동시에 그들의 기질을 상징하는 말이기도 하다. '차부두어'는 우리나라 전라도 사투리인 '거시기'만큼이나 폭넓고 다

중국 근대작가 후스(胡適)는 '차부두어(差不多)'를 의인화한 산문 《차부두어 선생전》을 남겼다. 세상만사 이래도 좋고 저래도 좋은 '차부두어' 정신 때문에 중국이 게으름뱅이 나라가 되었다며 중국인의 기질을 통렬히 풍자했다.

양하게 사용되는 말이지만 그 의미는 대화 당사자들이 시간과 공간적 상황, 어투를 보고 서로 미루어 짐작한다. 명확한 답변이나 의사표시를 보류하거나, 자신의 속마음을 드러내고 싶지 않을 때 내뱉는 말이어서 알아듣기가 매우 어렵다. 형용사와 부사로 폭넓게 쓰이는 이 '차부두어'를 가려서 알아듣고 직접 회화에 구사할 수 있다면 이미 상당한 언어실력을 갖춘 중국통이라 해도 무방할 것이다.

그러나 어찌 보면 이 '차부두어'만큼 편리한 말도 없다. 판단이 잘 서지 않아 분명한 의사표시를 할 수 없거나, 구질구질한 자신의 개인사를 들추어 이야기하고 싶지 않을 때, 상대를 불쾌하게 만들지 않으면서 무난한 대답으로 사용할 수 있는 말이 바로 '차부두어'이기 때문이다. "요즘 어떻게 지내세요?", "사업은 잘 되세요?", "지금이라도 괜찮을까요?", "비용이 너무 비싸지 않나요?" 이런 종류의 질문에 중국인들은 십중팔구 '차부두어'로 대꾸한다.

중국 근대 계몽주의 작가의 한 사람인 후스(胡適)는 이 '차부두어'를 의인화하여 한편의 산문을 남겼다. 《차부두어 선생전》이 그것인데 세상만사 이래도 좋고 저래도 좋은 이 '차부두어' 정신 때문에 중국이 게으름뱅이 나라가 되었다면서 중국인들의 나태하고 명쾌하지 못한 기질을 통렬히 풍자한다.

차부두어는 어렸을 적에 어머니의 심부름으로 흑설탕을 사러갔다가 그만 백설탕을 사왔다. 어머니의 꾸짖음에 그는 다 같은 설탕인데 '차부두어' 아니냐고 말한다.

어느 날, 그는 중요한 일이 있어 열차로 상하이를 가기 위해 역으로 갔다. 기차가 8시 30분 출발이었으나 그는 2분 늦게 도착해 이미 기차가 떠나고 없었다. 그는 30분이나 32분이나 '차부두어'인데 겨우 2분을 기다려주지 않고 떠나버린 기관사를 이해할 수 없었다. 멀리 떠나가는 열차를 바라보며 그는 "오늘이나 내일이나 '차부두어'인데 내일가지 뭐"라고 중얼거린다.

나중에 차부두어는 위급한 병에 걸려 목숨이 위태롭게 되었다. 가족들이 마을 의사를 일시 찾을 수 없어 급한 김에 옆 마을의 수의사를 불러온다. 그는 사람을 잘못 데려온 것을 알았지만 의사나 수의사나 '차부두어'였으므로 진료를 허락한다. 결국 그는 얼마 지나지 않아 세상을 떠나고 만다. "세상만사 '차부두어'인데, 뭘 그리 꼬치꼬치 따지고 산단 말인가?"라는 말을 남긴 채…

외국인들이 중국인의 애매한 화법에 제대로 적응하지 못하는 것은 순전히 문화적 차이에서 비롯된 일이다. 외국인들은 중국인과의 대화를 중국식으로 받아들여 해석하지 않고, 말의 사전적 의미에만 집중하는 경향을 보인다. 중국인들의 화법상 특별히 힘주어 희망적이고 적극적인 의사표시를 하지 않는 단순하고 미온적인 동의는, 보류나 부정적 의미를 내포하는 것으로 받아들이는 것이 적절하다.

중국인들은 기질적으로 자신의 체면을 구길 언급을 회피하는 성향을 지녔다. 그래서 상담석상에서 어떤 경우에도 부정적 답변을 내놓지 않는다. 항상 자신감에 차있고 과장된 표현을 습관적으로 사용한다. "메이원티(沒問題)", "메이관시(沒關係)", "메이반파(沒辦法)"는 중국 상인과의 거래에서 자주 듣게 되는 말들이다. 처음에는 "전혀 문제없습니다", 중도에 뭔가 나쁜 징후들이 나타날 때는 "아무 관계없습니다", 도저히 돌이킬 수 없는 상황에 이르러서는 "어쩔 방법이 없군요"라고 둘러대는 그들의 기질을 압축한 말이다. 외국인들은 이런 중국인의 습관적 언사를 곧이곧대로 받아들이고 오해해 자주 일을 그르친다. 그러므로 중국인과의 모든 거래와 상담은 사실과 현장 확인이 필수적이다.

중국인들의 이러한 기질과 화법은 현지에 진출한 외자기업들의 운영에도 상당한 영향을 미친다. 일상생활이 아닌 기업의 경영관리에 이런 불명확한 커뮤니케이션 방식을 허용하기 어렵기 때문이다. 이런 문제를 성공적으로 극복해낸 어느 한국기업의 현지직원 관리

방식은 하나의 모범사례가 되고 있다. 관련 기사를 인용한다.

"포스코는 현지채용 중국 신입사원을 교육하면서 일을 대충 끝내거나 모호하게 처리하는 것을 막기 위해 한때 금기어(禁忌語)를 두었다. 중국어로 '차부두어', '마상' 등의 표현이 그것이다. 처음엔 1시간, 하루, 일주일도 모두 '마상'이라고 하는 바람에 한국파견 직원과 현지직원 간의 소통에 문제가 있을 정도였다. 현지직원들이 명확한 의사표현을 하는 게 익숙해지면서 금기어도 차츰 사라졌다.

진출 초기엔 현지직원들에게 포스코 특유의 '목욕론'을 전파하는 데도 힘썼다. 목욕을 잘해서 깨끗한 몸을 유지하면 정리, 정돈, 청소의 습성이 생겨서 안전의식이 높아지고 제품생산의 최후 절차인 포장도 깨끗하게 해낸다는 것이다. 포스코는 중국 각지에서 채용된 직원들을 위해 헬스센터를 갖춘 독신자 기숙사를 지었다. 그리고 기숙사의 청결 상태를 매주 세 번씩 점검했다. 여직원 기숙사도 예외는 아니었다. 현장 직원에겐 매주 목욕탕 입장권을 4장씩, 사무실 직원에겐 3장씩 줬다. 처음엔 어색해 하던 중국직원들도 6개월 정도 지나자 회사의 방침을 이해하고 따르기 시작했다."

중국인들이 자주 쓰는 말에 '주일보 간일보(走一步, 看一步)'라는 말이 있다. '한걸음 나아갈 때마다 다시 주어진 상황을 살핀다'는 의미로 중국인들의 철저한 보신주의 관념을 드러내는 말이다. 변화무쌍한 세상사를 너무 명확하고 똑 부러지게 재단하지 말고, 상황이 바뀌면 즉시 자신의 입장을 변화시킬 수 있도록 무난한 처세를 하는 것이 좋다는 의미로 받아들일 수 있다.

또 '삼십년하동 삼십년하서(三十年河東 三十年河西)'라는 말이 있다. 역시 비슷한 뜻으로 중국인들이 자주 입에 담는 말이다. 원래 강의 동쪽에 있던 땅이 30년의 세월 동안 자연과 산천의 변화로 말미암아 어느덧 강의 서쪽에 자리 잡게 되었음을 말한다. 세상사의 무상함은 누구도 다가올 일을 예측하기 어렵다는 의미를 지닌다.

언어적 습관은 곧 기질과 사고방식의 반영이다. 애매하고 불명확한 화법과 대화술을 구사하는 중국인들의 모습은 이런 '보신주의'에 뿌리를 두고 있다고 볼 수 있다. 말 한 마디, 글자 한 자 때문에 목숨이 달아나고 멸문(滅門)을 당하게 되는 무수한 정변과 이민족의 잔혹한 통치 아래, 자신과 가족의 안녕을 보존하기 위해서는 항상 모나지 않고 불거져 보이지 않게 무난한 입장을 취하는 것이 하나의 습관이 되고 그것이 사회의 지배적인 처세술과 행동양식으로 굳어져버린 것이다.

중국현대사의 사회주의 혁명과 뒤이은 문화대혁명 과정에서 빚어진 인간성 파괴, 상호 신뢰의 상실, 비방과 밀고가 횡행한 사회적 혼란상은 중국인의 보신주의를 더욱 심화시키는 원인으로 작용했다. 누구도 믿을 수 없는 사회상황 속에서 개인의 존립과 사회생활은 은밀한 인간관계의 연결고리에 의존하게 되고, 개인적 기호나 정치사회 문제에 대한 분명한 입장의 피력을 회피하는 보신주의와 피동성이 팽배하게 된 것이다.

　　중국사회에서 부패의 근절이 어려운 것은 이런 문화적 배경에 원인이 있는지 모른다. 세상이 언제 어떻게 돌변할지, 언제 칼자루를 쥔 사람의 입장이 칼날을 쥔 처지로 전락할지 알 수 없는 상황아래 만약을 위해서라도 무난하게 처리하는 게 좋다는 의식이 자리 잡고 있는 것이다. 특별히 심각하지 않은 상황의 부패나 부조리는 대개 솜방망이 처벌이 내려지는 선에서 마무리되고 만다. 부조리와 사회 관습의 경계가 모호한 환경 속에, 잘못하면 소수가 다수를 처벌해야 하는 정치적 패닉상태를 초래할 수도 있기 때문이다.

닮은 듯 다른 한중문화의 차이점

1. 중국 결혼식에는 주례가 없다. 한국과 중국의 결혼식 문화가 다르기 때문이다. 법률상의 결혼식은 동사무소에 가서 결혼등기를 한 뒤 결혼증서를 교부받는 것이고, 실질적인 결혼식은 식당이나 호텔에서 장소를 빌려 가족, 친지들에게 식사와 술을 대접하는 자리다. 그러나 이것은 현대식 결혼식의 경우이고, 전통 방식의 결혼식은 혼례의 순서를 진행하는 주관자가 있다. 하지만 이 경우도 한국 결혼식의 주례처럼 축사를 하지는 않는다.

2. 중국인들은 싸움구경을 무지 좋아한다. 길에서 누군가 싸움이 붙으면 순식간에 엄청난 사람들이 몰려와 에워싼다. 그러나 말리는 사람은 아무도 없다. 북방사람은 말보다 주먹이 앞선다. 특히 동북 3성 사람들은 인명사고가 나지 않을까 무서울 지경이다. 남방사람은 주먹을 쓸만한 일에도 답답하게 말로만 싸운다. 구경꾼들이 지루해져서 한번 치고 박았으면 싶은 심정이 될 지경이다. 한쪽이 갑자기 어디에선가 칼을 집어 들고 왔어도 상황은 별반 달라지지 않는다.

3. 한국에서 소위 조폭 두발이라고 불리는 '깍두기' 머리를 한 남자들이 중국에 많다. 그렇다고 그들이 모두 조폭이나 불량배는 아니다. 외모관리에 거의 신경 쓰지 않는 이런 두발문화에 대해, 여러 차례 당사자들에게 이유를 탐문해보았다. 외국인들에게 그런 두발 형태가 자연스럽지 않고 불량스럽게 비치기도 한다는 설명을 곁들이면서 말이다. 그 대답은 명확하고 간단했다. 그저 관리가 편하고 돈이 들지 않아서 그렇게 한다는 것이다. 매우 실용적인 생활문화다. 그러나 중국의 TV뉴스에 비치는 범죄자의 대부분이 그런 '깍두기' 머리나 스포츠형 머리를 하고 있다는 점 또한 엄연한 사실이다.

4. 한국에서는 한 개비 남은 담배를 애연가들 사이에 '돛대'라 하고 이것은 반드시 주인의 몫으로 여겨 넘보지 않는다. 그러나 중국에서는 한 개비 남은 담배를 주인이 피우지 않고 반드시 손님이나 친구에게 권한다. 담배 인심이 매우 후하다. 중국친구가 담배를 권하면 금연 중이더라도 응대해주는 척하는 것이 좋다. 그러지 않으면 분위기가 썰렁해진다. 가난하던 시절, 담배나 술과 같은 기호품을 손님이나 친구에게 권하는 것이 최고의 존중과 예의를 표하던 방식이었다. 이런 습관과 관념이 아직 남아있다.

5. 차를 일상적으로 음용하는 중국인들은 냉수나 차가운 음료를 마시는 일이 드물다. 한국인은 맥주를 차갑게 해서 마시는 것이 당연한 일이지만, 중국의 카페나 식당에서는 특별히 요청하지 않으면 미지근한 상온의 맥주를 내온다. 어려서부터 체질화된 중국인의 식습관이 차가운 음료나 냉수를 거부하게 만드는 것이다. 그래서 식후에 냉수를 들이키는 한국인의 식습관을 중국인들은 경이롭게 여긴다. 담백한 음식과 뜨거운 탕으로 구성되는 한식에는 시원한 냉수가 문제가 되지 않지만, 기름진 중국음식을 먹고 찬물을 마시는 것은 소화불량을 자초하는 일이기도 하다.

6. 한국에서는 경찰에게 욕을 하고 경찰서에서 행패를 부리는 일이 신선한 일이 아니다. 그러나 중국인들은 공안(경찰)에게 절대 대들지 않는다. 형법의 형량체계가 매우 가혹한 편이어서 하찮은 폭력사고나 절도행위에 대해서도 중형이 선고되기 때문이다. 더구나 공권력 집행기관에 대들고 폭력을 행사하는 일은 엄두조차 내기 어렵다. 개혁개방과 국제화로 상황이 많이 달라졌지만 예전에는 공안에 끌려가면 일단 반쯤 죽여 놓고 심문을 시작하는 것으로 알려져 있어 공안이 서민들에게 공포와 경원의 대상이기도 했다.

7. 교수, 변호사, 의사 등 사회적으로 대우받고 고소득이 보장되는 직업군의 서열이 분명한 한국사회에 비해 중국에서는 직업에 관한 이런 서열이나 귀천 관념

이 희박하다. 특히 개혁개방 이전과 직후에는 교수, 의사들도 일반노동자나 다름없는 사회적 대우를 받고 박봉에 시달려야 했다. 변호사 시험제도는 실시된 지가 그리 오래지 않다. 지금도 중국에서 교사직은 박봉에 시달리는 노동자 직군에 속한다. 그래서 한국에 교환교수로 부임한 중국 선생님들은 한국사회의 교수에 대한 극진한 대우나 학생들의 절대적 존경심에 내심 놀라고 감격스러워하면서도 한편으로 적응되지 않아 거북스러워한다.

8. 중국의 가정은 가사 분담이 철저하다. 특히 상하이와 같은 남방의 대도시는 남자들의 가사분담이 과중할 정도다. 외식문화가 발달해 밖에서 먹는 일이 잦지만 그래도 음식 만드는 일은 대개 남성들의 몫이니까. 중국남자들은 한국드라마에서 여자들이 남편의 식사를 챙겨주는걸 아주 놀라워하면서도 부럽게 생각한다. 그래서 한국남자와 중국여자의 국제결혼은 최악의 조합이라고 할 수 있다.

9. 중국에는 비디오방이 없다. 영상매체의 발전이 비디오테이프 과정 없이 바로 VCD에서 출발하여 DVD로 넘어왔기 때문이다. 이는 중간단계 없이 최첨단 기술을 우선적으로 수용한 중국의 산업정책에 따라 사회 전반에 나타나는 현상이다. 유선전화가 충분히 보급되기 전에 무선 이동통신이 상업화된 일이라든지, 시내버스에 첨단기술의 이동수신 TV가 장착된 것 등이 그런 경우다. 이런 측면만 따진다면 중국이 한국보다 선진국인 셈이다.

10. 중국 대도시에는 시내 한복판에 잠옷을 입고 돌아다니는 사람들이 적잖이 있다. 개혁개방 이후 일부 중산층 사람들이 가까운 바깥출입을 하면서 잠옷을 입고 다니자, 잠옷이라는 것을 모르던 중국인들에게 그것이 신분과 재력을 과시하는 수단으로 인식되었고 일반적인 풍조로 확산되었다. 한동안 젊은 여성들 사이에 체육복이 유행하는 외출 패션이 되었던 일도 같은 배경에서 이해할 수 있다. 중국인의 소비심리와 패턴에 숨은 기본적 키워드는 '과시욕'

과 '경쟁심'이다. 특히 도시의 중산층 주부들은 옆집에서 새로운 기능의 가전을 들이거나 차를 구입하면 절대 기가 죽지 않고 맞대응한다. 짝퉁 명품이 활개치고 고가사치품 시장의 규모가 급격히 늘어나는 것은 체면의식(미엔즈)과 과시욕이 잠재된 중국인의 소비심리와 무관하지 않다.

11. 전통 중의학에 기초한 기공, 안마, 지압, 발마사지, 부항, 뜸 등의 건강보건 산업이 매우 광범위하게 발달해있다. 노인층에는 건강 전문서적 등을 참고하여 개인적으로 이런 전통방식의 건강유지법을 일상생활에서 활용하는 사람들이 많다. 특히 파오자오(泡脚) 즉, 뜨거운 물에 발을 불려 마사지함으로써 피로를 풀고 순환기 계통을 원활히 하는 방식은 많은 중국 가정에서 일상적으로 활용되는 대중적 건강유지법이다. 파오자오(泡脚)는 한국에서도 수입·권장할만한 중국식 건강 생활문화가 아닌가 싶다.

12. 중국의 공원이나 관광 명승지는 입장료가 매우 비싸다. 한국과 비교해서나 국제적 기준으로나 턱없이 비싸다. 더구나 중국인들의 평균적 개인소득을 고려하면 이해가 되지 않는 일이다. 이는 중국 관광산업이 비약적으로 발전하면서 현지 지방정부에 의한 경승지의 난개발이 이루어지고, 그 입장료가 지역재정의 주요 수입원이 되기 때문이다. 그러나 중국 관광객들은 소속 기관이나 회사에서 비용을 부담하는 공금 단체관광이 대부분이어서, 결국 바가지를 뒤집어쓰는 것은 외국인들이나 개인 여행자들이다.

13. 한국인에게 소주가 대표적 대중주라면 중국인에게는 바이주(白酒)가 있다. 증류주인 바이주는 낮은 도수가 38도이고 보통은 50도가 넘는다. 이 바이주를 소주처럼 마시다가는 즉시 인사불성이 된다. 소주잔보다 더 작은 바이주 잔을 사용하고, 뜨거운 차와 기름진 음식을 곁들이며 천천히 마셔야 취하지 않고 바이주의 참맛을 느낄 수 있다. 무모하게도 한국인들은 이 바이주로 중국인들에게 공포의 대상인 폭탄주까지 만들어 마신다. 그리고 대개는 그 다음

날의 일정을 망치게 된다.

14. 중국에서는 아파트 분양 시 일체의 실내장식을 하지 않는다. 집을 구입한 주인이 자기 취향에 맞게 장식한 뒤 입주한다. 그래서 아파트 분양 시기가 되면 실내 인테리어 업체들이 한바탕 치열한 경쟁을 벌인다. 천편일률적인 내부 장식을 해서 분양한 아파트를 입주하자마자 다시 뜯어고치는 낭비를 마다하지 않는 한국식 건축문화는 재고하는 것이 마땅하다.

15. 사회주의 국가인 중국에서는 종교적 축제일인 크리스마스가 휴무일이 아니다. 학생들은 당연히 등교해야만 한다. 한국 유학생들은 이날 수업하는 기분이 아주 색다르다고 소감을 피력한다. 그러나 개혁개방 이후 서구문화가 유입되고 해외유학을 한 사람들이 늘어나면서 비록 공식휴무일은 아닐지언정 민간의 축제분위기는 상당히 고조되는 모습이다.

16. 새집에 입주하거나 가게를 개업할 때 중국인들은 엄청난 폭죽을 터트린다. 춘절과 같은 명절이나 농촌에서 거행되는 전통혼례에도 폭죽을 터트리는 일은 빠질 수 없는 절차다. 그 정도 소음이면 한국에서는 당연히 고발감이다. 중국인에게 폭죽소리는 액운을 가져올 잡귀를 쫓아버리고 경축과 기쁨을 표시하는 소리로, 소리가 클수록 즐겁게 생각한다. 폭죽을 터트리는 행위가 중국식 고사에 해당한다고 볼 수 있겠다.

17. 중국인들은 함께 식사할 경우 칭커(請客 초대)한 사람이 분명해 식사비용은 당연히 초대한 사람이 부담한다. 그래도 한국에서 자주 발생하는 상황처럼 식당에서 간혹 음식 값을 서로 내겠다고 다투는 장면을 볼 수 있다. 그러나 젊은 직장인이나 대학생들 사이에는 더치페이 문화가 광범위하게 정착되어있다. 함께 식사하고 식비를 공동 부담하는 방식을 중국인들은 'AA제'라고 부른다.(AA는 라틴어에서 '각자'라는 단어의 앞글자를 따온 데서 유래한 것이

라 하기도 하고, Algebraic Average(대수평균)의 앞글자를 딴 것이라 하기도 한다) 중국에서는 이런 방식의 회식이 유리한 점이 많다. 각자 작은 비용으로 다양한 음식을 고루 맛볼 수 있기 때문이다. 특히 수입이 한정된 청년들은 이런 사교모임이 부담이 적고 각자 자기체면도 살릴 수 있어 편리하다.

18. 한국인들은 이가 빠진 잔이나 그릇을 내놓으면 재수가 없게 여기고 조금만 손상이 있어도 바꿔달라고 하지만, 중국의 식당에서는 이런 일이 다반사다. 그릇이 낡은 것은 식당의 전통과 역사를 증명하는 일이기 때문이다. 전통 있는 노자호(老字號 오랜 세월 고객으로부터 명성과 신용을 쌓은 식당)임을 과시하기 위해 일부러 식기에 흠을 내는 경우도 있다고 한다.

19. 중국인들은 한국 여성들이 전부 성형수술을 하는 줄 안다. 이는 주로 중국 매체들이 한국 연예계의 가십기사를 보도하며 성형수술을 한국사회의 보편적인 일로 과장·왜곡 보도한 결과 나타난 현상이다. 이런 경향은 영화 〈미녀는 괴로워〉가 상영된 이후 더욱 심화되었다.

20. 한국과 중국 드라마는 그 맛이 판이하게 다르다. 남성 작가가 많은 중국드라마는 역사, 전쟁, 범죄수사 등을 주제로 한 것이 많고, 영상소설에 가까울 정도로 진행이 빠른 이야기 나열식이다. 이에 비해 여성 작가가 많은 한국드라마는 가족애, 사랑, 우정 등과 같은 주제에 치중하며 세부적 감정묘사에 몰두한다. 초기에 한국드라마가 신선한 느낌을 주기도 했지만 전개가 너무 느리고 스토리 구성이 천편일률적이어서 식상하다는 지적을 받았다. 최근 중국드라마 제작 수준이 괄목상대할 정도로 향상되었다. 가족, 연인, 부부를 주제로 한 드라마들이 대폭 늘어났고 제작에 거액의 예산을 투입한 대작들도 지속적으로 출현하고 있다. 한류와 한국드라마의 퇴조는 불가피한 측면도 있다.

21. 베이징올림픽에서 한국 야구가 우승한 일은 한국 스포츠 역사상 찬란한 금자탑을 쌓은 감격적인 쾌거였다. 그러나 중국 야구는 아직 초보단계다. 냉전체제 아래, 야구는 자본주의 종주국 미국 문화를 상징하는 것이어서 그만큼 도입이 늦어진 것이다. 최근 중국 체육계가 야구 종목을 두고 논쟁이 뜨겁다. 이제 야구가 올림픽 종목에서 제외된 마당에 그것을 계속 육성할지에 관한 사회적 논란이다. 한 원로 지도자는 야구가 중국인의 체형과 적성에 적합한 운동이니만큼 멀리보고 육성해나가야 한다고 말한다. 종목의 인기도, 동호인의 규모와 저변 등과 같은 요소보다 민족의 체형이 한 운동종목의 사활을 결정짓는 중요한 잣대가 되고 있는 것이다.

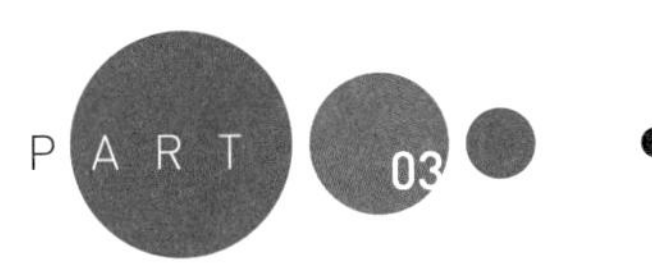

엄숙한 국가주의 vs 선정적 자유주의

사람이 너무 많아
슬픈 인구대국

중국에서 가장 특징적인 풍경은 사람이었다. 아니, 수많은 사람들이라는 말이 더 적합하겠다. 어디서든 내가 풍경을 바라볼 때면 항상 그 속에는 사람이 있었고, 그 사람은 나를 뚫어지게 바라보았으니까.

폴써로우 《중국기행》 중에서

근년에 중국 최고의 희극배우인 자오번산(趙本山)이 민간예술단을 이끌고 미국의 6개 도시를 돌며 순회공연을 했다. 그를 잘 아는 미국 거주 화교뿐만 아니라, '중국의 채플린'을 구경하려는 많은 미국인들도 극장을 찾아 공연은 큰 성공을 거뒀다.

그러나 그의 공연은 예기치 않게 미국 언론으로부터 집중적인 비난을 받았다. 우선 공연내용에 장애인을 흉내 내거나 조롱하는 대화가 지나치게 많았기 때문이다. 또 좌석이 매진된 상황에서도 입

127

중국의 국민희극배우 자오번산(趙本山). 자오번산은 자신의 고향인 둥베이(東北) 지방 민간공연 예술인 얼런주안(二人轉)의 발전과 보급에 큰 기여를 했다. 자오번산과 후배 얼런주안 연기자들은 둥베이 지방 여러 곳에 얼런주안 전용극장을 열어 크게 성공했다.

장권 판매를 계속해 많은 사람들이 공연장에 들어가지 못해 항의하는 소동도 빚어졌다. 중국의 경우 좌석이 없는 관객들도 공연장에 입장해 선 채로 감상하는 것이 일반적인 일이지만, 미국에서는 입석 관람을 허락하지 않는다는 점을 소홀히 생각한 것이다.

자오번산은 중국에서 큰 박수를 받았던 연기로 미국에서는 비난을 받을 수도 있음을 미처 생각지 못했을 것이다. 약자를 조롱하는 내용의 오락 프로그램을 대다수의 중국인들은 자연스럽게 받아들인다. 더구나 이것이 잘못된 측면이 있음을 제대로 인식하지 못한다.

외국인들의 조소거리가 되는 중국인의 악습과 중국의 사회문제, 심지어 인권문제도 대개 근본적으로는 중국의 인구문제에 그 원인이 있다. 자오번산의 미국 공연이 겪은 장애인 인권문제나 입석 입장권 판매와 같은 문화충격도 마찬가지다. 인구가 턱없이 많아 인간의 존엄도 인권도 거론할 여유가 없다. 사람이 너무 많아 사람이 귀하게 여겨지지 않는다. 한정된 자원과 공간을 적정 수준을 넘은 수의 사람들이 나누며 살아가야 하는 생활환경이 불가피하게 이런 궁색함, 무질서, 무신경을 만들어내게 되는 것이다.

기본적으로 사람과 사람 사이의 거리가 너무 좁고, 서로 나아갈 길을 양보하기 어렵다. 버스 타는 일에서부터 식당에서 밥 먹을 자리를 잡는 일까지 일상의 모든 상황이 치열한 경쟁에 노출된다.

새벽이면 중국 대학 교정의 숲속에는 교재를 들고 암송하는 학생들을 심심찮게 발견할 수 있다. 대부분 가난한 농촌 출신의 모범생들이다. 자신의 집안뿐 아니라 마을에서 처음 대학에 진학한 학생들도 적지 않다. 가난하고 낙후된 중국 농촌의 현실이 그렇다. 그런데 새벽 공기 속에 맑은 정신으로 중요한 학습내용을 익히려는 목적도 있지만, 무엇보다 숙소의 열악한 여건이 이런 학습법이 정착되게 한 것이다. 수많은 경쟁자들 사이에서 두각을 나타내고 특별하지 않으면 도태되고 만다는 경쟁심리도 작용한다.

넓은 국토의 도처에서 유학 온 학생들을 수용하다보니 중국의 대학들은 거의 전교생을 대상으로 기숙사를 운영한다. 한방에 적게는 5~6명, 심지어 10명 가까운 학생들이 이삼 층으로 쌓아올린 침대에서 함께 부대끼며 생활한다. 상상하기 어려운 불편함이 있을 것

같지만 이런 환경 속에 서로 폐를 끼치지 않고 살아가기 위한 에티켓이 있어서 무난히 질서가 유지된다. 그러나 숙소 안에서 편안하게 책에 집중하는 것은 불가능한 여건이다.

청년들이 애정을 표현할 공간도 태부족이다. 자연히 공원이나 교정 구석, 심지어 길거리에서 부둥켜안고 애정 표현에 몰두하는 청소년들을 어렵지 않게 발견한다. 불가피한 사회현실이 만들어낸 풍경이어서 아무도 이를 질타하거나 신경 쓰지 않는다. 길을 가다 이런 광경에 호기심을 느끼거나 돌아다보는 것은 외국인들뿐일 것이다.

오늘날 중국이 인구대국이 된 것은 근세에 들어 청조 강희제로부터 건륭제로 이어지는 100여 년간의 태평성세에 이룩한 정치사회적 안정에 그 기반을 둔다. 여기에 농업기술의 발달로 단위면적당 산출량이 크게 증가하고, 고구마처럼 황무지에서도 재배가 가능하고 같은 경지면적에서 더 큰 수확량을 거둘 수 있는 새로운 작물이 중국에 유입되어 보다 많은 사람들을 먹여 살릴 수 있는 경제적 여건이 마련되었기 때문이다. 이 시기에 중국의 인구는 역사상 처음으로 억대로 올라섰다.

수천 년을 이어온 봉건체제가 무너지고 민국시대를 거치면서 비록 국공내전과 항일전쟁이 발발했지만, 종두법과 같은 서양의 의료기술이 도입되어 영아 사망률이 급격히 줄어들고 서민들의 지위와 생활여건이 노예상태를 벗어나면서 중국의 인구는 지속적으로 늘어갔다. 그리하여 1949년 중화인민공화국 건국 당시, 중국의 인구는 6억 명에 이르렀다. 이후 사회주의 혁명 지도자이자 개국 영도자인 마오쩌둥은 "인구는 곧 국가의 역량이다"라는 사고방식으로 인구문제에 적극적으로 대처하지 않았다.

여기에다 전통적으로 중국인들의 사고에 뿌리 깊게 박혀있는 다자다복(多子多福)의 자녀관이 중국을 오늘날 인산인해의 인구대국으로 만들었다. 건국초기 20여 년 동안의 폭발적인 인구증가 추세는 사태의 심각성을 인식한 중국 당국이 1976년 가구당 한 자녀만 허용하는 산아제한 정책을 공포하면서 수그러들었다.

국가 인구센서스를 통해 발표된 공식적인 중국 인구는 13억 명이다. 그러나 엄격한 산아제한 정책으로 인해 법적 호구등록을 하지 않고 은밀하게 출생한 사생아들까지 모두 포함한다면 14억 명을 훨씬 초과해 심지어 15억 명으로 여기는 시각마저 있다.

인구가 국가의 자산이 아니라 해결해야 할 심각한 두통거리가 되자, 당장 이 많은 사람들을 먹고 입히는 문제가 대두되었다. 그리고 이는 사람들의 사고방식과 사회문화를 바꾸어놓았다. 만나면 '츠러마(吃了嗎, 밥 먹었니)?' 라는 말이 인사가 되었고, 든든한 직장이란 평생 먹는 문제를 책임지는 곳이란 뜻의 '철밥통(鐵飯碗)'으로 불리었으며, 국가정책의 으뜸가는 목표는 인민들의 '원바오(溫飽, 따뜻하게 입히고 배불리 먹이는 일)' 문제를 해결하는데 집중되었다.

개혁개방과 더불어 중국의 인구는 무한정의 노동력이라는 국가경쟁력의 밑천이 되었다. 거대한 인구가 제공하는 값싼 노동력은 중국을 '세계의 공장'으로 변모하게 했고, 중국산 소비재들이 전세계 시장을 석권해 이제 '메이드인차이나'가 없으면 세계인들의 일상생활이 불가능한 상황이 되었다. 그리고 개혁개방 30년의 성과는 마침내 중국을 경제대국으로 올라서게 했다. 그러나 느닷없이 불어닥친 세계적 금융위기의 찬바람은 이제 중국으로 하여금 거대인구의 실업문제라는 새로운 도전에 직면하게 했다. 경쟁력과 경제도약의 밑거름이 되었던 과잉인구가 이제 위기의 진앙으로 탈바꿈하고 있는 것이다.

일당독재와 권력집중, 빈부격차와 부정부패 같은 정치사회적 문제에도 불구하고 중국 사회주의 체제가 굳건할 수 있었던 것은 최소한 서민들이 먹고 입는 기본생활은 보장되었기 때문이다. 그러나 실업이 확대되고 장기화된다면 상황이 달라질 수밖에 없다. 대량의 실업 인력군이 분출하는 불만과함께 수반되는 사회불안은 심각한 체제위협 요인이 될 수 있기 때문이다. 나아가 생활고에서 비롯되는 체제에 대한 원망은 누적된 정치사회 문제들을 일시에 폭발시키는 도화선이 될 수도 있는 일이다.

2009년은 중화인민공화국 건국 60주년을 맞는 해다. 건국 이후 중국은 사회기풍 개혁, 여성의 지위향상, 사유재산 폐지, 토지개혁 등 일련의 경제사회 개혁조치로 수천 년 봉건체제가 유지해온 사회적 모순과 구악을 철폐하고 서민들의 노예적 지위를 해방시켰다. 그러나 동시에 한계를 초월한 과잉 인구는 수많은 새로운 사회문제

와 폐단을 만들어냈고, 이런 사회상황은 중국인 개개인의 사고방식
과 그들의 행동양식에 깊은 영향을 끼쳤다.

중국의 교통 무질서와 높은 사고발생률을 지적받는 중국인들은
대개 “중국에 사람이 너무 많아서”라고 냉소적인 대꾸를 한다. 그
소리가 마치 “좀 죽어 없어져도 괜찮다”는 듯한 뉘앙스로 들리기조
차 한다. 인구과잉 문제가 사람들의 심성에 끼치는 해악은 ‘사람들
이 서로를 귀하게 여기지 않고, 정상적이지 못한 사람은 걸러서 도
태시켜야 한다는 사회분위기를 팽배하게 한다’는 말로 요약할 수
있다. 사형을 남발하는 가혹한 중국의 사법제도, 사형수들의 장기
가 본인들의 의사와는 상관없이 무단 사용되거나 매매되는 상황은
이런 인명경시 관념에 기초한다고 보아 무방하다. 장애인들에게 실
질적으로 고등교육의 기회가 주어지지 않고, 유전적 결함이 있는
사람들을 제도적으로 생식이 불가능하게 만든다거나, 동성애자들
이 사회적으로 철저히 멸시받는 상황도 마찬가지다. 정상인들도 제
대로 배려하고 거두기 힘든 세상에 하물며 그들까지.

후난성 공무원채용 신체검사 기준에는 “여성은 제2차 성징의 발
육이 정상적이어야 한다. 유방이 대칭되어야 하고 혹 같은 것이 없
어야 합격할 수 있다”라고 규정되어 있다고 한다. 이 고장에서 여성
이 공무원이 되려면 유방이 대칭되어야 한다는 것이다. 최근 상당
수의 여성이 필기시험과 면접시험에 통과했으나 이 요건에 부합되
지 않아 최종 탈락했다고 한다. 이것은 하나의 단편적 사례에 불과

드라마 〈사병돌격(士兵突擊)〉의 주인공 왕바오창(王寶强). 농민공 출신인 그는 추남에 중졸학력으로, 고향을 등지고 무작정 대도시에 뛰어들어 공사판, 엑스트라 배우 등을 전전하다 배우가 된 행운의 사나이다.

하다. '정상적이지 못함'에 대한 황당한 차별의 사례는 사회 곳곳에 늘려있다.

드라마 〈사병돌격(士兵突擊)〉은 잘나고 반듯한 사람들만 주연으로 출연할 수 있었던 중국 드라마 역사상 하나의 파격이었다. 세태에 영합하는 처세술과 천편일률적인 인간관계에 매몰된 중국사회의 현실 속에, 이런 드라마의 출현은 작고 미미하지만 그들에게도 가치관의 변화가 움트고 있음을 느끼게 한다.

드라마는 제대로 배우지 못하고 가난한 농촌출신 청년이, 군인으로 출세하는 아들의 모습을 보고 싶어하는 아버지의 강압에 못 이겨 우여곡절 끝에 선발과정을 통과하여 군에 입대하는 것으로 시작된다. 입대 후 청년은 한동안 실수와 우직함으로 곤경을 겪기도 하지만, 순진하고도 진솔한 심성으로 모든 훈련과 맡겨진 임무를 배운 원칙대로 수행해낸다. 요령과 이기심을 모르는 청년의 복무자세는 주위 동료들에게 잔잔한 감동으로 다가가고 청년은 차츰 군인으로서 자신의 길을 찾아간다.

드라마의 주인공은 농민공 출신의 배우 왕바오창(王寶强)이었다. 그는 추남에 중졸학력으로, 고향을 등지고 무작정 대도시에 뛰어들어 공사판, 엑스트라 등을 전전하며 생계를 모색하다 우연히 배우가 되는 행운을 누린 사나이다.

잘생기고 멋진 미남미녀들이 즐비한 중국 연예계에 아무 조건도 갖추지 못한 왕바오창의 존재는 그야말로 신선함 그 자체다. 군사 드라마가 보통 여성들의 시선을 끌지 못하는데 비해 이 드라마는 남녀구분 없이 시청에 열을 올린 인기 드라마였다. 특히 화이트컬러 계층으로부터 열광적인 환영을 받았다.

출세를 위해 잔머리를 굴리고 세태에 아부해야하는 조직생활에 넌더리를 내던 그들에게 극중 왕바오창이 연기한 쉬싼둬(徐三多)의 우둔할 정도로 원칙에 충실한 처세는 그야말로 황당하면서도 충격과 감동을 주는 것이었다.

2007년과 이듬해에 걸쳐 이 드라마가 인기 속에 방영될 무렵, 극중 쉬싼둬의 대사는 사회적 유행어가 되었다. 그는 사투리 섞인 어눌한 말투로 주위사람과 세상을 향해 "끝까지 버텨야해, 절대 포기하지마!", "살아가면서 꼭 의미 있는 일을 해야만 해. 의미 있는 삶이 바로 제대로 살아가는 거란 말이야!", "그건 확실해. 사람의 좋은 점을 기억해주는 게, 나쁜 점을 기억하는 것보다 낫다는 것 말이야!", "해보지도 않은 일을 의미 없다고 미리 말하지 마. 어제보다 오늘이 낫다는 거, 그게 희망이야"라고 외쳤던 것이다. 쉬싼뒈는 중국인들에게 그들이 잊고 사는 '삶과 사람에 대한 진솔한 자세'의 가치를 새삼 일깨워주었고, 성공적인 삶에 대한 인식을 변화시켰다.

멜라민 우유 파동과 같은 불량식품 사고가 끊이지 않는 것도 사람의 목숨을 중히 여기지 않는 사회적 분위기를 대변하는 일이다. 남의 생명이야 어찌되든 나만 돈을 벌어 잘살면 되니까. 해적판 문화상품이 왕성하게 유통되는 것도 가난한 인구대국의 현실여건상 불가피한 측면이 있다. 단적으로 말해, MS사의 윈도 정품만 유통시킨다면 많은 중국 농촌학생들은 컴퓨터를 배울 기회를 가지지 못할 것이다. 정품 영화DVD만 유통된다면 대부분의 중국 서민들은 영화를 감상할 기회를 가지지 못할 것이다. 가난한 농촌에서 우수한 기량의 국가 동량들이 배출되고, 벽지의 삭막한 환경에서 유명한 영화인들이 탄생하는 것은 모두 이런 해적판 상품들이 제공하는 교육적 문화적 환경의 공헌이라고 보아야 할 것이다. 이것이 중국의 현실이요, 사회적 필요악이다.

인구대국의 취업난과 생계를 위한 치열한 경쟁상황은 다양한 희귀 직업군의 탄생을 불가피하게 한다. 아마도 중국처럼 다양한 종류의 교통수단을 가진 나라도 없을 것이다. 대중교통 수단으로 택시와 공공버스, 자전거 외에도 수많은 불법 사영 교통수단이 개발 사용되고 있으니까. 중국의 내륙 중소도시 기차역이나 버스터미널 주변은 그야말로 이런 다양한 종류의 사영 교통수단의 백화점이다. 인력거, 오토바이, 삼륜차, 전동자전거 혹은 그 개량형이거나 혼합형이라고 해야 할 수많은 종류의 교통수단을 끌며 사람이나 화물을 실어 날라 생계를 도모하는 사람들로 붐빈다. 사람은 많고 일자리가 부족한 상황이 만들어낸 사회현상이다. 특별한 전문지식이나 기술 없는 서민들이 쉽게 할 수 있는게 길거리 간식판매나 인력거 등과 같은 사영 교통수단을 운영하는 일이기 때문이다.

중국에 유학 온 수많은 우리 유학생들과 교류해본 경험이 있는 또래 중국 청년들의 반응을 귀동냥해보면, 하나하나 잘 교육받고 다듬어진 한국 청년들에게 일종의 부러움을 느낀다고 말한다. 그 부러움은 특별히 두각을 나타내지 않으면 국가적 관리와 육성이라는 사회적 배려를 누리지 못하고 거의 방치되다시피 하는 중국의 교육환경에서 비롯된다. 사람이 너무 많아 특별히 빼어난 사람들만 추려도 다 관리하고 키워주기 어려우니 말이다.

서방 국가들이 인권이라는 문제를 들어 중국을 비방하며 잦은 갈등을 빚고 있지만 어느 나라든 같은 상황에 처한다면 어떻게 될지 쉽게 장담하기 어렵다. 서구적 인권 관념의 잣대로 중국을 평가하고 대한다면 중국인과의 거리감을 쉽게 좁히기 힘들 것이다. 그러나 중국도 자국의 인권문제를 일정부분 인정하고 있지만, 인권을 향상시키려는 노력으로 사회적·제도적 여건 개선에 힘쓰기보다 이를 단지 정치문제로 치부하며 외부의 비난에 맞받아치려는 분위기가 득세하고 있는 것이 현실이다.

사람이 많아 사람을 하찮게 여긴다는 것은, 특권계층 사람이 다스리는 사람의 수가 한층 많아지고 그 권위는 더욱 높아진다는 것을 의미한다. 특권계층은 더욱 존귀하게 되고 차별받는 백성들의 생활은 더욱 비참하게 되는 사회적 불평등이 더욱 심화된다. 우마차를 끄는 농촌에 벤츠 관용차를 몰고 다니는 지방 간부가 있다는 사실은 이런 사회현상을 희화적으로 드러내는 사례다.

이런 사회환경 속에서 성장하는 청소년들의 사고방식이 함께 물들게 되는 것은 불가피한 일이다. 한 방송 프로그램을 위해 미국과 중국의 우수 청소년들을 대상으로 그 가치취향을 설문조사한 적이 있었다. 양국 학생들에게 지혜, 권력, 재부(財富), 진리, 미(美)라는 가치상징을 두고 자신의 신념대로 선택하도록 하는 방식이었다. 미국학생들은 지혜, 진리라는 가치를 압도적 다수가 선택한 반면, 중국학생들은 천편일률적으로 권력, 재부라는 가치를 선택한 결과가 나타났다. 사람이 너무 많은 환경 속에 자신의 생존을 우선 모색해야 하는 사회에서 어쩌면 진리나 지혜라는 가치는 너무 사치스러운 것일지 모른다.

Chapter 2

'서기'에서 '나으리'가 되어가는
절대권력자들

중국에서 인권의 의미는 우선 '먹고살 권리'를 의미한다. 천안문 사태 이후 중국 공산당은 인민들에게, 특히 교육받은 중산층에게 더 많은 개인 공간과 자유를 부여했다. 소위 '천안문 세대'가 침묵하는 것은 대체로 자신들의 삶에 만족하기 때문이다. 중국 사회는 아직도 새장과 같다. 날아오르다 보면 더 이상 날아오를 수 없는 한계에 부딪친다. 하지만 그 새장이 충분히 커서 답답함을 자주 느끼지는 않게 한다.

작가 장리자(張麗佳)

직접 겪어본 홍군(紅軍)은 결코 비적이 아니었다. 오히려 몰수한 토지를 농민들에게 나누어주는 의적이었다. 군기가 엄정해 농민들은 홍군을 전폭적으로 지지하고 있었다. 병사들도 조국을 위해 일어섰다는 적극적 인식을 통해 깊은 만족감을 느끼고 있었다. 지도자들은 병사들과 똑같이 검소한 생활을 하며 승리에의 확신과 여유가 넘쳤다. 마오쩌둥은 홍군 내에서 가장 큰 영향력을 가진 인물이었지만 그에 대한 영웅 숭배의식 같은 것은 없이 그저 동지일 뿐이었다. 4개월간 그들과 뒹굴며, 혁명가로서의 생애를 회고하는 마오쩌둥 자신의 이야기를 기록한 후 홍구(紅區)를 빠져나올 때, 나는 진정으로 중국을 아끼고 중국 인민을 사랑하는 것이 누구인가를 깨달았다.

《중국의 붉은 별》 작가 에드가 스노(Edgar Snow)

 2008년은 중국이 한 세기에 걸친 숙원이었던 올림픽을 개최한 해일 뿐 아니라 개혁개방을 시작한지 30주년이 되는 해다. 1978년 12월 18일, 덩샤오핑은 중국공산당 중앙위원회 전체회의에서 개혁개방 노선을 천명했었다. 그 30주년을 기념하여 2008년 12월 개최된 기념식에서 후진타오 주석은 개혁개방의 결단을 신해혁명, 공산당이 이끈 사회주의 혁명에 이어 중화민족의 부흥을 이끈 제3차 혁명이었다고 평가하며 "오직 공산당만이 그리고 사회주의만이 중국의 발전과 번영을 보장할 수 있다"고 자신감에 찬 연설을 했다.

2009년은 중화인민공화국이 건국 60년을 맞는 해다. 2008년에 이어 중국은 또 하나의 대대적인 체제 선전 이벤트를 맞이하는 셈이다. 소련과 동구권 사회주의 국가들이 도미노처럼 줄줄이 넘어지고 있을 때, 극도의 경계와 긴장 속에 체제 보위를 단속하던 중국이었다. 그러나 지금 예기치 못한 세계적인 금융위기 속에 미국을 중심으로 한 서방세계의 점진적 퇴조를 여유있게 팔짱을 끼고 즐기는 처지로 상황이 반전되었다. 하지만 봉건지주와 국민당 군벌을 몰아내고 그 자리를 대체하여 60년을 지낸 공산당의 지위가 그리 확고한 것만은 아니다. 절대권력의 부작용과 모순이 곳곳에서 드러나고 있기 때문이다. 강압적인 절대권력 아래 언로가 막힌 불만은 결국 침묵과 풍자로 표현될 뿐이다. 말 없는 대다수 인민의 침묵이 곧 지지를 의미하는 것은 아니다. 뒤로 돌아서 감자바위를 날리고 있는 사람이 얼마일지 가늠할 길이 없다.

한국에서 보도되는 대부분의 중국 관련 뉴스는 부정적인 뉘앙스를 지닌다. 부정부패, 불량식품 등은 물론 하다못해 황사와 같은 자연재해에 관한 뉴스에도 그런 느낌이 감지된다. 부정적이고 어두운 뉴스는 누적되어갈수록 더욱 시너지효과를 발휘하는 측면이 있다. 비록 경제발전이나 인공위성 발사 등과 같은 중국의 발전상에 관한 뉴스가 없는 것은 아니지만 그것은 마치 우리가 모르는 또 하나의 중국이 존재하는 듯한 생경함을 풍긴다. 한국인들에게 중국이라는 나라가 지니는 부정적 이미지의 배경에는 '가난한 인구대국' 이라는 중국의 사회상과 더불어 중국이 공산당이라는 절대 권력이 통치하는 사회주의 국가라는 점이 매우 선명하게 각인되어 있다. 비록 이념대결의 역사는 물러갔지만 수십 년 교육받은 사고와 관념이 쉽게 바뀌고 사라지지는 않는다.

지난 반세기의 냉전체제 아래 한국사회가 사회주의 이념과 겪었던 사상적 갈등과 알레르기 반응은 치열하고도 혹독했다.

전통적으로 경사스러운 일에 기쁨의 색깔로 사용하던 붉은 색을 기피할 정도로 공산주의 이념과 그 상징물들은 금기와 공포의 대상이 되었다. 그러나 오늘날 중국에서 공산당원이 되는 것은 사회적으로 가장 대우받는 주류사회의 신분증을 가지는 것이다. 출신성분과 사상적 무결점을 인정받고 절대권력 체제를 구성하는 집단의 일원으로 편입되는 영광을 누리는 훈장인 것이다. 건국 초기 당원이 되는 것은 하늘의 별따기만큼이나 어려운 심사와 관찰기간을 거쳐야 했고, 당원과 군인들은 사회적으로 가장 선호 받는 배우자감이었다.

새로운 출발선상에 선 사람의 마음처럼 순수하고 의기 충만한 것은 없다. 소비에트 사회주의의 출발이 그러했듯이 중국 공산당의 역정도 마찬가지였다. 수천 년 봉건체제의 억압과 모순을 타도하기 위해 일어섰던 열혈청년들의 이상과 꿈은 항일전쟁을 통해 외적을 몰아내고, 국공내전을 통해 부패한 군벌들을 제압한 뒤에 마침내 사회주의 조국을 건설하는 위업을 이루어냈다. 국공합작의 굴욕과 전멸의 위기를 맞았던 대장정의 고난을 딛고 이룬 결실이었기에 그들의 희열은 한층 크고 값진 것이었다. 건국 초기 새로운 미래를 향한 희망은 사회 곳곳에 넘쳐흘렀고 지도자들도 이념의 충실한 실천자가 되었다. 그들이 기꺼이 '서기'를 자칭했던 것도 그런 기상을 실천하는 한 방편이었다.

역사상의 수많은 직명 중에 '서기'라는 이름만큼 그 지위의 부침이 극심한 것도 없을 것이다. 원래 서기는 이전 사회에서 문서의 처리와 초록(抄錄)을 맡은 사람을 지칭하는 직명이었다. 한국의 면서기처럼 행정 말단조직의 문서관리와 잡무를 도맡아 하는 사람을 가리켰다. 구시대의 가장 낮은 관직명인 서기를 공산당 각급 최고지도자의 직명으로 쓰기 시작한 것은 백성들에게 군림하지 않고 그들을 착취하지 않겠다는 공산당 이념의 숭고함을 표출하기 위한 것이었다. 이리하여 서기라는 이름은 행정조직과 국유기업을 배후에서 관리 감독하고, 사회주의 중국의 이념적 정체성을 지탱하는 공산당 산하 각급 조직지도자를 일컫는 말이 되었다. 이들의 최고 정점에 중국의 최고실권자인 공산당 총서기가 자리하고 있다.

인민을 위한 봉사자로서 그들의 충실한 '서기'가 되고자 했던 공산당 간부들이 차츰 봉건관료의 길을 답습하며 '나으리'로 전락하고 있는 현실에 중국 공산당의 모순과 위기감이 도사리고 있다. 이념의 숭고한 실천자로서 견지해야 할 자기희생의 정신이 사라지고, 시대의 승리자로서 전리품의 노획과 분배에 몰두하고 있는 것이다. 역성혁명으로 새로운 통치집단이 들어서 변함없이 백성들을 착취하는 봉건시대와 다를 것이 무엇인가? 건국 60년을 맞은 사회주의 중국과 중국공산당이 당면한 최대의 도전은 바로 이러한 체제의 이완과 공산주의 귀족으로 전락하는 통치 집단의 도덕적 해이에 있다. 열정과 믿음이 증발해버린 이념의 독재는 권위와 강압에 의존할 수밖에 없다. 그러나 불행하게도 강압과 통제는 결국 체제의 모순을 더욱 확대시킬 뿐 사태의 근본적 해결을 불러오지는 못한다.

비공식 추산에 의하면 현급 이상 간부와 그 가족, 지인이 중국 부(富)의 70%를 소유하고 있을 것이라고 한다. 말하자면 중국을 지배하는 소수의 특권가족과 그들의 친지, 친구들이 중국을 농단하고 있다는 뜻이다. 그리고 이들은 서로 통혼, 결연으로 친분관계를 다지며 혁명 귀족계급의 끈끈한 연대를 형성하고 있다. 이들 지방 토호 계층이 거행하는 결혼식에는 롤스로이스, 링컨콘티넨탈과 같은 최고급 호화차량들이 결혼 축하행렬로 줄을 잇는다. 자신들의 지위와 위세를 과시하는 상징적 이벤트이기 때문이다.

세계최고의 빈부격차를 드러내는 이 인구대국에서 이런 부의 집중현상이 권력층 주변으로 쏠리는 것은 이권을 통해 급여 이외의 불법수입을 빨아들이는 탐관오리들이 즐비하다는 반증이기도 하다. 기업에 대한 각종 인허가, 공무원의 기업 직위 겸직, 공직자의 유망기업 출자와 지분 취득, 정경 유착의 보편화 등과 같은 현상들이 이런 부의 편재를 가능하게 하는 상황들이다. 비록 문제의 심각성을 파악한 중국정부가 이런 부조리에 대해 법적제재를 가하기 시작했지만, 이를 가볍게 뛰어넘을 편법들은 얼마든지 있다. 그야말로 '중앙에 정책이 있다면 우리는 대책이 있다(上有政策 下有對策)'는 상황이 연출되고 있는 셈이다.

중국의 전통사회에서 관리로 입신출세하여 고관에 오르는 일이나, 상인으로 성공하여 거부가 되는 일은 반드시 기댈 큰 산이나 나무가 있어야 한다고 여겼다. 큰 산이나 나무는 바로 어려운 문제를 풀어주고 이권을 챙겨줄 백그라운드를 의미하는 말이다. 오늘날에는 은밀한 거래 속에 사회주의 권력자들이 그 역할을 대신한다. 권력의 재량을 금전과 교환함으로써 부의 편중현상을 더욱 심화시키는 것이다.

성공한 기업이나 기업가의 배후에는 반드시 후원자가 있다. 어떤 줄을 잡든 통치 집단에 연결고리를 마련하지 않고서는 마치 칼끝에서 춤추는 것과 같은 모험을 해야 한다. 그래서 배경을 가진 이들은 크고 작은 허물과 문제가 덮어지지만, 그렇지 않은 이들은 작은 과실 때문에 범죄자로 전락한다. 이에 관한 사례는 너무나 많다. 여배

우로 성공하여 기업집단을 거느리며 중국의 대표적 여성부호로 이름을 날리던 류샤오칭이 구속되었던 사건이나, 작은 구멍가게로 시작하여 중국굴지의 대형 가전 유통기업을 일궈내 갑부로 이름을 날리며 서민들에게 희망의 모델이 되었던 황광위 궈메이(國美) 회장의 추락을 바라보는 시각도 그런 식이다. 비록 그들에게 허물이 없지 않지만 그보다 권력층에 밉보인 것이 그들이 추락하게 된 배경일 것이라고 여기는 것이 대중들의 시각이다. 그들보다 더한 잘못을 저지르고도 건재한 사람들이 너무 많은 것이 현실이니 말이다.

공산당이라는 절대 권력의 존재는 중국의 정치문화나 사회현상과 불가분의 연관성을 지닌다. 마음먹으면 못할 것이 없는 절대 권력의 편리성은 일면 효율적이기까지 하다. "마음에 안 드는 경제통계 고쳐서 맞추면 되고, 불경스런 인터넷사이트 없애거나 차단하면 되고, 말 안 듣는 언론인사 해직하면 되고, 외국자본 철수와 금융위기 세무조사로 막으면 되고, 구시가지 철거와 재개발 계고장 하나면 되고…." 외국인이나 투자기업들에게 되는 일이 거의 없는 중국에서, 권력은 안 되는 일이 없는 특권과 속도를 구가한다. 절대권력자들은 현장지도를 명목으로 돌아다니며 '빤한 소리'들을 앵무새처럼 반복하고, 매체들은 그들의 동정을 천편일률적인 수사로 미화하는 '빤한 보도'를 일삼고 있다.

중국 지도자들의 현장시찰은 중앙의 통치지침을 전달하고 중앙권력의 지도력을 확인하는 것으로 각급 지도자들의 일상적 업무에 해당한다. 그러나 그 형식은 지루하기 짝이 없다. 항상 최고위 지도자의 반복되는 빤한 말씀을 다수의 군중들이 경청하는 일로 일관하기 때문이다. 당 간부들의 이런 우스꽝스럽고 일상적인 언행은 희극배우 자오번산(趙本山)의 희극 속에서 희화적으로 묘사되기도 했다. 그러나 이보다 한술 더 뜨는 것은 정부 주관의 각종 회의다. 행정비효율을 지칭하는 '문산회해(文山會海, 공문서가 산처럼 쌓이고 회의는 바다처럼 많다)'라는 말은 이런 토양에서 생겨난 것이다. 행정지침을 시달하는 관련 공직자 회의는 무척 길고 장황한 연설로 시작해 연설로 마치는 경우가 대부분이기 때문이다. 최근 일각에서 공직자 회의의 형식을 보다 간소화하고 효율적으로 개선하자는 움직임이 일고 있지만, 빤한 말씀과 이를 보도하는 빤한 뉴스는 크게 달라지지 않고 있다.

그런데 있어서는 안될 일이 그만 발생하고야 말았다. 2008년 12월, 중국의 개혁개방 30주년을 기념하기 위해 후난성(湖南省) 헝양시(衡陽市)에서 열린 회의에서 상급자가 발언하던 도중 몇몇 하위직 공무원들이 잠이 든 것이다. 그런데 이들의 조는 모습이 카메라에 포착돼 인터넷에 공개되었고, 엄숙한 자리에서 공직자로서 범해서는 안 될 불경죄를 저지른 이들 공무원 6명이 해고조치를 당한 것이다. 그러나 이 뉴스에 대해 네티즌들은 작은 잘못에 대해 정부가 지나치게 엄격한 처벌을 내린 것이 아니냐며 졸지에 날벼락을 맞은 이들에게 동정표를 던졌다. 그리고 회의를 지루하게 만든 상급자들에게 도리어 비난의 화살을 돌렸다.

중국 공산당이 절대 권력을 유지할 수 있는 비결은 한때 자신들이 수정주의라고 비난했던 노선을 거부하지 않고 수용하여 개혁개방을 실시했기 때문이다. 새 정책은 인민들이 먹고 입는 기본생활을 보장하게 했다. 동시에 이는 사회주의 이념을 교조적으로 고수하기보다 필요에 따라 변신할 수도 있음을 천명한 획기적인 사건이었다. 이에 따라 시장경제가 도입되었고, 거티후(個體戶, 사영업자)와 사유제의 허용, 기업자본가의 당원영입 등과 같은 혁신적 조치들이 뒤따를 수 있었다. 아울러 중국 공산당은 유능한 인재를 지속적으로 영입하는 시스템을 갖추고 있다. 노동자, 농민뿐 아니라 지식인, 문필가, 과학자, 엔지니어, 영화배우, 스포츠스타 등 사회에 비판적이기 쉬운 지식인그룹이나 연예계의 우상들도 가리지 않고 영입하여 그야말로 '새로운 피'를 지속적으로 수혈해왔다. 이렇게 축적해온 당원이 7,000만여 명에 이른다. 그야말로 세계최대의 정당이다.

덩샤오핑이 개혁개방을 시작하며 함께 천명한 4대 원칙이 있다. 그것은 사회주의 노선, 프롤레타리아 독재, 공산당의 지도적 지위, 마르크스 레닌주의와 모택동 사상을 절대 포기하지 않고 견지할 것임을 표명한 것이다. 중국의 주류 지식인 그룹도 공산당 철권통치의 필요성에 어느 정도 공감하고 있는 상황이다. 다민족사회에 과잉인구의 가난한 나라인 중국에 서구식 민주주의는 부적합하고, 민주화는 시기상조라는 인식이 팽배한 현실이다. 그들은 인권, 인간의 보편적 가치를 운운하며 중국을 폄하하는 서구사회와 언론에 대해, 자신들의 이익을 위해 세계 도처에서 전쟁을 부추기고 살육을 일삼는 그들의 인성부터 먼저 돌아보고 반성하라고 반박한다.

건국 60주년을 앞두고 있는 오늘의 중국을 바라보는 세계인과 주변국의 관심은 중국의 향후 정치발전 방향에 집중되고 있다. 중국 공산당이 어느 시점에 일당독재를 포기하고 다당제를 수용할 수 있을 것인가? 중국이 민주 선거제도를 실시할 수 있을 것인가? 관심의 핵심은 이런 질문에 대한 중국 집권자들의 속마음과 답변이다. 국민 평균소득이 3,000달러에 육박하고, 베이징과 상하이 시민의 평균소득은 조만간 1만 달러에 이를 것이다. 기본생계인 원바오(溫飽) 문제를 넘어서 이제 대중의 정치참여 욕구를 어떻게 추스르고 수용할 것인가 하는 문제를 통치권에서 진지하게 고민해야만 할 시점에 이른 것이다.

미국의 인권시비에 대해 종종 미국의 흑인차별 문제를 들어 반박해온 중국에게 오바마의 대통령 당선은 하나의 충격이었다. 과연 중국에서는 소수민족 최고통치자가 출현할 수 있는가 하는 물음으로 연결되는 일이다. 동시에 외국의 대선 보도를 지켜보며 "아, 우리도 내손으로 직접 뽑아보고 싶다"고 속으로 외치는 인민들의 소리 없는 아우성을 통치자들이 더 이상 외면으로 일관하기는 한계가 있는 상황이다.

티베트의 망명 지도자 달라이라마는 "중국은 의심할 바 없이 매우 중요한 국가이고 그 경제는 강해지고 있으며 그래서 존경받을 만하지만, 그들의 전체주의적 체제는 지구상에서 시대에 뒤떨어져 있다. 중국의 부유한 연안지역과 가난한 내륙지역 간의 커다란 경제적·사회적 격차는 유지하기 어렵다. 중국이 머지않아 민주주의 체제를 수용해야 할 것이다"고 예견한다.

중국 민간에 회자하는 많은 사회평설 중에 '30년 주기설'이 있다. 중국의 최근세와 현대사는 30년을 주기로 경천동지할 대변혁이 진행되어왔다는 이야기다. 그리고 매 전환기마다 평범하지 않은 자연재해와 사회적 불안이 발생하는 일이 빈번했다는 것이다. 5.4운동, 중화민국의 출현, 국민당의 대만 패퇴, 중화인민공화국 건국, 문화대혁명, 개혁개방, 베이징올림픽 등과 같은 현대사의 굴곡이 이 '30년 주기설'을 형성하는 키워드들이다. 이제 또 하나의 새로운 출발선상에 선 중국을 지켜보며, 30년 후 그들의 모습을 그려보고 예측하는 일이 우리에게 하나의 임무가 되고 있다. 중국이 우리에게는 매우 특별한 이웃이기 때문이다.

중국 대변혁의 30년 주기설

연도	키워드	핵심인물	이슈
1919 – 1949	5.4운동, 중화민국	쑨원, 장제스	구체제타도, 항일전쟁, 국공합작
1949 – 1978	신중국, 문혁	마오쩌둥	혁명의 완수, 사회개혁
1978 – 2008	개혁개방, 올림픽	덩샤오핑	경제발전, 샤오캉(小康)사회 건설
미래 30년	대국굴기	?	민주선거, 다당제, 정치개혁

Chapter 3

미모(美貌), 정치의 수단에서
산업의 항목이 되다

天地有大美而不言 (천지유대미이불언) 하늘과 땅에는 큰 아름다움이 있지만 말이 없고,
四時有明法而不議 (사시유명법이불의) 계절은 분명한 법도가 있지만 서로 따지지 아니하며,
萬物有成理而不說 (만물유성리이불설) 만물에는 숨은 이치가 있으되 이를 드러내지 않는다.

장자(壯子)의 《지북유(知北游)》 중에서

영웅난과미인관(英雄難過美人關). 천하의 영웅호걸도 미인계에
는 속수무책이 되기 십상이란 말이다. 역사 속의 얼마나 많은 군주
와 영웅들이 미인으로 인해 대업을 망쳤는지 모른다. 애첩 포사(褒
姒)를 웃게 하려고 거짓 봉화를 올려 제후들을 희롱하다 결국 나라
를 멸망시킨 서주(西周) 유왕(幽王), 적국이 바친 미녀 서시(西施)에
빠져 나라를 패망한 오왕(吳王) 부차(夫差), 초선(貂蟬)을 사이에 두
고 동탁과 다투다가 결국 대업을 망친 여포(呂布), 원래 며느리였던

양귀비를 지나치게 총애하다 결국 나락으로 떨어지고 마는 당(唐) 현종….

역사적으로 중국에서 미인은 정치의 수단이자 하나의 병기(兵器) 였다. 재물과 함께 미인은 나라와 나라 사이의 외교적 예물이자 동시에 미인계라는 계략을 위한 수단으로 활용되었다. '경국지색'(傾國之色)이란 말은 나라의 명운과 맞바꿀만한 출중한 미모를 가리키는 말이다. 그래서 전쟁이 일어나면 재물과 미인은 동일하게 전리품이 되었고 공을 세운 장수들에게 나누어졌다.

이런 관념은 오늘의 중국에서도 사라지지 않았다. 강호에 뛰어들어 빈손으로 시작하여 그다지 떳떳하지 않은 부를 쌓아올린 사업가들이 대개 마음에 간직하고 있는 숨은 사업비결이 있다. 그 언어적 묘사는 비록 다를지언정 그 철학을 요약하면 결국 세상에 '미녀와 금전'이면 해결되지 않는 일이 없고, 따내지 못할 이권이 없다는 것이다.

중국과의 협상이나 상담을 진행한 후 가지게 되는 연회석상에 상대측이 묘령의 여인을 대동하고 나타나는 경우를 종종 경험한다. 이는 한국 기업인이나 상인에 대한 평판과 무관하지 않다. 즉, 술과 미녀로 접대하는 것이 필수적이라고 그들이 여기고 있음을 말한다. 어느 대만 상인은 계약상담차 중국의 하와이로 불리는 하이난섬을 찾았다가 공항에 도착하자마자 리무진에 태워져 최고급 호텔의 스위트룸에 거의 감금되다시피 했다. 그리고 매일 다른 미녀가 방으

중국사회가 미모와 그에서 비롯된 미적 감성을 산업화할 수 있음을 인식하자, 지방정부들 사이에 각종 미인대회를 지역홍보와 경제성장의 보조수단으로 삼으려는 시도가 경쟁적으로 분출했다. '미인경제', '미녀경제' 등과 같은 신조어도 생겨났다.

로 찾아왔다. 이렇게 일주일을 보낸 후, 그는 두 손 들고 상대가 내미는 계약주문서에 사인을 하고 도망치다시피 떠나왔다고 한다.

수뢰와 비리로 파직당하고 형무소 신세를 지는 중국 공직자들의 공통점이 있다. 숨겨둔 여인들이 있고, 그들을 거느리고 부양하는 일이 파멸에 이르게 된 주요한 이유 중에 하나라는 점이다. 그들을 부당하게 얽어매고 약점을 낚아채 강압적으로 이권을 챙기려는 이익집단들이 의존하는 천편일률적인 수단도 미인계다.

미국 사회에서 '미모(Beauty)'는 하나의 천부적 자산으로 받아들인다. 미인대회 입상자가 변호사나 의사와 다름없이 부를 얻고, 사회적 명사로서의 지위를 인정받는다. 이런 문화적 배경을 활용하여 미국은 할리우드 영화산업을 필두로 하는 엔터테인먼트 산업을 발전시킬 수 있었다. 그리고 전 세계에 보급된 할리우드 영화는 미국 문화를 확산하는 전도사 역할을 하며 시대의 연애 풍속도를 바꾸어 놓았다. 성애장면이 농염한 할리우드 영화는 특히 동아시아에 큰 영향을 미쳐 지역사회의 전통적 이성관, 연애관을 송두리째 흔들어 놓았다. 영상 속 스타들의 대사와 동작 하나하나는 사회적 관습과 보수성에 얽매어 있던 동아시아 젊은이들을 암흑의 감옥에서 양지로 이끌어냈다. 할리우드식 키스가 자연스럽게 이성에 대한 애정표시의 필수적 수단이 되었고, 성애장면은 부지불식간에 그들의 뇌리에 강렬하게 꽂혀 이성교제의 은밀한 교과서 역할을 하게 되었다.

20세기 후반, 서구사회에서는 미모에 대한 사회적 인식에 근거하여 뷰티산업이 탄생할 수 있었다. 그 전형적인 형식이 미인선발대회다. 스포츠산업과 뷰티산업은 자본주의 문화와 결합하여 특히 미국사회에서 가장 화려하고 비약적인 발전을 구가했다. 그리고 이런 상황은 동서 냉전체제 아래 쌍방의 문화를 구분 짓는 하나의 잣대 구실을 하기도 했다. 가장 자본주의적이고 가장 반동적 사고의 산물이 미인대회라는 인식이 사회주의권에 팽배했던 것이다.

그러나 사회주의 블록이 해체되고 시장경제가 도입되면서 자본주의 사회의 문화상품과 상업적 사고방식이 중국에 침투했다. 그러나 중국에서 모델산업, 미인대회가 번창하게 된 것은 개혁개방이 시작된 이후에도 매우 최근의 일이다. 오랜 이념적 금기가 서서히 풀리긴 했지만, 자본주의 문화의 상징으로 인식되던 일들이어서 누구도 먼저 고양이 목에 방울을 달려고 선뜻 나서지 못했던 것이다. 먼저 방송매체와 지방정부들이 주도하여 모델선발대회나 미인대회를 지역발전과 광고수익 확충의 수단으로 활용하기 시작했다. 여기다 청년들의 실업, 취업난이 관련 산업을 폭발적으로 성장하게 만든 원인이 되었다. 특히 젊은 여성들이 미인대회, 모델학원으로 몰려드는 것은 대회에서 우승하면 노동자의 몇 년치 임금에 해당하는 상금을 받고, 연예계로 진출할 수 있는 등용문이 되기 때문이다.

중국사회가 차츰 미모와 그것이 사람들에게 안겨주는 미적 감성을 산업화할 수 있음을 인식하자, 지방정부들 사이에 이를 지역홍보와 경제성장의 보조수단으로 삼으려는 시도가 경쟁적으로 분출했다. 그래서 '미인경제', '미녀경제' 등과 같은 신조어들이 생겨났다. '미녀경제'가 위락산업에 가까운 뉘앙스가 풍기는 반면, '미인경제'는 보다 내면의 아름다움을 강조하는 느낌을 준다.

그러나 이런 추세에는 졸부들의 금전만능, 금전숭배 문화가 개입하고 있다는 사회적 비판이 거세다. 중국작가 위화(余華)의 신작소설 《형제》는 미인대회와 관련한 이런 세태를 풍자적으로 고발한다. 한국에서 이미 《허삼관 매혈기》라는 작품으로 널리 알려진 위화는 인생이 불가피하게 직면하는 곤궁과 난관을 낙관적인 정신력과 담담한 평상심으로 극복해내는 인간상을 묘사해냄으로써 독자들에게 큰 감동을 안겨준다. 그의 소설 《형제》는 개혁개방이 불러온 사회상의 변화와 다양한 인간 군상의 모습을 유머 있는 필치로 그리고 있다. 특히 내용 중에 중국사회의 미인대회를 매우 희화적으로 묘사한다. 미인선발대회가 상업성 홍보수단으로 무분별하게 개최되고, 거액의 상금이 걸리고, 대회 입상조건에 '처녀성'이라는 조건이 내걸리자 결점이 있는 참가자들이 자신의 몸을 던져 심사위원들에게 로비를 벌인다. 이에 대회는 심사위원을 맡은 지역 권력자들이 자신들의 흑심을 충족하는 수단으로 변질되는 황당한 일이 벌어진다. 부패와 빈부격차가 심화된 사회에서 '미모'와 '미인대회'라는 수단이 얼마나 사회기풍과 인간성을 추락시킬 수 있는지 풍자적으로 보여주고 있다.

그러나 미모를 지적 재능과 다름없는 천부적 개인자산으로 여기는 풍조는 이미 중국사회에서 돌이킬 수 없는 상황이다. '회두율(回頭率)'이란 신조어는 중국사회에서 미모와 성에 대한 보수성이 사라지고 사람들의 미모에 대한 인식이 서구화되고 있음을 반증한다. 이 단어는 길에서 미모를 발견한 뒤 지나쳤다가 다시 되돌아보는 빈도를 나타내는 말로 젊은 여성들이 자신의 미모를 '회두율이 높다'는 식으로 표현하면서 상용화하였다.

넓은 중국 땅의 어느 지역에서 미녀가 가장 많이 배출되고, 어느 지역 미녀가 가장 빼어날까? 이는 중국학을 공부하는 외국인들에게 호기심의 대상이 될 뿐 아니라, 역사적으로 미모에 대해 특별한 감

상을 지닌 중국인 자신에게도 늘 탐구와 관심의 대상이 된다. 《중국
미녀 지도(地圖)》라는 책이 출간된 적이 있었다. 이 책은 중국 지역
별 대표도시 미녀들의 기질과 생활, 그 풍속도를 다루고 있으며 이
외에도 한 잡지사가 전국을 대상으로 설문조사한 도시별 미녀 평가
지수 결과를 싣고 있다.

청두 73 난징 72 상하이 70 베이징 68 항저우 67 쑤저우 66 충칭
65 시안 61 다롄 57 미즈(米脂) 57 양저우 56 창사 55 지난 55 홍콩
51 하얼빈 47 우한 46 광저우 44

역시 알려진 대로 쓰촨(四川)미녀, 장쑤성(江蘇省)을 중심으로 한
강남미녀가 고득점을 하고 있음을 볼 수 있다. 상하이, 베이징과 같
은 국제적 대도시가 포함되는 것은 권력, 금전과 미모가 불가분의
관계가 있음을 보여주는 것으로 이는 비단 중국만의 현상이 아닌
국제적이고 일반적인 추세라 해야 할 것이다. 산시(陝西) 북부의 작
은 도시인 미즈가 포함된 것은 국민당 집권시절 그 수뇌부의 부인
들이 이 지역 출신들이 많아 중국인들의 인식에 이 지역 여성들이
현모양처의 대명사로 여겨지는 점과 관련이 있다.
최근 중국의 인터넷 포털 왕이(王易)가 네티즌을 대상으로 지역
별 여성의 미모에 대한 인상을 조사했더니 쓰촨과 후난(湖南) 여성
들에게 높은 점수를 준 것으로 결과가 나타났다. 네티즌들은 이 두

곳 여성은 피부가 희고 성격이 온화하며 음률을 아는 중국 최고 미녀들이라고 평가했다. 특히 쓰촨 여성은 따뜻하며 부드럽고, 후난 여성은 다정한 점이 매력을 끈다는 평이다. 단일 도시로는 쓰촨성에서 직할시로 독립한 충칭(重慶) 여성의 미모가 가장 출중하다는 것이 중국 네티즌들의 인상이다. 이는 중국인 자신들의 중국미녀에 대한 평가로 참고할 만하다.

그러나 해외화교를 포함한 중국여성 전체를 대상으로 매년 홍콩에서 개최되는 미스 중화 선발대회 결과를 두고 보자면 단연 둥베이(東北)지역 여성들의 미모가 두드러진다. 국제대회 출전을 염두에 두고 있다는 점과, 홍콩이라는 지역의 특수성을 감안하면 이 대회의 결과는 국제적 시각으로 중국여성의 미모를 평가한 것이라고 보아 무방할 듯싶다.

기질이 남성 못지않게 활달하고 사나운 것이 흠이지만 키가 크고 풍만하며 피부에 윤기가 흐르는 둥베이여성의 미모는 중국 전역에서 인정한다. 이 지역이 역사적으로 매우 다양한 민족이 혼거한 혼혈지역이라는 점은 이곳 여성들의 미모와 무관하지 않다. 만주 북동부 흑룡강과 송화강 하류 지역은 만주의 가장 오래된 민족들이 자리 잡은 곳이다. 숙신 – 읍루 – 말갈 – 여진 – 만주족으로 이어지는 민족의 계보는 금(金), 청(淸)의 건국 주체세력이 되었다. 만주 중앙부는 부여, 고구려 등 고대 우리 조상들의 터전이 되었고, 이들은 한반도로 가지를 뻗어 백제를 건국하고 일본 열도까지 진출했다. 만주 서부지역은 동호 – 오환 – 선비 – 거란 – 몽골족 등의 민족이 서로 다투고 섞이며 요(遼), 원(元) 등의 나라를 세웠다. 여기에 한족들이 중원으로부터 지속적으로 만주에 유입되었고, 특히 근세에 들어 산동지역에서 대규모 이주민이 들어와 오늘날 둥베이인을 구성하는 참여자가 되었다.

둥베이미녀의 유전자는 요, 금, 원, 청 등의 소수민족 국가들이 중원이나 주변국으로부터 상시적으로 공녀를 상납 받거나, 전쟁으로 점령한 지역으로부터 많은 젊은 여성들을 납치해온 결과로 축적된 것이다. 특히 송(宋), 명(明) 등은 이들 북방국가의 침입으로 멸망하자 수많은 궁중의 비빈과 궁녀들이 만주지역으로 끌려가는 역사적 비극이 자행되었었다. 세계 어느 지역을 막론하고 미모의 배경에는 이렇게 전쟁과 혼혈, 점령과 납치라는 잔혹한 역사의 비밀이 숨어있다.

미녀에 관한 역사와 이야기는 중국문화를 특징짓는 한 부분이 되어 오늘날에도 중국사회와 중국인들의 마음에 살아있다. 서시, 왕소군(王昭君), 초선, 양귀비 등과 같은 역사 속의 미녀이야기는 드라마, 소설 같은 대중문화 장르의 소재로 부단히 활용되고, 그들의 흔적이 남아있는 도시와 유적은 명승지로 개발되어 관광객을 불러 모은다. 또 양귀비가 즐기던 음식을 재현한 식당에 관한 이야기나, 최근 서시의 55대손임을 주장하는 여인이 나타나 언론의 주목을 받은 일처럼 미녀들의 이야기는 끊임없이 중국사회를 풍미하고 있다.

Chapter 4

중국적 인간미
– 세상에 감동을 남기고 떠나다

세상에서 가장 통쾌한 일은 가난 때문에 앞길이 막힌 인재에게 내 돈을 던져 그 앞길을
터주는 것이다.

《홍정상인(紅頂商人) 호설암(胡雪岩)》 중에서

오늘날 중화인들의 사고와 처세방식에 깊은 영향을 끼치고 그들
이 일생의 귀감으로 삼는 근대사의 인물을 들라면 단연 증국번(曾
國藩 1811~1872)과 호설암(胡雪岩 1823~1885)을 꼽을 수 있을
것이다. 두 사람은 모두 왕공귀족 가문이 아니라 평범한 보통가정
에서 태어났다. 호설암이 일찍 부친을 여의고 편모슬하에서 어렵게
성장했지만, 증국번은 그래도 글을 읽고 서당에서 공부를 할 수 있
는 형편이 되는 평민 가정에서 태어난 차이가 있을 뿐이다. 그러나

두 사람은 모두 범상치 않은 정신력의 소유자로 난세에 태어나 남다른 일생을 살다갔다.

증국번은 청 말엽에 발생한 대규모 민란인 태평천국(太平天國)의 난을 조정의 명에 따라 민병을 모아 진압해냈다. 이 거사로 그는 꺼져가던 만주족 정권의 수명을 반세기나 연장시킨 청조의 구원자가 되었다. 관료이자 유학자였던 그는 비록 일생에 인간적인 고난과 좌절이 있었지만, 유학을 받드는 사대부들로부터 '유가의 마지막 성현(聖賢)'이라는 절대적 존경을 받을 정도로 평생 유교적 도덕을 엄격하게 실천하며 살았다. 그럼에도 그는 나서고 물러섬의 지혜를 발휘해 관료사회의 모략과 음해의 덫을 피해나감으로써 벼슬아치로서 최고 경지에 올랐다. 한마디로 증국번은 유학자들의 삶의 좌우명인 '수신제가 치국평천하(修身齊家 治國平天下)'를 거의 완벽에 가깝게 실천한 인물이었다. 그래서 그는 공자나 제갈량처럼 사당에 모시고 받들 '박제된 성현'이 아니라, 사람들이 생활 속에 모방하고 거울로 삼을 '인간미 있는 성현'이 된 것이다.

호설암은 가난한 농가에서 태어나 어려운 환경 속에 성장했다. 그러나 그는 상인의 길로 나서 남다른 처세술과 탁월한 수완으로 성공하여 후대의 상업종사자들에게 숭배의 대상이 된 거상(巨商)이다. 그는 국가에 많은 공을 세워 청대 상인으로서는 전무후무하게 1품 관직을 받아 홍정상인(紅頂商人, 청대 고위관료의 관모에 붉은 수술을 장식했던 일에서 나온 말)이란 혁혁한 이름으로 불렸다. 호설암은 "사업에 뜻을 세우는 것은 자신이지만 그것을 성공시키는 것은 남의 힘이다"라는 비범한 사업관을 지니고 있었다. 이런 사고 방식이 그로 하여금 일생을 통해 다양한 사람을 교제하고 그 관계를 사업의 밑천으로 활용하는데 탁월한 수완을 발휘하게 했다. 더불어 그는 사람을 분별할 줄 아는 혜안을 지니고 있었다. 그리고 의리와 정으로 사람의 마음을 움직일 줄 알았던 그 용인의 지혜는 많은 사람들의 존경과 찬탄의 대상이 되었다.

난세에 태어나 평탄치 않으면서도 남다른 일생을 살았던 이들은 중화권 출판계가 가장 주목하는 근대사의 두 인물이기도 하다. 중화권의 서점가에는 그들의 일생에서 성공의 교훈과 처세의 법칙을 찾아내려고 애쓴 책들이 즐비하다. 안타까운 것은 이들 도서의 대부분이 그들이 인생역정에서 불가피하게 겪었던 내적 고민이나 그들의 인간적인 면모에 주목하기보다, 그들의 경험에서 적수를 제압할 권모술수나 세태에 영합해 부귀영화를 일굴 처세의 도리를 발굴해내는데 골몰하고 있다는 점이다.

오랜 세월 중국인들의 심성에 자리 잡은 성공을 위한 처세의 근본원칙은 모략과 배경을 동원해 남을 딛고 권력 있는 자리에 오르는 것이었다. 권력은 곧 모든 것을 얻을 수 있는 수단이 되는 것이기 때문이었다. 그리하여 나 자신과 가족이 호의호식하면 그것이 곧 삶의 행복이었기 때문에 바깥세상은 어찌 되든 상관할 바가 아니었다. 양심과 지조를 지키거나 추구하는 신념이 있는 인물들은 대개 말로가 비참하기 마련이었다. 이런 풍토는 중국사회에 공공성에 대한 이해의 결핍, 타인에 대한 동정심의 부족, 개인적 이익에 대한 지나친 집착 등과 같은 병폐를 낳게 하였다.

이러한 사회상은 중국인들로 하여금 인간관계를 친밀도에 따라 구분하게 하고, 이해타산에 따라 차등을 두게 하였다. 오랜 교분으로 가족이나 다름없는 정서적 관계를 유지하는 사람을 그들은 '쯔지런(自己人)'이라 하는데 가장 친밀도가 높은 인간관계를 말한다. 서로 의형제를 맺거나 양부모, 양아들과 같은 관계에 이른 사이가 이 경우에 해당한다. 장기적 이해타산과 기대심리가 깔려있지만 결코 이를 드러내거나 표시하지는 않는다. 그 다음은 '아는 사람(熟人)'의 단계다. 펑유(朋友) 관계가 이 경우에 해당한다. 이해관계와 정감의 경계를 넘나드는 사이로 수지타산의 속셈에 따라 접촉의 빈도나 형질이 결정된다. 나머지 하나는 바로 '와이런(外人)'으로 남을 말한다. 공식적인 사회관계에 머무는 단계를 뜻한다.

중국사회의 인간관계에 대해 연구한 일본 사회학 조사팀이 펴낸 보고서에 실린 이야기다. 어느 작은 도시에 사는 청년과 그의 의형제에 얽힌 이야기로 중국인의 사교와 인간관계에 관해 많은 사고를 하게 하는 것이어서 인용한다.

청년에게는 중학교 동창이면서 의형제를 맺은 죽마고우가 몇몇 있었다. 경제적으로 그리 넉넉하지 못한 그는 집안 배경이 든든한 이 의형제들의 도움으로 식당을 개업하게 되었다. 어떤 결심이나 식당운영 경험이 있었던 것은 아니지만, 여유가 있으면 식당이나 하나 열었으면 좋겠다고 넋두리처럼 했던 말을 친구들이 흘려듣지 않았던 것이다. 더구나 통상 식당허가에 수반되는 공상, 위생, 소방 등 까다로운 제반절차도 친구들이 일사천리로 해결해주었다.

개업 후, 의형제들은 적지 않은 액수의 축하금을 내놓았고 손님들을 지속적으로 데리고 왔다. 그러나 식당의 경영수지는 시간이 흐를수록 나빠지기 시작했다. 손님이 크게 줄어든 것도 아닌데 말이다. 개업을 도와준 의형제들은 차츰 고객으로서가 아니라 친구로서 식당을 찾아왔다. 친구의 친구나 친지 등 많은 사람들을 데려와 함께 식사를 했지만 식대를 지불하지 않는 경우가 많았다. 청년은 돈을 벌지도 못하고 바쁘기만 했다. 장기간 이런 상태가 지속되자 힘들어진 청년은 개업을 도와준 친구 한 명에게 식당을 양도하기로 했다. 그러나 그 과정에 양도비나 권리금을 받은 것도 아니었다. 신세를 진 의형제이므로 별다른 대가 없이 그냥 식당을 넘긴 것이었다. 중국인들이 말하는 쯔지런이나 의형제라는 인간관계의 본질이 어떤 것인지를 생생하게 느끼게 해주는 이야기다.

외국인들은 종종 '중국에도 서구사회의 휴머니즘에 근거한 인간미가 존재하는가?' 라는 질문을 던진다. 그러나 중국과 서구사회는 확연히 다른 역사적 환경을 지니고 있다. 기독교적 휴머니즘과 박애정신을 존중하는 서구인들, 그리고 유교적 권위와 인애(仁愛)정신을 받드는 중국인들이 각자 지닌 인간미에 대한 관념도 다를 수

드라마 〈대염방〉에 천서우팅(陳壽亭)으로 출연한 허우용(侯勇). 이미 방영된 지 몇 년이 지났지만 그에 버금가는 후속작을 기대하며 이 드라마를 기억하는 중국인들이 적잖다. 드라마의 인기는 주인공 천서우팅의 비범한 인생역정과 그가 보여준 인간미 때문일 것이다.

밖에 없다. 중국인들의 심성에 자리 잡은 아름다운 인간의 모습은 인간본위의 서구적 휴머니티보다는 의리, 충절, 헌신이라는 가치 속에 자리 잡은 자기희생의 숭고함에 가깝다.

그러면 중국적 인간미란 구체적으로 어떤 모습일까? 최근 제작된 몇 편의 우수 중국드라마 속의 인물상이 이에 대한 답변을 대신할 수 있을 듯하다. 바로 드라마 〈대염방(大染坊)〉의 천서우팅(陳壽亭)과 〈틈관동(闖關東)〉의 주카이산(朱開山)이 바로 중국적 인간미를 보여주는 전형적인 인물들이다. 이 작품들은 서구의 휴머니즘을 전파하는 할리우드 영화와는 또 다른 인간미와 의리 그리고 인간의 도량을 묘사하고 있다. 더구나 기존의 계몽성 관방 영화와 드라마

드라마 〈틈관동(闖關東)〉은 청말과 민국시대를 배경으로 관동(關東, 만주)으로 이주한 산동 출신 이주민 가족의 이야기를 다루고 있다. 〈틈관동〉은 중국드라마의 면모를 일신하고 미래 방향을 제시한 기념비적 작품이다.

들이 천편일률적으로 묘사해온 애국주의와 민족주의에 충만한 인물상을 탈피하고 있어서 한층 흥미를 끈다. 이 드라마들이 누리는 오랜 인기의 비결은 아마도 그 등장인물들이 보여주는 삶에 대한 무한한 열정과 그 속에서 우러나는 인간미 때문일 것이다. 동시에 이 작품들은 중국드라마의 수준이 한 단계 도약했음을 여실히 보여준다.

드라마 〈대염방〉은 2003년 출간된 같은 이름의 소설에 바탕을 둔다. 이 드라마는 세상에 감동을 가득 남기고 떠난 한 상계(商界) 영웅의 일대기다. 그리고 당연히 지켜야 할 세상의 도리를 너무나 하찮은 이유로 팽개치는 사람들을 위한 각성제라고 할 수 있다. 이미 방영된 지 몇 년이 지났지만 그에 버금가는 후속작을 기대하며 이 드라마를 기억하는 중국인들이 적잖다. 드라마가 선풍적인 인기를 모았던 것은 주인공 천서우팅(陳壽亭)의 비범한 인생역정과 그가 보여준 인간미 때문일 것이다. 이를 중국적 인간미의 전형이라고 해도 좋을 듯싶다.

산둥 저우춘(周村)에서 태어나 고아로 끼니를 구걸하며 성장한 천서우팅은 우연히 한 염방(染坊, 염색공장) 가문에 발을 들여 쇠락해가던 그 집안을 일으키고 무남독녀와 결혼해 데릴사위가 된다. 이후 그는 남다른 담력과 수완으로 염색업계에서 전국적인 지명도를 지닌 상계 영웅으로 부상한다. 그리고 모략과 속임수가 판을 치는 민국시대의 상계를 주름잡으며 숱한 일화를 남긴다. 그러나 일제에 의해 국운이 몰락해가자 이 영웅도 울분을 이기지 못하고, 세상 가득 감동을 남긴 채 병으로 자신의 짧은 생을 마감한다. 그가 세상 사람들의 가슴 속에 남기고간 감동이란 무엇인가?

우선 그의 양부모를 보자. 그가 어린 시절 끼니를 구걸하고 다닐 때, 자주 자신에게 먹을 것을 쥐어주고 엄동설한 길가에서 동사하는 불행을 면하게 해준 작은 노점식당의 주인 부부를 그는 평생 양부모로 봉양한다. 그들에게는 자식이 없었다. 이들 부부를 칭다오로 데려와 함께 살고자 했지만 도시생활이 싫은 이 부부는 이를 사양한다. 그래서 그는 이 외로운 부부를 위해 저우춘에 집을 사고 사람을 고용해 보살피게 한다. 그리고 매년 춘절이 되면 대도회에서 가족을 데리고 저우춘을 찾아 이들 부부에게 세배를 드리고 생활에 불편함이 없는지 세심하게 살폈다. 매년 천서우팅을 맞이하는 노부부는 친자식보다 더 극진히 자신들을 봉양하는 그를 보고 감격에 겨워 눈물만 흘릴 뿐 말을 잇지 못한다. 이를 지켜보는 저우춘 사람들도 모두 눈물을 훔친다.

그는 아내와의 사이에 아들 하나를 두었다. 외롭게 살아갈 아들을 위해 형제자매를 더 낳아 주고 싶은 것이 부부의 염원이지만 웬일인지 아이가 생기지 않았다. 이에 아내는 저우춘의 자식 많은 집 여자아이를 소실로 들여 아이를 몇 더 낳자고 천서우팅에게 제안한다. 당시 대부호가 집안에 소실 몇을 두는 것은 매우 일반적인 일이었다. 그러나 그는 이런 아내의 제의를 한 마디로 거절한다. 외로운 처지의 자신을 거두어준 처가의 은혜를 생각해서라도 어찌 그런 일을 저지를 수 있느냐는 것이다. 또 자식 몇 더 낳는 것은 좋은 일이지만, 소실과 한방 거처를 하게 되면 이를 일상적으로 지켜보는 아내와 아들의 마음고생이 어떨 것이냐며 거꾸로 아내를 설득한다. 자신의 완강한 주장이 끝내 거절당하자 아내는 서운하면서도 한편으로 남편의 마음가짐에 내심 크게 감동한다.

천서우팅이 경영하는 염색공장의 문지기들은 대부분 불구자들이다. 회사의 이미지를 생각해서라도 팔다리 없는 사람을 문지기로 세우지는 않을 것이지만 그의 생각은 다르다. 회사를 위해 일하다 불구가 된 사람을 매정하게 내몰고 모른 척할 수는 없다는 것이다.

그리고 그런 사람이 할 수 있는 일은 이런 수위 일밖에 없는 상황이었다. 일단 자기 회사에 발을 들이고, 회사를 위해 일하다 몸을 다친 사람과 그 가족에게 적어도 평생 끼니 걱정은 면하게 해주어야 한다는 것이다. 봉건적 사회분위기가 잔존하던 민국시대에 일단 몸을 다친 공인들은 별다른 사회보장 없이 해고되는 것이 일반적인 일이었다. 돈벌이에 혈안이 된 냉정한 자본주들이 대부분이었던 시절에 천서우팅의 배려는 공인들에게 하나의 감동이 되었다.

드라마 〈틈관동〉은 청말과 민국 초기를 시대배경으로 기근을 피해 관동(關東, 산해관 동쪽 즉, 중국의 동북지방 = 만주)으로 넘어간 산동 출신 이주민 가족의 이야기를 다루고 있다. 틈(闖 촹)자의 의미는 '모처에 뛰어들어 생존을 위해 세파와 싸우고 부대낌'을 뜻한다. 당시 만주지역은 진주한 일본 관동군과 중국 군벌들이 서로 혼전을 벌이고 있었고, 각 지역에서 몰려온 이주민들과 선주민들 사이에 생존을 위한 대립과 경쟁이 치열한 상황이었다.

주카이산 일가도 이곳에서 쉽지 않은 정착과정을 겪는다. 가족을 두고 먼저 단신으로 관동에 건너간 주카이산은 금광에 뛰어들어 천신만고 끝에 정착자금을 마련해 뒤따라온 가족과 함께 농장을 일군다. 그러나 선주민들의 텃세를 참고 견디며 애써 가꾼 농원은 토비들의 손에 의해 하루아침에 잿더미가 되어버리고 만다. 다시 대도시 하얼빈으로 옮겨 산동요리집을 열지만 이번에도 역시 먼저 자리 잡고 있던 하북, 열하 상인들의 배척과 음해 속에 모진 고초를 겪는다.

대가족을 거느린 주카이산은 기근에 시달리는 고향을 떠나 관동으로 이주할 결단을 내린 뒤, 위험을 무릅쓰고 홀로 건너가 기반을 잡고 가족들을 위한 생존의 활로를 마련한다. 그리고 자신을 질시하던 토박이 농가들에게 산동의 선진 농기구와 농사기술을 보급하고, 식당 운영을 방해하기 위해 음해를 일삼던 상인들의 악행에도 앙갚음보다는 선의와 지혜로 그들이 들이대는 비수를 피해 나간다. 그는 선주민과 토박이들의 끊임없는 멸시와 배척에도 인내와 도량으로 일관하며 도리어 그들을 감복시킴으로써 가족들의 안전과 생업을 지켜내는 것이다. 젊은 시절 의화단 활동에도 참여한 전력이 있는 주카이산은 애국심, 도량, 의협심, 담력, 무공을 겸비한 전통시대 멋진 남자의 전형이라고 할 수 있다.

2007년 초에 방영된 뒤 지금까지 재방이 이어지고 있는 〈틈관동〉은 중국드라마의 면모를 일신하고 미래의 방향을 제시한 기념비적 작품이다. 기존의 중국드라마에서 보기 어려웠던 웅장한 야외촬영의 영상미, 오케스트라 배경음악, 개성 있는 배우들의 열연, 대규모 투자 등과 같은 파격적 요소들이 이 드라마의 성공을 이끈 견인차 역할을 했다.

2002년부터 시작된 사회계몽성 TV프로그램 〈감동 중국〉은 중국적 인간미를 발굴하고 포상하는 공익성 프로젝트다. '희생, 봉사, 헌신'을 위해 일신과 한 평생을 기꺼이 내놓은 사람들을 보기 위해 매년 한차례 수억에 달하는 중국의 TV시청자들은 눈물을 훔칠 손수건을 준비한다. 결혼한 지 1년 만에 딸 하나를 남기고 세상을 떠난 아내가 가족들을 돌봐달라고 부탁한 유언을 지키기 위해 30년이 넘는 세월을 한결같이 치매가 있는 장인과 장모, 정신지체자인 처제를 보살펴온 남편, 휴가 나왔다가 강에 빠진 사람을 구해주고 자기목숨을 희생한 신혼의 직업군인, 스스로 소아마비에 교통사고로 하반신이 불구가 되었으면서 평생을 청소년 교화사업에 헌신한 여성, 이런 인물들이 이 감동적 프로그램의 등장인물들이다.

중국을 감동과 눈물의 도가니에 빠트리는 이 프로그램의 계몽성이 중국사회의 타인에 대한 배려나 사회적 공공성에 대한 관심, 봉사정신을 고양시킬 것은 분명한 일이다. 아쉬운 점은, 장중하고 엄숙한 무대에서 이 남다르고 위대한 인물들의 일생이 보여준 숭고함만 부각시키고 눈물샘을 자극하는 일이 평범한 보통사람들의 일상적 행복을 위축시키는 부작용이 있지 않을까 하는 점이다. 건강하고 밝은 사회란, 소수의 비범하고 남다른 삶을 사는 사람들보다 평범하게 살아가는 대다수 보통사람들의 존재에 의해 이룩되어질 것이기 때문이다.

Chapter 5

엄숙한 국가주의 vs
선정적 자유주의

내 단언이 틀리기를 바라지만, 우리들의 6시 이후가 '선진화' 되지 않는 한 한국에서 노벨상이 나올 수 없다. 낮 시간에 일하는 것은 어디나 별 차이 없다. 결정적 승부처는 오후 6시 이후의 '자유시간' 에서다. 이 긴긴 '자유시간' 을 우리는 향우회, 동문회와 같은 과거지향적인 친목모임이나 접대, 인맥추구와 같은 편법을 위해 소비한다. 공무원이건, 직장인이건, 사업가건, 교수건, 법조인이건, 예술인이건 예외가 없다. 찾아다녀야 할 모임이 너무 많고 만나야 할 사람이 너무 많아 '진짜 일'을 할 시간이 없다. 선진국 사람들은 마치 낮시간의 연장처럼 저녁과 밤을 보낸다. 그들의 생활은 밋밋하고 심심하고 외롭다. 그래서 재외동포들은 한국을 '즐거운 지옥' 이라 한다. 야간생활이 어쩌면 이리도 위태위태 박진감 있고 육감적인지 힘들지만 재밌어 죽겠다는 거다. 그러나 노벨상은 평생을 외롭게 살아온 장인들에게 주어지는 것이다.

강진군수 황주홍

한국과 중국은 서해를 사이에 두고 서로 이웃하고 있어서 국내선이나 다름없는 단거리 항공편이 매일 수시로 운항하고, 수교 이후 인적 물적 교류가 지속적으로 늘어나 이제 상대 국가에서 벌어지는 사건사고나 사회상황을 손금 들여다보듯 자세히 알게 되었다. 그러나 주로 매체를 통해 전해지는 이런 소식들만으로는 상대국을 온전히 파악하는 데 한계가 있다. 그 사회에 젖어들어 일정기간 생활하지 않으면 이해하지 못할 일들이 많기 때문이다. 그것은 중국에 마음만 먹으면 무엇이든 할 수 있는 권력이 있고, 한국에는 기분 내키고 재미있으면 무엇이든 해야 하는 사회가 있기 때문이다. 이를 '엄숙한 국가주의'와 '선정적 자유주의'라는 말로 압축할 수 있다.

중국에서는 일어나지 않거나, 일어날 수 없는 일들이 한국에 많다. 가장 대표적인 것이 한국에서 시민들에 의해 대통령, 국회의원, 정당 지도자들이 자주 조롱의 대상이 되는 일이다. 특히 국회의원은 말로만 싸우라고 정치제도가 만들어 놓은 국회에서 자주 씨름판을 벌인다. 그래서 그들은 동네북이 되어 남녀노소 구분 없이 때와 장소를 가리지 않고 한마디 비평의 말을 늘어놓는 대상으로 전락했다. 사실 한국에서는 시민들이 지도자나 엘리트에 대한 존경심이 거의 없다고 해야 옳을 것이다. 그 이유는 그들의 평등의식이 강하기 때문이기도 하지만, 오랜 군사독재 기간을 거치며 지도자를 비방하거나 풍자하고 최고지도자를 희화적으로 묘사하는 일이 민주화의 척도처럼 여겨지는 분위기가 있었기 때문이다.

그러나 국가지도자를 상시적으로 희화화하는 것이 민주주의 발전의 지표가 되고 있는 상황은 국가적 비극이다. 물론 지도층 인사들이 도덕과 양심을 바탕으로 제대로 존경받을만한 처신을 하지 못한 부분이 있기도 했다. 그러나 정치판이 첨예화된 이념투쟁의 현장이 되고, 자기와 의견이 다르다는 이유만으로 무시무시한 적의와 증오를 드러내며 폭언을 퍼붓는 일은 어느 한 개인의 문제가 아니다. 그것은 정치풍토의 문제요, 그들을 배양한 사회의 수준을 드러내는 일이다. 그들이 사회의 제도권 교육을 받고 민의에 의해 뽑힌 인물들인 이상 그들의 됨됨이나 도덕적 수준은 결국 그 사회 전체의 수준을 반영하는 것이라고 보아 무방하다. 문제는 그들이라기보다 그들을 배출한 사회요 우리들 전체인 것이다.

지도층 인사들도 사람인 이상 작은 허물이 없기가 어렵기 때문에, 관용으로 가려주어야 할 부분은 덮어주고 시민들이 지도자들을 함부로 말하지 않도록 그들의 존엄을 보호하는 사회적 분위기가 필요하다. 그러나 한국사회는 그런 도량과 포용력이 없다. 누구도 누구를 욕할 수 없는 상황임에도, 자신의 정치적 입장에 따라 지도자들의 작은 허물을 지나치게 확대 과장하는 일이 밥 먹듯이 이루어진다. 몇 해 전 한국의 최고지도자가 정파 간의 대립으로 탄핵을 당하더니, 최근에는 초등학생이 최고지도자를 욕하는 동영상이 인터넷에 유포되어 충격을 주기도 했다.

한국과 대만 국회의 난맥상을 빠짐없이 전하는 중국 TV뉴스 앵커의 표정은 매우 냉소적이다. 마치 이것이 당신들이 중국의 정치제도를 비난하며 자주 거론하는 자유민주주의의 모습이냐는 듯한 표정이다. 중국에서는 국가 지도자에 대한 존경이 애국심과 민족주의의 가장 바탕에 자리 잡고 있다. 한국에 사회적으로 존경받는 지도자가 드물고, 너나없이 지도자를 문제 삼아 말하는 사회적 분위기를 중국 사람들은 참으로 의아스럽게 여길 것이다.

중국에서 '언론의 사명'이라는 말은 생소하다. 중국 언론의 임무는 너무나 당연하게도 내부적으로 체제를 지키고, 외부적으로 국가의 위엄과 이익을 지켜내는 일이기 때문이다. 그래서 서방국가에서 주로 권력의 견제를 염두에 둔 '언론의 사명'이란 말이 중국에서는 존재하지 않는다고 보아 무방하다.

중국의 고구려사 왜곡으로 한·중 간에 역사논쟁이 불붙었을 때 서울을 방문한 중국 기자단과 한국기자들이 얼굴을 마주한 적이 있었다. 당시 중국정부는 이 문제에 대해 학술상의 연구영역이므로 정치쟁점화하지 말자고 요구했지만, 중국 외교부의 홈페이지에는 엄연히 문제가 된 왜곡된 역사적 주장이 그대로 올라있었다. 이에 한국 언론이 중국정부의 이중성과 모순을 질타했었고, 중국 기자들에게도 '언론의 사명'을 들먹이며 자국 정부의 이중성을 언론이 앞장서 바로잡아달라고 요구했다. 원래 이 문제에 대해 언론차원의 협력방안을 찾아 양국의 우호분위기를 해치지 말자는 주문을 하기 위해 자리에 참석했던 중국 언론인들은 더 이상 할 말을 잃고 얼른 자리를 떴다고 한다. 체제와 정부의 감시자가 아닌 대변자일 뿐인 중국 기자들에게 '언론의 사명'을 다해 정부의 이중성을 바로잡아달라는 요청은 자기들 소관사항 밖의 황당한 요구였기 때문이다.

중국 권력자들에게 서방세계의 언론은 도저히 통제할 수 없는 무뢰배나 다름없다. 근거 없는 온갖 소설같은 이야기로 중국 지도부의 이면을 들추고, 그들을 권력투쟁이나 일삼는 음험한 독재자 그룹으로 묘사해 명예를 실추시키고 있다고 생각하기 때문이다. 중국에서는 국가와 지도층의 치부를 드러내는 일이 국익을 손상하는 일로 엄격하게 통제된다. 언론은 국가(체제)를 보호하고 국위를 선양하는 일에 매진함을 사명으로 여긴다.

이에 비해 서구 민주주의 사회의 언론관을 공유한 한국에서는 자국 정부를 감시하고 치부를 들추어내는 것이 언론의 사명을 다하는 것이요, 결국 그것이 국민의 권익신장을 통해 민주주의 발전과 궁극적으로는 국가발전에도 기여하게 된다고 믿는다. 한·중 양국의 언론관은 서로 지나치게 극과 극이다. 한국 매체의 이런 언론관과 보도자세가 국가지도자나 사회적 엘리트그룹에 대한 조롱이나 폄하 분위기와 무관하지 않다. 군사 독재가 종식된 지 이미 적지 않은 시간이 흐른 마당에, 이제 나라 지도자들을 더 이상 끌어내리지만 말고 그들의 말에 귀를 기울이고 경험을 존중하며, 나아가 대중이 존경심을 지니도록 우리 사회의 분위기를 일신해야 하지 않을까? 이것이 결코 언론의 사명을 포기하는 일은 아닐 것이다. 지도자 그룹 스스로 올바른 처신과 이에 호응하는 언론의 역할을 촉구한다.

언론관 못지않게 한·중 양국이 또 하나 극과 극을 달리는 일이 있다. 한국 방송매체의 과도한 상업주의 경향과, 이에 비해 철저하게 국가와 사회공익을 우선시하는 중국 방송매체의 편성방침이 그것이다. 단적으로 중국 방송에는 〈무한도전〉이나 그 아류의 프로그램이 편성되지 않는다. 한국 TV의 황금시간대를 장악하는 수많은 연예인 신변잡담 프로그램을 중국인들은 이해하기 어려울 것이다.

사회문제나 공익성을 도외시한 채 재미있으면 무엇이나 해내고야
마는 한국TV의 편성원칙에는 시청률이라는 생존을 위한 필수적 바
로미터가 개입된다. 그래서 한국TV에 익숙한 사람에게 중국TV는
참으로 무료하고 딱딱하다. 거꾸로 중국TV에 익숙한 사람에게 한
국TV의 신변잡담 프로그램은 짜증스럽기만 하다.

　이런 차이점 때문에 중국의 TV는 감동은 있을지언정 아기자기한
재미는 없다. 중국인들에게 감동을 주는 공익 프로그램의 상징적
사례는 매년 한 번 사회적 영웅들을 발굴해서 소개하는 〈감동중국〉
이라는 프로그램이다. 남을 위해 자신의 생명을 희생한 사람, 국가
를 위해 평생을 헌신한 원로과학자, 어려운 환경 아래 묵묵히 사회
의 등불이 되어 일하는 공직자 등이 장중한 분위기의 무대 위에
서 시청자들에게 감동적 헌사와 함께 소개된다. 이날은 현장의
관객들이나 TV앞의 시청자들이나 모두 한 장의 손수건을 준비해
야 한다. 중국TV의 시사프로, 토크프로, 드라마 등의 제작방침은
기본적으로 〈감동 중국〉과 같은 사회적 감동을 시청자들에게 선
사하는 것이다.

　방송에서 오락성이란 중요한 기능중에 하나이지만, 항상 사회적
공익이 배려되어야 한다. 비록 중국 TV의 공익 일변도의 편성체계
가 지나치게 엄숙하고 식상한 느낌이 있음을 부인할 수 없지만, 재
미와 시청률의 포로가 된 한국 방송매체의 태도 또한 지나친 측면
이 있다. 학교 폭력, 독신여성 피습사건, 어린이 성폭력 사건이 꼬

리를 무는 사회에서 조폭을 미화하는 영화들이 끊임없이 제작 상영되는 상황이나, 심야시간대에 에로영화를 고정적으로 편성하는 TV는 그야말로 무어라 말할 방법이 없다. 정말 재미있으면 무엇이든 할 수 있는 것인가?

두 나라에 공통점이 없는 것은 아니다. 바로 강렬한 민족주의가 그것이다. 북한을 고립된 사회주의 국가로 지적하지만, 한국은 강력한 민족주의 장막에 고립되어 있다. 민족주의로 무장한 한국 언론의 필봉은 한국을 세계인들이 우러러 보는 위대한 국가로 만들어 놓았다. "세계 도처에 한류 물결이 넘쳐흘러 다양한 인종의 사람들이 한국드라마에 사로잡히고, 세계인들이 한국 음식에 매료되었으며, 한국어가 인기 외국어로 부상하고, 태권도가 무수한 국가의 국기로 채택되고 있다." 한국 언론매체의 민족주의와 이에 근거한 자국 제일주의는 한국인들을 철저하게 세뇌시키고 있다. TV프로그램 〈미녀들의 수다〉에 출연한 한 외국유학생은 한국 초밥보다 일본 스시가 훨씬 더 맛있었다는 말을 하면서 주변 눈치를 살피고 "미안해요"라는 말까지 해야 했다. 외국인들에게 한국사회의 민족주의 열기는 두렵기까지 한 것이다.

중장년층들이 소년시절, 프로레슬러 김일은 최고의 우상이었다. 세계챔피언 타이틀을 차지한 그의 박치기는 천하무적으로 민족적 자부심의 표상이었다. 그러나 차츰 어른이 되어가면서 김일이 역도산의 수많은 제자 중 한 사람이고, 일본에는 이노끼를 비롯하여 김일 못지않은 뛰어난 레슬러들이 여러 명 있음을 알게 되었다. '태권의 달인' 최배달은 태권도가 국기로 한창 보급되어가던 시절, 일본에서 한민족의 자부심을 대변하는 신비한 인물이었다. 그러나 사실그는 국제적으로 가라데의 명인으로 알려져 있는 인물임을 뒤늦게알게 되었다. 스포츠를 통한 민족주의의 표출은 오늘날에도 그치지않고 있다. 우정어린 아름다운 경쟁으로 묘사되어야 바람직할 김연아와 아사다 마오의 대결은 국가와 민족 대결로 포장되고, 어리고앳된 일본소녀가 반드시 물리쳐야만 할 처절한 적수로 묘사되어 방송과 신문 지상을 오르내린다.

지난 한·일 월드컵과 베이징올림픽 응원 열기, 성화 봉송 사건때 보았듯이 중국의 스포츠민족주의 열기 또한 둘째가라면 서러울지경이다. 중화민족주의는 국가주의와 결합하여 사회주의 중국을지탱하는 핵심적 이념이다. 양국의 민족주의는 그 무모하고 강렬함으로 인해 일단 충돌하게 되면 걷잡을 수 없는 극단의 양상을 띠게된다. 그 폐해에 대해서는 이곳에서 더 이상 언급하지 않겠다.

'양심선언'이 무엇을 의미하고 그것이 왜 자주 한국사회를 흔들어 놓는지 중국인들은 이해하기 어렵다. 김용철 변호사의 '양심선언'에 의해 발생한 일련의 삼성 사태나, 아내를 간통죄로 고소하고아내는 간통죄의 위헌성을 심판 청구하는 한국사회의 소용돌이, 다같이 국가와 국민을 위해 일하는 공복들인데 심심하면 싸움판을 벌이는 한국 국회의 혼란상을 중국인들은 의아스럽고도 흥미있게 지켜본다.

특히 한·중 대중문화 장르의 차이는 양 국민의 기질과 사회분위기를 잘 대변한다. 한국에서 인기있는 개그, 코미디와 같은 대중문화 장르가 중국에는 없다. 그 대신 중국에는 만담과 같은 상성(相聲), 코믹연극과 같은 샤오핀(小品)이 있다. 그야말로 한국을 〈개그 콘서트〉의 분위기라면 중국은 〈웃으면 복이 와요〉와 같은 형식이다. 중국이 시대에 뒤떨어졌다는 뜻은 아니다. 미국과 일본의 새로운 문화조류와 장르가 한국에는 즉각적으로 수입되지만 중국은 선별적일 뿐이다. 중국의 청소년들은 아직 카펜터즈와 같이 감미롭고 편안한 흘러간 팝송을 즐겨듣는다. TV 아나운서나 진행자들은 머리에 염색을 할 수 없다. 전통과 공익성이 강하지만 한국적 시각에서 보면 재미없고 밋밋한 중국의 대중문화, 반면 지나치게 자극적이고 상업성에 매몰된 한국의 대중문화, 그 차이를 '엄숙함'과 '선정성'으로 요약할 수 있지 않을까 싶다. 이를 드러내는 사례와 사건들은 무수하다. 그리고 그런 것들이 오랜 시간 축적되어 문화적 차이를 형성하고 서로를 이해하기 어렵게 만든다.

인민광장을 생각한다

비록 완전한 국가는 아니지만 우리의 참된 이상은 전 세계를 감동시켰습니다. 가끔 목표를 잃고 방황하기도 했지만 우리는 또다시 재정비했습니다. 기본적으로 우린 고립된 삶이 아닌 타인과의 조화로운 삶을 추구합니다. 출세와 향락만이 인간이 추구하는 가치는 아닙니다. 인생에 물질보다 더 값진 게 있습니다. 그것은 선의와 노동, 그리고 삶에 대한 희망입니다.

〈굿바이 레닌〉 중에서

산과 골짜기가 많은 나라에 나서 자란 사람에게 푸른 하늘 아래 가없이 펼쳐진 대초원은 신선미와 함께 잔잔한 감동을 안겨준다. 몇 해 전 여름, 몽골 초원에 대한 호기심이 발동해 나섰던 나들이 길에 만저우리(滿洲里)까지 갔던 적이 있다. 만저우리는 러시아와 인접한 중국 동북지방 국경에 자리 잡고 있는 변경 무역도시다. 러시아풍의 건축물들로 잘 단장된 이 계획도시는 이 지역이 아직 국민당 정권과 군벌들이 장악하고 있던 시절, 중국의 사회주의 혁명아들이 소비에트 러시아로 유학을 떠날 때 거치던 비밀통로 역할을 했던 곳이기도 하다. 그리고 지금은 양국 국경을 드나드는 무역상들이나 인근의 대초원과 후룬호(呼倫湖)를 관광 온 여행객들이 호기심에 한번 들러보는 곳이다.

이 도시의 한가운데는 중국 여느 도시들과 다름없이 인민광장이 자리 잡고 있다. 그러나 만저우리의 인민광장은 특별한 데가 있다. 러시아풍의 서양식 건축물과 아름다운 화초 그리고 오색등으로 장식된 만저우리 중앙광장은 그 빼어난 조경으로 시민들로부터 큰 사랑을 받고 있다. 사회주의와 광장. 지난 20세기를 뒤흔든 세기적 혁명의 이념과 공간을 상징하는 이 두 단어는 마치 서로 어울리는 대련(對聯)처럼 짝을 이룬다.

시가지 가장 중심에 자리 잡은 인민광장과 그 안에 세워지는 혁명영웅 기념비

시가지 가장 중심에 자리 잡은 인민광장은 바로 사회주의 중국의 기본 도시설계 구성이다. 랴오닝성 다롄(大連)의 인민광장.

는 바로 사회주의 중국의 기본적 도시설계 구성이다. 천안문 광장은 바로 중국 인민 전체의 중앙광장인 셈이다. 인민영웅기념비, 마오쩌둥 기념관, 인민대회당, 혁명역사박물관 등 사회주의 중국의 기념비적 건축물들이 이 천안문 광장을 호위하듯 에워싸고 있다.

　20세기를 관통하는 인류사 최대의 사건인 사회주의 이데올로기의 흥망이 그 흔적으로서 남긴 유형과 무형의 두 가지 기념비가 있다. 유형의 것은 바로 인간의 격정과 열망의 집결공간을 상징하는 이 인민광장이다. 그리고 무형의 것은 수천 년 인류역사에서 변함없는 관성으로 유지되어 온 수직적 인간관계를 허물고 확산시킨 절대적 평등사상이다. 평등사상의 사회적 실현은 구시대의 봉건적 인간관계를 청산한 것은 물론, 근대 이후 자본이라는 새로운 권력이 만들어낸 또 다른 형태의 예속적 인간관계를 극복하는 원동력으로 작용했다.

　또 하나 기억에 남는 인민광장이 있다. 어느 해 가을, 베이징과 톈진 가운데 자리 잡은 아담한 교육도시 랑팡(廊坊)에 들렀던 길에 그곳의 중앙광장을 우연히 거닐었던 적이 있다. 도시 규모에 비하면 상당히 넓은 편이라고 할 수 있는 광장에는 한 무리의 시민과 공인들이 삼삼오오 무리지어 이야기꽃을 피우고 있었다. 석양에 물든 공원정경에 은은한 음악소리가 울려 퍼졌다. 비록 검소한 차림에 구릿빛 얼굴의 외모가 조금 투박스럽게 느껴지기는 했지만 그들의 건강하고 밝은 모습이 그지없이 아름답고 정겹게 느껴졌다.

비록 사회주의적 이상이 스스로 만든 함정에 갇혀 몰락하고, 또 한편으로는 변절과 수정의 길을 걷게 되었지만, 그것이 인류사에 남긴 최대의 공헌은 항상 사회적 약자로 남을 수밖에 없는 공인과 농민들에게 생존의 자긍심을 안겨준 일일 것이다. 그리고 그들이 우리가 함께 살아가는 이 세상의 필수불가결한 일원으로서 당당히 고개를 들고 살아갈 수 있는 사회적 우대의 기반을 마련한 일이다. 그들을 시혜와 사회복지 정책의 대상으로서 바라볼 때보다 인민광장에 자리 잡은 그들의 건강한 모습과 그 곳에서 들려오는 그들의 웃음소리가 한층 다행스럽게 느껴진다는 사실은, 인간의 절대적 평등에 관해 우리의 역사가 수많은 모순과 갈등을 빚어왔고 우리가 이룩한 평등사회가 허구와 가식으로 가득 차 있다는 사실과 서로 통하는 데가 있다.

이상적 평등사회의 실현을 평가하는 잣대는 바로 그 평등이라는 말에 어느 정도 진정성이 깃들어 있느냐 하는 점일 것이다. 그리고 그 진정성은 바로 사회적 약자들이 자신의 사회적 신분에 대해 지니는 자긍과 그들을 대상으로 하는 사회복지를 그 평가계수로 삼을 수 있을 것이다. 공인과 노동자들이 자신의 2세들 앞에서 스스로의 사회적 신분에 부끄러움을 느낀다면, 기업 총수와 그의 전용차 기사가 같은 식탁에 스스럼없이 함께 앉을 수 없다면 그것은 명목적이고 가식적인 평등에 지나지 않는다. 평등으로 포장된 또 다른 불평등이 그 사회를 여전히 지배하고 있음을 반증할 뿐이다.

우리나라는 일제의 강점과 해방의 혼돈기를 거치면서 봉건시대의 유산을 청산할 결정적 계기를 잃어버린 채 오늘에 이르렀다. 프랑스 대혁명이 파생한 역사적 동력이 한반도에서는 블랙홀에 빠져버린 셈이라고나 할까. 심지어 어떤 이는 우리 사회에 봉건적 신분제도가 큰 변화 없이 여전히 세습되고 있다고 지적한다.

서열과 계급이 지배하는 수직적 사고와 사회적 계층화를 탈피하는 것이 부단히 국가개혁의 핵심적 화두가 되는 것은 바로 이런 이유 때문일 것이다.

오늘날 세계는 이념대결과 냉전이 종식되고 유연하고 합리적인 사고에 바탕을 둔 정치체제와 사회시스템을 구축한 국가가 국제사회의 경쟁에서 두각을 나타내며 지속적인 발전을 구가하고 있다. 이념의 경직성에서 벗어나 기민하게 변신하는 중국 공산당의 모습도 이런 시대적 흐름에 적응하려는 노력의 산물이라 할 수 있다. 새로운 정권이 출범할 때마다 사회개혁을 통한 국가발전을 부르짖는 한국의 개혁이념도 크게 보아 같은 틀 속에서 이해할 수 있다. 양국에서 추진되는 개혁의 속성을 단적으로 정의하자면 한국은 자본주의에서 사회주의로, 중국은 그 반대방향으로의 지향점을 지녔다고 볼 수 있다.

서로 근접해가는 지향점을 지닌 변화와 개혁의 흐름에도 불구하고 오늘날 한·중 양국의 사회상은 그 근본적 속성에서 큰 차이가 있음을 자주 느끼게 된다. 겉모습은 그다지 차이 없어 보일지언정, 특히 사회적 평등의 실현 정도는 적잖은 간격이 있다. 이런 사회상의 차이 때문에 양 국민이 서로를 생경하게 느끼는 경우가 적지 않다. 한국의 수직적 노사 관념으로 중국 노무자들을 하대하다 낭패를 본 관리자, 접객업소 종업원을 깔보고 무시하다 봉변을 당한 여행자, 상담석상에서 중국 측 여성대표를 가볍게 여기다 치명적 실수를 하고야 마는 기업인. 비록 대한민국이 OECD에 가입한 선진국이자 국체의 근간인 헌법에 법 앞에 만인이 평등함을 명시하고 있지만, 적어도 사회적 평등의 실현 계수를 따지자면 아직 후진성을 탈피하지 못하고 있음을 중국의 인민광장을 거닐며 절감하게 된다.

한국 속의 중국인,
중국 속의 한국인

Chapter 1

100년을 넘기지 못하는
민족 정체성의 수명

한국인은 자신들의 선조가 우랄알타이계라 주장하나, 아무리 살펴봐도 한국인과 중앙아시아인과의 공통점이 무엇인지 잘 모르겠다. 내 보기는 한국인은 산동인(山東人)이나 만주인이다. 중국문화로의 예속에서 벗어나기 위해 꾸민 말이 알타이 조상론이 아닌가 한다.

쿵칭둥(孔慶東)의 《한국쾌담》 중에서

민족이란 무엇인가? 그것은 오늘을 사는 우리들에게 무엇을 의미하나? 역사 속에 등장했다 그 흔적만 남긴 채 사라진 수많은 민족들이 있다. 그러나 한 민족의 멸망이 반드시 완전한 소실을 의미하지는 않는다. 그 동아리의 응집력과 문화적 체계가 무너진다는 것을 의미하는 것이다. 그러면 역사 속 사라진 민족의 구성원들은 모두 어떻게 되었을까? 지금도 민족 간의 충돌로 세계 곳곳에서 전쟁과 대결이 끊이지 않고 있다. 한 민족의 우월성이나 순혈성을 자랑하기 위해 다른 민족의 존엄을 짓밟는 일이 정당화될 수 있는가? 그것을 적자생존이라고 할 것인가? 민족에 대한 자긍이 응집력이 강한 민족주의 이데올로기로 농축되고, 그것을 장식하기 위해 신화와 전설이 동원되는 현실 앞에서 이런 물음에 객관적 답변을 내놓아야 할 이성은 아무런 힘을 발휘할 수 없다.

한국처럼 단일민족 국가를 표방하는 문화적 토양에서 살아가는 사람들에게 민족이라는 개념은 그저 관념적일 수밖에 없다. 타민족이나 그들의 생활문화를 일상적으로 접촉하지 않고 살아가기 때문이다. 그러나 중국과 같은 다민족국가를 여행하다보면 비로소 그 의미를 몸으로 체득할 있다. 다수의 민족이 함께 부대끼며 서로 다른 생활문화를 유지하고 살아가는 모습에서 신기함마저 느끼게 된다. 한국도 최근 사정이 많이 달라졌다. 외국인 이주노동자와 국제결혼이 급증하면서 생겨난 다문화 가정을 주위에서 어렵지 않게 찾아볼 수 있게 되자, 우리가 혼혈인을 바라보는 시각에도 많은 변화가 일어나고 있다.

남북회담 석상에서 남한 사회의 국제결혼 증가 문제가 화제가 된 적이 있었다. 그런데 북측이 이 문제에 대해 민족의 순수성을 훼손하는 행위라며 남측을 힐난했다고 한다. 이에 남측은 강물에 잉크 한 방울 섞는 정도에 불과한 일이라는 답변으로 응대했다고 한다. 이런 상황은 남북한을 막론하고 우리 겨레가 순수 혈통의 단일민족임을 전제로 하고 있음을 반증한다. 그러나 과연 우리가 순수한 단일민족인가? 여러 민족이 살기 좋은 한반도로 단계적으로 이주해와 오랜 세월 섞여 살면서 단일민족인 것처럼 보이는 것이 아닌가.

몇 해 전 서울에서 열린 한·중 교역전시회에 들렀을 때 있었던 일이다. 중국 산동관을 지나다 반가운 얼굴을 발견하고 한국말로 질문을 던졌다. 한국인 통역이거나, 조선족 교포직원이 분명하다고 확신했다. 그러나 그는 한국어를 전혀 이해 못하는 순수 한족 출신의 중국인 직원이었다. 어찌 그리도 닮을 수가 있는지 신기하기조차 했다.

그리고 최근 시사 잡지와 방송 역사다큐 프로그램에서 신라 김씨 왕조의 혈통에 관련한 내용을 보았다. 흉노왕의 아들로 태어났으나 한무제를 받들어 공을 세워 김씨 성을 하사받고 투후(秺侯)라는 작위까지 받은 김일제(金日磾)가 신라 김씨 왕가의 먼 조상이라는 것이다. 투후의 작위를 이은 김일제의 후손이 식읍을 받아 일족을 거느리고 산동지역으로 대거 이주하게 되는데, 전한 후한 교체기에 발생한 '왕망의 난'에 연루되었던 이들은 왕망의 피살과 함께 뿔뿔이 흩어진다. 그리고 그중 한 갈래가 산동 해안지역에 정주했다가 한반도로 이주해 신라 왕실 가계를 이루었을 것이라는 추정이었다.

구체적 연구와 고증이 필요한 일이지만, 지극히 짧았던 왕망 집권시기의 중국 화폐가 산동 해안지역, 한반도 남부, 일본에서 공통으로 발굴된다는 점, 고대 역사서에 대륙의 정세가 급변할 때마다 이주민 행렬이 한반도 남단을 향했다는 기록이 자주 등장한다는 점을 감안하면 상당히 근거가 있는 추론이다. 결국 통일신라 시대에 당과의 교류가 증가하면서 산동지역에 건설되었던 신라방(新羅坊)은 결국 신라 김씨 왕조가 자신들의 뿌리를 찾아가는 노력의 일환이자, 조상들이 살았던 친근성을 지닌 땅으로 재진출한 것이었음을 짐작할 수 있다.

역사학계에는 고대 동아시아의 문명교류사를 이야기하면서 환발해문화권이란 해석체계가 등장한다. 이를테면 중국 산동, 화북, 요동, 한반도 서부지역이 고대에는 하나의 문화권으로 묶여있었다는 시각이다. 이런 관점은 이 지역에서 공통적으로 발굴되는 고대유물이나, 이 지역이 공유했던 삼족오(三足烏) 신화나 곰토템 등에서 그 근거를 찾을 수 있다.

민족은 기본적으로 혈통이다. 그리고 나아가 문화적 동질성을 의미한다. 중국에는 조선족으로 불리는 우리의 재중동포들이 200만 가까이 살고 있다. 대개 이들은 19세기 말엽부터 20세기 초반에 걸쳐 생존의 길을 찾아 낯선 이국땅으로 이주한 사람들이다. 이들은 비록 이미 언어와 문화적 측면에서 중국에 상당히 동화되었지만 아직 자신의 뿌리에 대한 애착을 버리지 않고 있다. 한국에도 화교로 살아가는 소수의 중국인들이 있다. 이들도 자신들의 근원을 잊지 않고, 언어와 문화를 보존하고 있다. 대부분 국적마저 포기하지 않고 유지한 채 살아간다.

이렇게 자신의 뿌리에 대한 기억을 유지하는 범주에 있는 사람들이 겪는 정체성의 혼돈은 불가피한 일이다. 아직 문화적으로 완전한 동화가 이루어지지 않았기 때문이다. 그러나 19세기 이전에 한반도로 이주해온 중국사람과 대륙으로 건너간 한반도 사람들의 후손은 이런 정체성 문제가 발생하지 않는다. 현지에서의 통혼으로 혈통이 희석되었고, 문화적으로 완전한 동화가 이루어질 만큼의 세월의 간격이 있었기 때문이다.

중국으로 이주한 한반도 사람들이 민족 정체성을 유지하는 시한에 관해 언급한 어느 중국교포 학자의 글이 매우 흥미롭다. 언어학자인 정인갑 교수는 한ㆍ중 간의 축구시합을 관전하는 조선족들이 어느 쪽을 응원하는가 하는 점을 유심히 관찰했더니 다음과 같이 정리할 수 있었다고 한다. 즉, 교포 1세에서 3세까지는 한국응원, 5세 이후는 중국응원, 4세는 혼돈상태를 보이더라는 것이다. 이를 근거로, 다른 문화권으로 이주한 사람들이 자신의 민족적 뿌리와 문화에 대해 애착을 지니고 그 정체성을 유지하는 시한을 약 3.5세대라고 일반화시켜볼 수 있지 않을까? 한 세대를 보통 25년으로 친다면 이는 채 100년이 되지 않는 시간이다.

중국사람 중에 한국인에 대해 혈통의 친근감을 느낀다고 하는 사람들이 많다. 심지어는 원래 한집안 사람이었다고 말하는 이도 있다. 중국 사람들이 주변 민족에게 친근감을 표시하는 한 방식이자 말치레일 수도 있지만, 그것이 전혀 근거가 없는 것은 아니다. 한ㆍ중 양국 민족의 혈통적 연계에 관한 가장 오랜 역사적 가설은 기자

(箕子) 동래설이다. 역사적으로 많은 대륙사람들이 정권 교체기의 변란이나 자연재해 등을 피해 한반도로 이주하였고, 그중에는 벼슬을 받아 조정에 봉사하고 자신의 후손을 번성시켜 가문을 이룬 경우가 허다하다.

한국인들도 고대로부터 중국에 진출하여 이름을 떨친 조상들의 위업을 자랑스럽게 생각한다. 이주의 역사가 대륙에서 한반도를 향한 일방적인 것만은 아니었다. 고대로부터 많은 반도 사람들이 교역과 수학(修學)을 위해 중국으로 진출했다. 통일신라 시기 신라방과 같이 대규모 집단거주지를 이룬 경우도 있었다. 물론 나라를 잃거나 패전하여 포로로 끌려가거나, 대국의 무력적 강압으로 공출된 경우도 적지 않았다. 비록 세월의 간격으로 그 흔적을 찾기는 어렵게 되었지만 대륙에 우리의 혈통이 적잖이 흐르고 있음을 짐작할 수 있다. 오늘날 중국 동북지방과 산동지방 사람들 중에 한국인으로 착각할 정도로 낯익은 얼굴을 자주 발견하게 되는 것은 다 이유가 있는 일이다.

그렇다고 오늘날 한·중 양국 민족이 기원을 같이 하는 한집안 사람이라고 비약하는 것은 타당치 않은 일이다. 양국의 주류민족과 주류문화는 엄연한 차이를 지니고 있기 때문이다. 팔레트에 다양한 원색들을 풀어놓고 중간색이 필요해 비록 일부를 섞어서 쓰더라도 본래의 원색은 그대로 남겨지는 것과 같은 것이라 비유할 수 있을까? 농경과 유목, 입식과 좌식생활과 같은 개별 문화공동체의 원형적 형질은 아무리 혼합과 교류가 일어나도 쉽게 상실되지 않는다. 그래서 비록 중국 북방인과 한국인, 일본인을 개별적인 외모로 국적을 구분하기가 쉽지 않지만, 집단을 이루고 있는 경우라면 어렵지 않게 구분해낼 수 있는 것이다.

최근 한국인의 유전자를 근거로 조사한 민족기원에 관한 한 연구 발표에서, 한국인을 비록 단일민족이라고 할 수는 없지만 북방계와 남방계라는 단 두 갈래의 유전적 흐름만 가지고 있다는 점에서 세계적으로 매우 드문 집약적인 혈통이라고 단정했다. 그리고 한반도의 지리적 입지 때문에 중국으로부터의 유민과 이민이 계속적으로 유입되었지만, 오늘날 한국인의 형태에서 중국인의 영향이 그리 크지 않다는 결론을 내렸다. 그것은 이들 귀화인의 수가 많지 않았고 또 시간이 흐름에 따라 한국인과 피가 섞이며 유전적으로 한국인의 주류에 밀렸기 때문으로 풀이했다.

이 연구에 의하면, 한민족은 유전적으로 동아시아인 가운데 만주족과 가장 가까운 유사성을 지니고 있다고 한다. 그리고 북방계가 수적으로 압도적 우위를 차지하는 주류를 이루었지만 남방계도 무시할 정도는 아니라고 한다. 또 북방계라 하더라도 기존에 알려진 것처럼 모두 몽골에서 내려온 것이 아님도 유전자 분석에서 증명되었다고 한다. 유전자 구성으로 분석한 한민족의 실체는 북방계 남자가 남방계 남자를 몰아내고 남방계 여자들을 취하여 후손을 불리면서 형성되었다는 것이다. 그리고 이런 유전자 구성은 한국, 중국

북부, 일본 등 동북아시아 전체에서 공통적으로 나타나고 있다고 한다.

한국인과 중국인, 혹은 한국문화와 중국문화의 가장 큰 차이점은 무엇일까? 민족문화의 차이점을 설명할 수 있는 방법으로 다양한 수단이 있겠지만, 필자는 입식과 좌식생활의 차이가 가장 근본적인 것이라고 생각한다. 그것은 농경과 유목문화의 구분, 두 민족의 체형, 생활문화의 상이함 등 많은 차이점들을 설명하는 잣대가 될 수 있다. 한민족(韓民族)과 한족(漢族)은 장기간 서로 교류하고 혼거하면서, 혹은 역사적 사건으로 대규모 이동과 혼혈을 이루며 서로 문화적 일체화, 평준화를 이룰 수 있는 계기가 적지 않았다. 그럼에도 오늘날 한·중 양 국민은 생활문화의 기본양식에서조차 상당한 거리를 유지하고 있다.

특히 양 국민의 스포츠 강세 종목에서 그 차이점은 명확하게 드러난다. 오랜 세월 농경을 위주로 살아온 중국 한족의 날렵한 체형은 오늘날 탁구, 체조, 다이빙과 같은 종목에서 탁월한 우세를 나타낸다. 이에 비해 기마 유목민족의 원형질을 지닌 한국인들은 양궁, 축구, 격투기 등의 종목에서 상대적 우세를 지닌다. 축구 종목에 얽힌 중국의 한국에 대한 해묵은 숙원은 공연히 생겨난 것이 아니다. 그 근본원인은 바로 양국 주류민족의 유전적 형질에 도사리고 있는 것이다. 비록 최근의 경영부실로 바닥권을 헤매고 있긴 하지만, 중국 프로축구 리그에서 활약하는 많은 명선수들을 배출하며 중국축구의 사관학교 역할을 해온 구단이 바로 랴오닝(遼寧)팀이라는 사실은 이런 주장을 강력하게 뒷받침한다. 조선족, 만주족, 몽골족 등 소수민족의 고향이자 지금도 북방 유목민족과 한족의 혼혈이 가장 농후하게 잠재되어 있는 랴오닝성은 바로 한반도와 국경을 접하고 있는 중국 동북 3성의 하나다.

그럼에도 중국인들은 한국인에게 뿌리가 같은 민족이라고 말하며 역사적으로 한강 이북은 중국의 영역이라는 주장을 일삼고, 한국의 재야 사학계는 오늘날 중국 영토의 동반부는 역사적으로 동이의 땅, 한민족의 영역이었다고 주장한다. 선의를 바탕으로 하면 혈통의 친근성을 느낄 수도 있는 일이지만, 이런 주장은 불가피하게 영토와 역사 논쟁을 불러일으키며 갈등을 수반한다. 서로 상대에 대해 당신들이 우리의 일부이고, 그대들은 우리 조상의 혈통적 갈래라는 주장을 일삼는다. 무모하고 독선적인 민족주의 신앙에 빠져, 그 끝을 알 수 없는 소모적 논쟁을 일삼다 보면 결국 마지막에 남는 것은 감정의 앙금일 뿐이다.

이주민이든 정복민이든 혹은 귀화인이든 선사시대로부터 한반도에는 이주의 행렬이 끊긴 적이 없었다. 현재 우리가 사용하는 성씨의 46%가 귀화 성씨라는 사실은 마치 민족 순혈주의에 냉소와 조소를 던지는 듯하다. 물론 이 귀화 성씨의 절대 다수는 중국으로부터의 이주민이다. 그러나 우리 역사에는 선주민이 뒤미처 온 이들 이주민이나 귀화인들을 차별하거나 배척한 흔적이 없다. 한민족이 단일민족이란 주장은 하나의 허구에 불과하다. 우리나라는 수많은 민족이 어울려 형성된 혼혈민족 국가임을 직시해야 한다. 중국의 주류민족인 한족(漢族)은 또 어떤가? 중국의 한족은 결코 혈통적 연관성으로 묶을 수 없는 사람들의 집단이다. 그것은 오랜 세월 중원을 에워싸고 살아온 수많은 민족들이 혼합되어 이룩한 거대한 문화공동체를 뜻하는 것이다.

민족으로 불리는 혈연내지 문화 공동체는 그 속에 이루 다 헤아리기 어려운 애증(愛憎)과 이야기들을 담고 있다. 때로 그것은 정치 사회 이데올로기에 편승하여 강렬하고도 무모한 충돌의 소용돌이를 일으키기도 한다. 그러나 만일 누군가가 불가피한 사정으로 혈육의 정이 스민 고국 땅을 버리고 해외로 이주하게 된다면, 그들의 자손은 불과 4세대 1백년을 넘기지 못하고 현지문화에 동화된 현지인이 되고 말 것이다. 이런 현실을 감안하면, 해묵은 민족주의 대결과 논쟁이 얼마나 허무하고 쓸모없는 것인지 절감할 것이다.

Chapter 2

중국 대중문화 속의
한국과 일본

과거의 공통점을 찾아내 관계를 구축하는 것이 중국사회의 특징이다. 중국인은 과거를 망각하는 것이 아니라 상기함으로써 관계를 수립하려 한다. 이에 비해 일본인은 과거의 기억을 흘려보내고 새로운 인간관계를 만들려는 습성이 있다. 지금 이 자리를 위해 과거를 들추지 않는 것을 미덕으로 삼는다. 그래서 미래를 향한 일본의 진심어린 좋은 제안도 중국의 입장에서는 관계를 손상시키려는 악의로 해석될 수밖에 없다.

교수 소노다 시게토

중국의 영화나 드라마에 가장 많이 등장하는 외국인은 아마 일본인일 것이다. 중국 영상물의 오랜 주류가 최근세사와 사회주의 혁명을 소재로 한 것들이어서 항일전쟁 기간의 일들이 자주 묘사되기 때문이다. 이런 분위기는 최근 들어 한층 심화되었다. 지난 한 세기의 굴욕과 고난을 딛고 일어선 중화민족의 부흥, 중국공산당의 승리를 조명하는 것이 영상, 출판 등 대중문화 장르의 획일적 주제가 되고 있기 때문이다.

짐작할 수 있듯이, 이들 대중문화 장르 속에서 일본과 일본인들은 피도 눈물도 없는 악인들이다. 전쟁의 포화 속에 부상을 입은 적군을 구해주는 휴먼스토리가 미군을 대상으로는 가능해도, 일본군에게는 불가능하다. 그들은 부상당해 중국 농민의 도움을 받는 와중에도 총칼을 앞세워 강간과 살인을 일삼는 짐승으로 묘사되기 마련이다. 그래서 극중에서 중국인들이 일본을 지칭하는 말에는 항상 경멸과 분노가 스며있다. 소일본(小日本)으로 일본을 격하하고, 일본인을 일본귀자(日本鬼子)로 부르며 사람취급을 하지 않는다.

중국에 진출한 일본기업 주재원과 유학생 등 중국에 사는 일본인들이 적지 않지만 그들의 존재가 눈에 띄는 일은 드물다. 대부분 극도의 은둔생활을 하고 있다고 말해야 할 정도다. 일본인들은 자신들만의 식당, 카페, 생활공간을 만들고 그 범주를 벗어나는 일이 드물다. 자신의 할아버지 혹은 아버지가 항일전쟁 중 무고하게 죽음을 당한 중국인들이 적지 않은데, 언제 어디서 누가 일본인들에게 숨은 해코지를 할지 알 수 없다는 두려움이 있기 때문일 것이다. TV를 틀면 수시로 목격할 수 있는 악하고 추한 일본인의 모습은 이런 공포심을 더욱 부채질한다.

일률적으로 나쁜 사람으로 묘사되고 지탄받는 일본인에 비해 한국인이나 조선인에 대해 말하자면 거의 무관심에 가까울 정도다. 더구나 건국 후 반세기 동안 서로 교류가 없었으니 한국인에 대한 특별한 인상이 있을 리도 만무하다. 최근에 제작된 한·중 합작드라마가 아니라면 영상물이나 소설 속에서 한국인이나 그 이전의 조선인에 대한 묘사는 거의 찾아보기 어렵다. 최근세사의 항일 민족전쟁과 관련하여 중국인들이 한국인에 대해 품는 감정은 매우 복잡하다. 안중근 의사가 침략의 원흉 이등박문을 사살한 일이나, 이봉창 의사가 일본 천황에게 폭탄을 투척한 일은 중국인들로서는 생각도 못할 거사였다. 이 점에 관해서는 중국인들이 한국인의 민족정신과 과감성에 경외심을 품고 한편으로 부끄럽게 여기기도 한다. 그러나 동시에 만주국에 진출하여 일본의 앞잡이 노릇을 하며 일본인들보다 더 악랄하게 중국인들을 괴롭히던 조선인들이 있었다는 점에 대해서는 격분한다. 경외와 분노가 뒤섞인 이런 복잡한 심정 때문에 그들은 과거사의 한국인에 대해 그다지 할 말이 없는지도 모른다.

중국 허베이성(河北省) 친황다오(秦皇島) 부근에 한 조선족 마을이 있다. 이 마을의 생성배경은 기구하다. 만주국 정권에 부역하던 조선인들이 해방되자 처지가 딱하게 되었다. 중국에 남을 수도 한국으로 돌아갈 수도 없었다. 어딜 가든 자신들을 온전히 받아줄 곳은 없었다. 일본인들을 따라 일본으로 건너가려고 했으나 배가 부족했다. 그래서 일본군은 그들을 달래려고 장소를 지정하고 그곳에 집결해 기다리면 배를 파견하겠노라 약속을 남기고 철수했다. 그래서 그들은 친황다오 인근으로 몰려와 기다렸으나 결국 배는 오지 않았다. 그리고 그들은 자신들의 신분을 숨기고 그곳에 그대로 정착해 살게 되었다. 이들은 문화대혁명 기간을 거치며 혹독한 고초를 겪기도 했다. 그리고 시대가 바뀌어 덩샤오핑이 개혁개방을 선언한 뒤에야 비로소 사람다운 삶을 꾸릴 수 있게 되었다. 새로운 최고지도자는 "비록 죄과는 가볍지 않으나 그 2세들은 무고하다"는 말과 함께 그들에게 갱생을 허락했다고 한다. 오늘날 이 마을은 가내공업을 일구어 전국적인 부촌이 되었다. 비록 과거의 어두운 전력이긴 하지만 만주국에 부역하며 배운 기술과 수완을 바탕으로 인생의 새로운 활로를 개척할 수 있었던 것이다.

비록 지금 일본은 경멸하는 뉘앙스가 풍기는 단어가 되었지만, 원래 '동양(東洋)'은 근대화 시기 중국인들이 어느 정도 일본을 우러러보아 지칭하던 말이었다. 서양사람과 문물을 지칭하는 말에 양(洋)자를 포함시키는 것처럼 서양문물을 받아들여 가장 앞서 개화한 동방의 나라 일본을 '동양'으로 불렀던 것이다. 일찍이 강희제가 서양의 과학에 심취한 적이 있었지만 이는 어디까지나 개인적 호기심에 머무는 수준이었고, 중국에는 청 말엽 양무운동을 시작하며 본격적으로 서양문물이 도입되기 시작했다. 그리고 서양문명의 위력에 눈뜨기 시작한 중국 근대의 선구적 지식인 중 다수가 일본으로 유학하게 되었다. 수천 년 지속된 봉건체제를 종식시킨 혁명가 쑨원(孫文), 현대중국의 정신적 스승으로 추앙받는 루쉰(魯迅) 등이 모두 일본에서 중국 개조의 꿈을 키웠던 것이다. 적어도 영토 확장의 흑심을 품고 뒤떨어진 이웃나라들을 식민지화 하려는 야욕을 드러내기 전까지, 중국 지식인들에게 일본은 서방 열강이나 다름없는 선진 문명국가로 받아들여졌다.

그리고 비록 한자의 종주국은 중국이지만 근대문물과 사상을 지칭하는 많은 한자어들은 메이지(明治)시대 일본인들에 의해 만들어졌다. 이 한자어들은 비록 일본인의 손에 의해 만들어졌지만 중국의 역사와 고전에 전고(典故)를 두고 있는 것들이 많아서 한자문화권에서 공유하기에 큰 무리가 없다. 만일 오늘날 동아시아 국가들이 함께 사용하는 이 일본식 한자어가 없다면 문화나 학술적인 의사전달을 원활히 수행하기 어려울 것이다. 다음과 같이 일상적으로 사용하는 한자어들이 모두 일본에서 만들어져 확산된 것이기 때문이다.

企業 市場 工業 機械 電子 企劃 廣告 理念 政黨 社會 經濟 投資

일본에 대한 비하심리에도 불구하고 현대중국에서 일본의 실질적인 위력은 결코 가볍지 않다. 한·중 수교보다 20년가량 먼저 이루어진 중·일 수교를 바탕으로, 비록 국가 간에는 끊이지 않는 갈등과 마찰이 계속되었지만 민간교류에 있어서만큼은 일본이 매우 든든한 친일인맥을 구축하고 있다. 이런 활발한 중·일 민간교류를 일본의 막강한 재력이 뒷받침한다. 중국 수도 베이징 시내 곳곳에는 부국 일본의 위상을 상징하듯 높고 우람한 빌딩의 중·일 협력

기관들이 자리 잡고 있다. 중일우호병원, 중일환경보호감시센터, 중일청년교류협력센터…, 중국이 세계에 자랑하는 아름다운 명승지 항저우 시후(西湖)의 담수도 일본 도요타재단의 자선기부금으로 그 수질을 유지하고 있다고 한다.

합법적이든 불법적이든 많은 중국인들이 일본의 노동시장에 진출해 있고, 많은 중국청년들이 일본에 유학한 뒤 일본식 예절을 깍듯이 몸에 체득한 반일본인이 되어 귀국한다. 대개 그들은 귀국 후 중국 내 수준으로는 파격적인 대우를 받으며 일본계 외자기업에서 근무하고 있다. 이들이 필요한 시기에 일본을 위한 첨병역할을 하는 것은 당연한 일이다. 비록 과거사 문제, 교과서 파동 등이 불거질 때마다 중국이 일본에 목소리를 높이고 한국과 공조하는 듯이 보이지만 이런 실리 앞에 대개 용두사미의 결말이 되어버린다.

베이징올림픽을 앞두고 중국의 외교정책에는 선명한 변화가 일어났다. 적어도 체제위기나 국익의 치명적인 손상이 없는 한, 세계 어느 국가와도 우호적인 관계를 유지한다는 대범함을 지니기 시작한 것이다. 비록 달라이라마, 대만, 불량식품 문제 등으로 소음이 없지 않지만 중국은 지금 유사 이래 가장 평화적이고 조화로운 대외관계를 구가하고 있다. 오랫동안 주변국들과 해결하지 못하고 있던 영토분쟁에 대해서도 전향적인 자세로 문제를 풀어가고 있다. 중·일관계도 이런 분위기에 편승하고 있다. 한동안 극단을 치달으며 악화일로를 걷던 양국관계가 최근 정상 간의 교차방문을 통해 해빙무드를 조성하고 있는 것이다.

대중문화 속 일본인의 이미지에 미묘한 변화가 나타나기 시작한 것도 이런 해빙무드와 무관하지 않을 것이다. 영상물 속에서 무조건적인 악인들로 묘사되던 일본인들도 피가 돌고, 가정이 있고, 나름의 사정이 있는 보통사람들로 묘사되기 시작한 것이다. 최근 방영된 인기 대작드라마 〈틈관동(闖關東)〉에 등장하는 일랑(一郎)이 그런 경우다. 만주국 시절, 전염병에 걸려 일본인 사회가 버린 아이 일랑을 주인공인 주카이산(朱開山) 일가가 거두어 목숨을 구하고 친부모를 찾아주는 것이다. 마치 이제 원한서린 감정을 거두고 일본인을 포용하겠다는 중국의 심경변화를 암시하는 듯 보인다. 인기 한국드라마의 개봉관 역할 하던 CCTV8 드라마 채널의 〈해외극장〉에 이제 일본드라마가 그 주된 지위를 차지한 일도 중 · 일 화해무드와 함께 주목할 만하다.

중국 속담에 '불타불상식(不打不相識)'이란 말이 있다. 서로 다투어본 사람들이 서로 잘 이해하고 친해질 수도 있음을 뜻하는 말이다. 한마디로 미운 정 고운 정이 다 든 사이를 일컫는다. 중국과 일본 사이가 그런 관계다. 사실 그간 미운 정이 너무 사무쳐 고운 정이 생겨날 여지가 없었다. 그러나 이제 중국이 지난 세기의 굴욕적인 기억들을 털어버리고 일어서면서, 스스로 자신감을 바탕으로 일본마저 포용하겠다는 대범한 면모를 드러내고 있는 것이다. 그렇게 하는 것이 실속을 따져보아도 자신들의 국가 이익에 부합하기 때문이다.

수교 직후 신선하고 꽤나 괜찮아 보이던 한국인에 대한 인상이 차츰 시들해지며 나쁜 모습들이 불거져 보이기 시작한 반면, 너무 나쁘게만 보이던 일본인에 대해 그들도 따뜻한 피가 흐르는 그런대로 괜찮은 사람들임을 새롭게 인식하게 된 것이라고 최근 상황을 설명할 수 있지 않을까. 한·중·일 삼국 사이에는 미묘하고 복잡한 삼각관계가 얽혀있다. 일본은 한국과 중국이 과거사의 민족감정으로 한 통속이 되어 일본을 견제하고 압박한다고 생각한다. 특히 역사적으로 한국은 항상 중국의 하수인으로 일본을 대해왔다고 경멸한다. 중국은 한국과 일본이 다 같이 미국의 동맹국으로 지역에서 미국의 이익을 대변하는 파수대 역할을 한다고 경계를 늦추지 않는다. 이런 생각에서 중국은 북한의 보호자 역할에 매우 충실하고 집착한다. 한국은 중국과 일본이라는 두 나라가 자신들의 이익에 부합한다면 언제든 상대적 약소국인 한국을 배제한 채 자기들끼리 의사결정을 할 것이라고 조바심한다. 그래서 사석에서 한국을 자주 형제국으로 지칭하는 중국인의 속내를 의심한다.

비록 일본에 대해 국가나 민족 사이의 집단감정은 나쁠지라도, 한국인과 일본인을 모두 다양하게 접해본 중국인들이 일본인에게 더 높은 점수를 준다는 것은 숨길 수 없는 사실이다. 경솔하고 건방진 한국인에 비해 속마음이야 어떻든 진지하고 친절한 일본사람에 호감이 간다는 것이다. 또 일본이 부자 나라라는 점에는 이견을 달지 않지만, 한국이 부자 나라라거나 한국인들의 생활수준이 중국보다 앞선다는 견해에는 고개를 갸우뚱하는 중국인이 적지 않다. 더구나 최근의 국제적 금융위기가 파생한 한국 화폐의 가치하락은 중국에서 한국과 한국인의 스타일을 크게 구기게 하고 있다.

비록 이젠 쇠퇴기에 접어들었지만 중국에서 한류가 남긴 인상과 사회적 문화적 영향력은 강렬했다. 불고기, 김치, 된장국과 같은 한국음식이 별미 건강식으로 중국인의 식탁에 오르고 고급 외식메뉴로 정착되었다. 비록 편수가 줄어들긴 했지만 한국의 인기드라마가 여전히 중국 TV채널을 점유하며 고정적인 마니아 계층을 확보하고 있다. 종합 문화상품인 드라마는 청소년들의 의상, 여성들의 미용과 헤어스타일 등 수많은 파생효과를 유발했다. 올림픽 종목인 태권도는 아동들의 심신 및 체력단련 및 여성들의 호신술과 다이어트 수단으로 중국사회에 광범위하게 보급되고 있다. 그러나 유의할 점은 이 모든 한류현상이 세월이 흐르며 서서히 한국 색은 퇴색하고 철저히 중국화 되고 있다는 점이다. 이런 점이 수천 년 외래문화를 수용하며 발전해온 중국문화의 저력이자 흡인력이라고 해야 할 것이다.

한류의 거품이 꺼졌다는 말은 한국과 한국인에 대한 환상이 사라졌다는 의미이기도 하다. 한국에 대한 지나친 몰입에서 탈피하여, 이제 한국을 한류의 본산인 이웃의 멋진 나라가 아닌 세계 속의 평범한 중소국으로 바라보는 객관성을 견지하려는 분위기가 팽배하고 있다. 중국이 바야흐로 세계적인 강대국으로 도약하는 마당에 작은 이웃나라에 문화적으로 예속된 듯이 보이는 것이 자존심 상하는 일일 수도 있다. 사실 곰곰이 생각하면 이것이 한국에게 그리 나쁜 일은 아니다. 환상과 찬사의 대상이라는 부담스러운 지위보다 있는 그대로를 보여주는 진솔함이 속 편한 것이다. 한류에 미련을 버리지 못하고 안타까워할 일이 아니다. 이제 서로에 대해 편견이나 오해를 버리고, 공정하고 투명한 관계를 쌓아나갈 새로운 출발점에 다시 서 있다고 여기는 것이 바람직할 것이다.

Chapter 3

중국에서 살다보면 누구나
중국을 좋아하게 된다

중국은 매우 혼란스러운 곳이다. 민주주의가 없지만 인민들은 이전보다 더 많은 자유를 누리고 있다. 국가가 인터넷을 통제하고 있지만 전 세계에서 가장 많은 인구가 매일 인터넷을 누비고 다닌다. 언론자유는 없지만 돈 벌 자유는 있다. 중국은 정말 많은 변화를 거쳤고, 높은 경제성장률이 정치안정을 유지하게 한다. 그러나 그 속에 날로 커지는 빈부격차와 환경오염, 농민공의 노동력 착취 등과 같은 어두운 면이 숨어 있다.

작가 장리자(張麗佳)

중국에 유학하거나 주재근무를 하는 한국 사람들은 그 기간에 대개 많은 사고를 하게 된다. 한국과 중국의 특수한 관계에 대해서 말이다. 다른 나라에 다녀온 사람들이 이국적인 문화와 풍물에 실컷 호기심을 충족시키고 오는 것과는 상황이 많이 다르다. 이웃나라인 한국과 중국은 역사적으로나, 문화적으로나, 언어적으로나 너무 많은 연계성을 지니고 있다. 그래서 중국에서 한국의 정체성에 대해 고민하다보면 한국의 객관적인 모습을 선명하게 느끼고 그려볼 수 있다.

중국인들의 한국에 대한 감정은 이중적이다. 한국과 한국인에 대해 '근면한 국민성과 경제발전으로 잘사는 나라', '동양의 유태인' '대장금의 나라', '민족주의와 강한 애국심으로 뭉쳐진 나라', '스포츠 강국' 등의 좋은 이미지를 지니고 있는 반면, '중국의 한 개 성(省)보다 작은 나라', '조공을 바치던 속국', '중국문화의 저작권을 도둑질 하는 나라', '미국의 식민지나 다름없는 문화적 종속국', '전세계적으로 화교가 가장 가난하고 차이나타운이 없는 나라' 등과 같은 비하심리를 동시에 지니고 있다. 단적으로 말해 한국을 선린관계를 유지해야 할 친근한 이웃나라로 여기기도 하지만, 예전의 주변 속국이 이제 주머니에 돈을 좀 지녔다고 뻐기고 다닌다는 경멸감도 지닌 이중적 심리상태라고 보아 틀리지 않는다.

그래서 재중 한국인들은 중국인들과 사귀고 부대끼다 그들로부터 한국은 중국의 속국이었지 않느냐는 조롱 섞인 질문을 받기도 하고, 한국 관광을 다녀왔는데 공항에서부터 중국보다 선진국이었음을 느낄 수 있었다는 칭찬을 듣기도 한다. 때로 중국의 한 개 성보다 작은 나라사람들이 뭐 그리 위세를 부리고 다니느냐는 힐난을 듣기도 하고, 한국 사람들은 좋은 환경에서 잘 먹고 잘 살아서 그런지 중국 사람들보다 평균적으로 10살은 젊게 보인다는 부러움을 사기도 한다.

그러나 개인차원을 넘어 국가차원으로 옮겨가면 상황은 매우 달라진다. 더구나 최근 개혁개방의 성과에 대한 자부심과 베이징올림픽의 성공적 개최에 따른 자신감을 바탕으로 중국의 국제적 지위가 부상하면서 중국이 세계를 보는 시각에도 변화가 찾아온 것이다. 우리가 생각하는 것보다 중국은 한국에 무관심한 듯 보인다. 도리어 동남아와 아프리카에 더 관심과 정열을 쏟아 붓는다. 적어도 자신들이 어깨를 견줄 상대는 미국이나 EU 정도라고 생각한다. 아시아에서는 일본, 인도 정도가 자신과 같은 반열에 오를 수 있는 나라라고 생각한다. 수교 후 한동안 한류열기를 타고 중국에서 한국에 대한 관심과 호감이 고조되었던 시기가 있었다. 한국인들이 역사상 처음으로 중국에 대해 우월감을 지닐 수 있었던 세월이다. 그러나 이제 그런 시대가 마무리되어가고 있다.

중국의 한국인들이 한·중 관계와 한국의 정체성에 대해 사고하고 고민한 결과는 대개 두 가지 유형으로 나타난다. 그 하나는 중국문화와 역사를 찬미하는 중화문명 숭배자가 되는 경우다. 또 하나는 중국역사와 문화에 대한 이해를 바탕으로 우리의 정체성을 분리 확보하려는 마음에서 더욱 철저한 애국자, 민족주의자가 되는 경우다. 그러나 어느 경우든 큰 나라 중국의 포용력과 중국문화의 다양한 면모에 대해 이해와 애정을 지니게 된다는 점은 공통적이다. 이것이 중국문화의 흡인력이라 할 수 있을 것이다. 그리고 이는 중국을 가보지 않은 사람이나, 단기관광을 다녀온 사람들이 중국에 대해 지닌 나쁜 선입견이나 악감정과는 크게 대비되는 일이기도 하다.

수시로 국내언론을 장식하는 중국의 불량식품, 자연재해, 괴질 등에 관한 공포스러운 뉴스에도 불구하고 유학이든, 주재근무든 중국서 오래 지내다 온 사람치고 중국을 나쁘게 말하는 사람은 거의 없다. 매체를 통해 듣는 중국과 직접 살아본 생활 속의 중국과는 큰 차이가 있다. 사건사고는 그 넓은 대륙의 어느 작은 모퉁이에서 일어나는 일들이고, 불량식품 사고는 대개 정상적인 유통과정을 거치지 않는 싸구려 상품들을 소비하는 상황에서 발생하기 때문이다. 설사 중국을 나쁘게 말하는 사람이 있다손 치더라도 그는 아마 십중팔구 오래지 않아 다시 중국 땅을 찾을 것이다. 그것은 한국인에게 중국이 많은 매력을 지니고 있기 때문이다. 그 매력 속에는 중국생활의 편안함, 음식문화의 다양성, 저렴한 물가, 중국인들의 이방인에 대한 환대와 펑유(朋友, 친구) 맺기, 다양한 기후대가 공존하는 중국 대륙의 자연미와 여행의 즐거움 등과 같은 요소들이 포함된다.

다른 부분은 수긍이 간다손 치더라도 중국생활이 편안하다는 점에 대해서는 의아스러워할 사람들이 많을 것이다. '중국적 편안함'이란 한 개인의 생존과 생활에 수반되는 사회적 스트레스가 적거나 거의 없다는 점을 말하는 것이다. 현지의 한국기업에 오래 근무한 중국인 직원의 양국 근로문화에 대한 비교와 관점을 들어보자.

"한국인들은 항상 달성하기 어려운 목표를 설정한다. 그리고 개인생활이나 가정생활을 희생하며 야근을 불사하고 일한다. 때로 뒤

처지는 동료가 있으면 함께 도와주며 협동정신을 발휘한다. 그럼에도 달성되지 못하는 목표는 몇 차례 연기되고 수정된 다음에야 비로소 마무리된다. 중국인들도 한국인들의 이러한 근면성을 인정하고 본받아야 할 점이라고 여긴다. 그러나 그것이 전부는 아니다. 중국인들은 무난하게 달성할 수 있는 합리적인 목표를 설정한다. 그리 가혹한 노력이 수반되지도 않는다. 그러나 설정한 목표를 제때 달성하고는 폭죽을 터트리며 함께 축하하고 기뻐한다. 비록 한국인들보다 목표달성에 얼마간 늦을 수도 있지만 그 성취의 기쁨은 훨씬 클 것이다. 이것이 중국식이고 우리는 이런 방식을 선호한다.”

이것은 양 국민의 사고방식의 차이를 보여주는 사례다. 중국적 방식을 게으름과 태만이라고 폄하하기도 하지만 적어도 긴장과 스트레스를 적게 유발한다는 점은 확실하다. 그리고 이런 사고방식은 중국의 사회규율이나 질서규정에도 스며있다. 적어도 큰 틀의 원칙에 벗어나지 않고, 지나친 무리수를 두지 않는 한 융통성과 관용이 통하는 사회라는 것이다.

중국의 교통 무질서에 대해 외국인들은 자주 입방아를 찧는다. 중국 최고의 명문대학과 써후(搜狐), 마이크로소프트 등의 IT기업들이 밀집한 우다오커우(五道口) 사거리도 질서가 없기는 마찬가지다. 출퇴근 시간이면 교통경찰이 지키고 있건만 큰 교통장애가 발생하지 않으면 간섭하지도 않는다. 사람이나 차의 신호를 엄격히 지키지는 않지만, 오래 중국에서 생활하면서 습관이 되면 오히려 중국적 방식이 편리한 점도 있음을 느끼게 된다. 신호에 얽매이지 않고 요령껏 서로 피해 다니면 되기 때문이다. 무질서 속에 질서가 있어서 결코 사고율을 높이지 않는다.

길에서 작은 쓰레기를 버릴 곳이 없으면 고생스럽게 오래 들고 다닐 필요없이 적당히 처리하면 된다. 최근 공공장소 흡연이 법률로 금지되었지만 참기 힘들면 아무 곳에서나 담배를 빼물어도 제지하는 사람이 없다. 멀리 돌아가야 횡단보도가 있어 힘들게 느껴지면 적당히 차를 피해 무단횡단 하되 자신의 안전만 잘 살피면 된다. 대중교통 안에서 대화를 하거나 핸드폰 통화를 할 때도 입을 가리거나 다른 사람의 눈치를 볼 필요가 없다. 아무도 신경 쓰지 않으므로 이런 일에 대해 누구도 그리 각박하게 따지거나 엄격하게 벌금을 물리고 힐난하지 않는다. 중국에서 외국인, 특히 사회적 도덕률이나 경범죄 규정이 엄격한 나라의 국민들은 무한한 해방감을 느낀다.

중국인의 공중도덕, 준법정신, 민도를 비꼬아서 말하려는 것은 결코 아니다. 그리고 중국사회의 무질서와 악습이 성장기의 과도기적 현상이어서, 소득수준 향상과 국제화에 비례하여 조만간 개선될 것이란 점도 의심할 여지가 없다. 그러나 중국인의 개인소득이 선진국 수준에 이르더라도 결코 한국이나 일본과 같이 조직사회의 수직적 서열관념, 인간성을 억누르는 엄격한 사회규율, 허식에 가까운 사교예절이 지배하는 사회로 탈바꿈하지는 않을 것이다. 그것은 중국적이지 않고, 중국인들이 수용하지 못할 것이기 때문이다. 그들은 제대로 된 인간사회란, 융통성의 양념으로 버무려서 사람 사는 맛을 좀 내며 살아가야 한다고 생각하는 것이 아닐까 싶다. 질서란 획일적 규정으로 강요할 것이 아니라 스스로 지켜야 하는 것이기 때문이다.

'중국적 편안함'에는 능력과 재력이 있는 사람이면 눈치를 보거나 도덕적 양심에 거리낌 없이 누구나 한번 마음껏 누리며 살아볼 수 있다는 점도 포함된다. 이런 사람들을 위한 위락산업이 다양하게 개발되어 있다는 점은 사회주의와 평등사상이 지배하는 중국사회의 기현상이라고 할 수 있다. 이런 현상은 중국인들의 성공관과 무관하지 않다. 그들은 성공한 사람이라면 누구나 원하는 바를 마음껏 누릴 수 있고, 그것이 인간의 본능이자 자연스러운 일이라고 여긴다. 비록 성공한 사람을 부러워하고 자신도 그런 지위에 올라서려는 욕망을 품을지언정 욕을 하거나 불평을 늘어놓지는 않는다. 서구사회의 도덕률이나 인권개념에 비추면 존재하기 어려운 위락산업이 번성하고, 이런 환경 속에 억압받지 않은 본능을 마음껏 발산하며 호기를 부려볼 수 있는 것 또한 무한한 해방감과 쾌락을 가져다준다.

중국대륙의 공산화와 냉전체제 아래 한·중 간의 교류는 단절되었다. 한국은 북방 대륙으로 향하는 길이 단절된 채 태평양으로 열린 바닷길을 통해 미국, 일본과의 교류에 집중하며 반세기를 지내

노사차관(老舍茶館)은 노사 선생의 소설 《차관》을 기려 문을 연 곳으로, 중국의 전통 공연예술을 다이제스트 방식으로 선별해 보여주는 관광용 찻집이다.

왔다. 이런 문화적 친근성 때문에 우리의 의식은 알게 모르게 미국과 일본문화의 영향을 깊게 받았다. 그리고 그런 편향성 때문에 한·중 수교 후에도 사회주의적 이념성이 강한 중국의 대중문화와 중국인의 사교문화는 한국인에게 매우 생경하게 느껴졌다. 이런 생소함에 더하여 동아시아인들이 공통적으로 지닌 서구인과 서구문화에 대한 심정적 숭배 경향은 이웃한 아시아권 문화에 대한 멸시와 홀대를 더욱 심화시키는 역할을 했다.

중국이 이웃나라인 한국을 소국으로 하찮게 여기고 무관심한 측면이 있는 것과 마찬가지로, 한국인들도 이웃나라인 대국 중국에 대해 그 국가적 무게에 비하면 꽤나 무관심한 편이다. 이는 한국에

〈적벽(赤壁)〉은 베이징올림픽을 전후해 세계적 이목을 끌 중국적 문화상품을 기획한다는 취지로 제작된 영화다. 중국 고유의 콘텐츠로 중화권 영화계의 인물과 역량을 집결시켜 제작한 작품이다.

유학하거나 주재하는 중국인들의 공통적 느낌이다. 최근 중국의 국제적 위상이 높아가고 눈부신 경제발전이 부각됨에 따라 중국 관련 뉴스가 늘어나긴 했어도, 한국인들의 국제적 시각은 여전히 서방 선진국 위주이고 때로 서방매체의 시각으로 중국을 바라보고 폄하하는 경향을 보이기도 한다는 것이 그들의 불평이다.

할리우드 영화와 일본 대중문화에 익숙한 한국인의 안목으로 바라보는 중국 대중문화는 매우 거북스럽고 이질적이다. 이는 비단 중국식 현대발레극 〈홍색낭자군(紅色娘子軍)〉이나 혁명가극 〈백모녀(白毛女)〉와 같은 사회주의 중국의 신문화에 대해서만 그런 것이 아니다. 경극(京劇), 상성(相聲), 얼런주안(二人轉) 등과 같은 중국의 전통적 공연예술에 대한 한국인들의 인상도 마찬가지다.

한국의 최고 지식인 그룹이라고 할 만한 언론인, 출판인 단체를 베이징 노사차관(老舍茶館)으로 안내한 적이 있었다. 노사 선생의 소설 《차관》을 기려 문을 연 이곳은 중국의 전통 공연예술을 다이제스트 방식으로 선별해 보여주는 관광용 찻집이다. 천편일률적인 베이징 관광에서 벗어나 보다 문화적 향기를 느낄 수 있는 곳으로 안내한다는 배려에서 이곳을 찾았건만 손님들의 인상은 "너무 경박하고 시끄럽다"는 것이었다. 이 한국인들의 귀에 그렇게 느껴진 것은 주로 고음을 구사하는 중국 전통음악의 음률이었다. 경극과 상성은 이해하지 못해 재미가 없을 것이고, 얼런주안 역시 싸구려 서커스를 보는 듯할 것이다. 그러나 뉴욕 브로드웨이 뮤지컬이나 비엔나 필의 공연을 이해 못하더라도 시끄럽다고 할 한국인은 거의 없을 것이다. 혹시 서구인들이 생산하는 선진국의 대중문화는 우아하고 품위가 있고, 짝퉁을 양산하는 중국의 대중문화는 경박스럽고 시끄러운 것은 아닐까?

거북스러움과 이질적임은 익숙하지 않고 이해가 부족하기 때문이다. 이해가 바탕이 되면 애정이 생겨난다. 피상적으로 중국을 느끼는 사람들의 선입견과 중국을 오래 겪어 그곳을 좋아하게 된 사람의 차이는 바로 여기서 비롯된다. 그러나 이제 중국의 문화적 역량도 하루가 다르게 커가고 있다. 자신들의 문화상품과 문화적 영향력을 확산하려는 체계적 노력을 하기 시작했다. 그리고 영화 〈적벽(赤壁)〉, 드라마 〈틈관동(闖關東)〉과 같은 명품을 만들어낼 수 있는 수준과 역량을 갖추어가고 있다. 베이징올림픽을 전후해 세계적 이목을 끌 중국적 문화상품을 기획한다는 취지로 제작된 〈적벽〉은 동아시아를 필두로 세계적인 흥행몰이를 하고 있다. 중국 고유의 콘텐츠로 중화권 영화계의 인물과 역량을 집결시켜 제작한 작품의 위력을 유감없이 발휘하고 있는 것이다.

〈틈관동〉 역시 중국 드라마가 그간 벗어던지지 못하던 이념성, 영세자본의 한계를 뛰어넘어 한 단계 크게 도약했음을 절감할 수 있었던 작품이다. 이제 우리가 우수 중국드라마를 국민들에게 적극적으로 소개할 시기가 왔다고 본다. 미국, 일본드라마 마니아와 함께 중국드라마 마니아들이 생겨나는 일도 우리 문화의 다양성 확보와 이웃 강대국에 대한 이해를 증진한다는 측면에서 매우 유익한 일이 될 것이라고 생각한다.

30년 전의 중국과 지금의 중국이 상전벽해와 같은 차이를 보이듯, 30년 후의 중국은 또 어떤 모습으로 우리에게 다가올지 짐작하기 어렵다. 우리는 가까운 장래 중국상품, 중국문화가 고급화되어 미국문화가 세계적으로 누리던 지위를 대신할 수도 있음을 예상하고 적극적으로 대비해야 한다. 오늘날 짝퉁 명품을 사는 일이 중국을 찾는 한국인들의 필수 관광코스가 되고 있듯이, 가까운 장래에 오리지널 중국산 명품을 사러 중국을 방문하는 사람들이 생겨날지 모른다. 지금 코카시안 광고모델을 수입하듯이 조만간 중국시장을 겨냥해 중국출신 모델을 수입해야 할 시기가 다가올 수 있음을 예상해야 한다. 더구나 지극히 가까운 거리의 이웃나라이면서, 우리와의 경제적 연계성이 나날이 증가하고 있는 중국이 아닌가. 우리 국민들이 더 이상 중국에 대한 과거의 편견과 선입견에 매몰되어 중국을 경시하고 소홀히 여기지 않도록 시각교정을 할 시점이 다가왔다고 느낀다. 그리고 중국인들이 한류와 한국드라마에 빠져 살아가기를 기대하는 환상과 문화적 자위행위는 이제 그만 거두어져야 한다.

국민의 마인드 변화를 통해 국가적으로도 대중국 전략을 재편할 시점이다. 대국의 부상을 경이감이나 두려움으로만 바라보기보다, 중국의 달라진 국제적 위상과 확대된 문화적 영향력에 대비하고 그것을 우리의 입장에서 합리적으로 수용할 태세를 갖추는 것이 중요하다. 이웃한 동아시아 국가로서 중국과의 선린을 추구하되 지역블록에서 우리의 역량을 키우고 역할을 확대시켜나갈 지혜를 발휘해야 한다. 또한 한국문화를 중국에 심고 일방적으로 확산시키겠다는 발상을 하기보다, 상호 교류와 이해를 넓힌다는 열린 마음을 가지는 것이 중요하다. 무엇보다 장기적 안목으로 그들과 진정한 친구가 되려는 자세를 지녀야한다.

중국은 다양한 민족이 함께 살아가는 드넓은 대륙이다. 베이징과 상하이와 같은 국제적인 대도시 외에도 나름의 역사와 문화적 매력을 지닌 수많은 도시들이 있다. 한국 유학생들이 베이징, 상하이의 일부 명문대학 간판에만 목을 매는 것을 안타까운 일이다. 그렇게 편중된 유학이 장래를 보장하지 못할 뿐 아니라 국가적으로도 이롭지 못하다. 내륙과 서부의 많은 도시에 한국 유학생들이 고르게 진출하여 그 지역의 전문가가 되도록 유학정책의 물꼬가 수정되어야 한다. 폭넓고 다양하게 양성된 친중(親中), 지중(知中) 인재들은 장차 한국의 대중 교섭에 소중한 인적 자산으로 활용될 것이기 때문이다.

Chapter 4

마음속의 '주유천하'
– 중국유람의 이상적 노선도

한국인들의 교류대상인 중국사람은 추상적인 중국인이 아니라 산동인, 광동인, 상해인과 같은 특정 지역의 구체적 중국인이고, 한족(漢族)이나 장족(藏族)과 같은 특정 민족의 중국인이다. 지역이 다르면 민족과 문화도 달라진다.

베이징대 교수 후자오량(胡兆量)

〈빙패(氷㲄)〉라는 제목의 영화를 중국에서 TV로 감상한 적이 있었다. 중국 북방의 젖줄 황하는 발원지에서 동류를 계속하다 간쑤성(甘肅省)에서 북쪽으로 굽이쳐 내몽골로 들어갔다 나오면서 다시 동쪽으로 휘어진다. 이 굽이치는 지점에서 황하는 여러 갈래로 나뉘어 황토 대지를 적시며 토지를 비옥하게 만든다. 이 지방을 하투(河套 오르도스)라고 부른다. '빙패'란 매년 초봄에 황하 상류의 얼음덩이가 흘러 내려와 이 하투 지방에 퇴적되어 자연적으로 만들어

겨울철이면 지린성(吉林省) 쑹화강변에는 무송(霧淞)이 낀다. 풍만 수력발전소의 영향으로 발생한 수증기가 기온차가 큰 공기와 만나 몽환적 풍경을 연출한다.

진 얼음 둑을 말한다. 얼음 둑은 강의 흐름을 막아 범람하게 함으로써 홍수를 발생시킨다. 그래서 매년 공군의 지원으로 전폭기가 출동하여 이 빙패를 파괴함으로써 강의 흐름을 정상적으로 돌린다. 이 영화는 빙패가 일으키는 홍수와 싸우며 살아가는 하투 지방 사람들의 이야기를 다루고 있다.

한국인으로서 이 영화를 재미로 보기보다 신기함으로 보았다. 한국에서는 듣지도 보지도 못했던 자연현상이기 때문이었다. 중국 대륙에는 이렇게 우리가 경험하지 못했던 경관이나 자연현상들이 무수하다.

겨울철이면 지린성(吉林省) 쑹화강변에는 무송(霧淞)이 낀다. '서

윈난성(雲南省) 남쪽 국경지역에 자리잡은 유명관광지 시솽반나(西雙版納)는 다양한 소수민족의 거주지다. 이 지역의 문화와 풍광은 동남아와 유사한 점이 많다.

리꽃' 이란 뜻의 상화(霜花)라고도 불리는 무송은 대기에 서리 같기도 하고 얼음가루 같기도 한 미백의 미세한 눈꽃을 날리며 강변을 따라 몽환적인 풍경을 연출한다. 이 풍경은 쑹화강 풍만 수력발전소의 영향으로 발생한 수증기가 기온차가 큰 공기와 만나 발생하는 현상이다. 무송은 강가의 버드나무 가지에도 얼어붙어 마치 백색 코팅을 한 것 같은 기관(奇觀)을 연출한다. 그것은 마치 컴퓨터그래픽에서나 볼 수 있을 것 같은 풍경이다.

한국인들은 종종 한반도를 좁은 땅덩이라며 한탄한다. 이는 잠재적으로 중국대륙과의 대비심리가 작용하는 일이다. 남북 분단으로 섬 아닌 섬에 갇혀버린 데다가, 성격이 비교적 조급한 한국인들의 공간감각과 시간감각은 확실히 중국인과 차이점이 있다. 한국인에게 10년이 한세월이라면 중국인에게 한세월은 100년이다. 멀리가야 제주, 부산, 강릉인 한국인들에게 하루 종일 기차를 타는 일도 힘든 일이건만 중국인들은 명절에 고향땅을 한 번 밟기 위해 며칠을 기차 위에서 보내는 일이 다반사다. 그것도 서민들은 침대칸이 아닌 앉아 가는 좌석에서 말이다. 중국에서 일정기간 머물며 살아가는 한국인들이 느끼는 해방감이 몇 가지 있다. 조직생활의 스트레스, 사회예절의 번거로움, 공중도덕의 중압감, 타인의 시선, 쓰레기 종량제…, 그러나 이 모든 것을 합쳐도 어디든 사방으로 끝없이 가볼 수 있는 공간적 해방감에 비길 수는 없다.

1990년대 중반 중국에서 언어와 문화를 연수하고 있을 때의 일이다. 처음 겪는 베이징의 겨울이 너무 춥고 황량해서 견디기 힘들었다. 그래서 겨울방학을 맞아 따뜻한 남쪽지방을 찾아 홀로 여행을 떠났다. 베이징을 출발해 시안(西安)에 들러 병마용을 구경하고, 쓰촨(四川)의 청두(成都)에까지 이르니 한겨울임에도 신기하게 들판에 파란 푸성귀가 돋아있었다. 그러나 어슬어슬 추운 것은 마찬가지였다. 그래서 아예 끝장을 보기로 했다. 내친 김에 윈난성(雲南省)의 도읍지 쿤밍(昆明)을 거쳐 중국의 남쪽 국경인 시솽반나(西雙版納)에까지 이르니 비로소 완연한 봄기운을 느낄 수 있었다. 그곳의 시골시장에서 다양한 민속복장의 사람들 틈에 끼어 처음 보는 과일들을 맛보고, 아열대 식물원의 눈부신 꽃향기에 취하고, 민속

촌에서 소수민족 무희들에게 전통무용을 배우며 한동안 겨울 추위
를 잊고 행복한 시간을 보낼 수 있었다.

중국이 넓음을 느끼게 하는 가장 일상적인 일은 중국TV 뉴스의
일기예보 시간이다. 뉴스 일기예보의 지명들이 열거될 때마다 언젠
가 저 고색창연한 고장들을 빠짐없이 둘러볼 날이 오리라 싶은 생
각으로 가슴이 두근거리곤 한다. 드넓은 대자연과 문명의 현장을
자유롭게 종횡하는 '주유천하의 꿈'은 중국학을 공부하는 학도들이
나, 중국에서 살아가는 외국인들의 공통된 몽상이라고 할 수 있지
않을까!

청명절의 항저우 시후(西湖), 여름철의 내몽골 후룬베이얼 대초
원, 쓰촨 북부 주자이거우(九寨溝)의 비취빛 호수들, 늦가을의 장자
제(張家界), 구이린의 양쉬(陽朔), 황산의 운무(雲霧)와 노송, 초가
을 신장(新疆)의 포도밭, 시짱(西藏)의 호수와 원시 황무지, 윈난의
민속촌과 열대식물원, 샤먼(厦門)의 겨울해변, 칭다오(靑島)의 바다
안개…

다양한 기후대의 넓은 국토, 지역마다 문화가 다른 다양한 소수
민족, 내방객을 열정적으로 환대하는 시골사람들, 수천 년 역사의
풍상이 스며든 명승지들, 무궁무진한 가짓수와 색다른 미각의 먹거
리들…

비록 중국처럼 넓은 국토를 가진 나라들이 없지 않지만 그 여행
이 안겨주는 다채로움과 이색적인 맛은 중국에 비기기 어렵다고 생

진상(晉商)박물관의 일부인 교가대원(喬家大院). 진상은 산시성(山西省)을 그 본거지로 하는 상인집단을 부르는 말이다. 교가대원은 현재 남아있는 진상 가문의 저택 중 하나인데 영화 〈홍등(紅燈)〉의 촬영지로도 유명하다.

각한다. 그래서 외국인 중국학도들은 이미 보통의 중국인들보다 더 많은 중국여행을 체험했으면서도, 마음속으로 나름의 주유천하를 꿈꾸며 중국 유람의 이상적 노선도를 하나씩 가슴에 품고 있다. 최근 선진국의 배낭여행자들이 중국의 대도시뿐 아니라 윈난성 샹그리라, 티베트 등과 같은 오지로 밀려들고 있다. 그것은 베이징올림픽을 기화로 중국여행의 안전성이 증가하면서, 저렴한 비용으로 다양한 체험과 풍광을 즐길 수 있는 곳이란 입소문이 그들 사이에 활발하게 퍼져나가고 있기 때문이다.

꽃노래도 두 번 들으면 싫고, 아름다운 풍광만을 찾아다니는 일도 싫증이 날 때가 있다. 박물관은 이럴 때 찾아가면 좋은 곳이다. 베이징 톈안먼(天安門)의 혁명역사 박물관이나 산시성(陝西省) 역사박물관 같은 종합박물관도 중국의 찬란한 역사문물을 둘러보기에 훌륭한 견학지가 되겠지만, 이와 더불어 독특한 지역문화를 담은 이색적인 박물관들을 소홀히 할 수 없다. 역사학도라면 취푸(曲阜)의 공자 박물관, 시안의 비림(碑林) 박물관을 빠트릴 수 없을 것이고, 중국의 상업사에 관심이 있는 사람이라면 호설암의 체취가 서린 항저우 호경여당(胡慶餘堂) 한약 박물관이나 산시(山西) 치셴(祁縣)의 진상(晋商) 박물관, 샤먼(厦門)의 화교 박물원을 놓칠 수 없을 것이다. 중국의 생활사를 연구하는 사람은 쑤저우(蘇州)의 실크 박물관, 징더전(景德鎭)의 자기 박물관, 저장성(浙江省)의 차(茶) 박물관을 빼놓을 수 없다.

여행의 매력은 절반이 음식문화의 체험에 있다. 중국의 음식문화가 특별한 미각과 다양성을 지닌 것은 중국인들이 예로부터 먹는 일을 매우 중요하게 여겨왔다는 사실과 중국이 다민족 국가라는 점에서 비롯된다. 아쉽게도 중국을 다녀온 많은 한국인들은 중국의 음식이 느끼하다고만 말할 뿐 그 진면목을 알지 못한다. 여행사를 통한 단체관광으로는 중국 음식문화의 정수를 접할 기회가 어렵기 때문이다. 또 가짓수가 많은 중국음식을 식당에서 적절히 주문하는 일은 외국인들에게 매우 어려운 일이라는 점도 하나의 난관이다.

더구나 혼자 여행하며 식사할 경우 불편은 더욱 가중된다. 중국

음식의 특성상 단체회식이 아니면 대중음식점을 이용하는 일이 매우 드물기 때문이다. 큰 접시의 요리를 한 둘만 주문해도 이미 혼자 먹기에 많아지기 때문이다. 그렇다고 중국여행을 하며 맥도날드나 KFC만을 찾아다닐 수도 없는 노릇이다. 2000년 이후 중국이 관광산업의 중요성에 눈을 뜨고, 특히 베이징올림픽을 유치하고 난 뒤부터 이런 문제가 크게 개선되었다. 대중식당에 사진과 영어설명을 곁들인 차이푸(菜譜, 메뉴책)가 갖추어져 외국인들이 손쉽게 음식 주문을 할 수 있게 되었다. 이와 더불어 중식 콰이찬(快餐, 인스턴트식) 식당이나 전통 샤오츠(小吃, 스낵)식당들이 수없이 생겨나 외국 여행자들이 다양한 중국음식을 손쉽게 즐길 수 있게 되었다는 점도 특기할만하다. 가령, 예진 같으면 자오쯔(餃子, 교자만두) 전문점들이 만두를 근으로 달아 파는 바람에 나홀로 여행자들이 난감했었지만, 오늘날에는 많은 세트메뉴가 개발되어 다양한 속의 만두를 한 번 주문으로 맛볼 수 있게 되었다. 중국사회의 서비스 의식과 수준이 나날이 개선되어가는 것을 이런 작은 일에서 느낄 수 있다.

중국여행의 매력은 비단 현대인들만의 전유물이 아니다. 역대 중국의 많은 시인 묵객들이 천하를 주유하고 그 벅찬 감동을 문장과 시편으로 남겼으며, 이름난 시구와 문장들은 후세 사람들이 즐겨 암송하고 지역의 풍광을 표제어로 활용해 홍보하기도 했다. 춘절이 지나 강남으로부터 꽃소식이 들려오기 시작하면 여행사들은 이백의 시구 '煙花三月下楊州(아지랑이 피고 꽃잎 날리는 삼월이면 양주로 내려가리)'를 들먹이며 사람들에게 봄나들이를 권유한다. 이런 문학적 전통은 오늘날 기행문학을 중국문학의 중요한 장르로 부상시켰다. 장엄한 중국 산하의 풍광을 역사적 일화나 인문학의 향기와 조화롭게 버무려놓은 작가 위추위(余秋雨)의 기행산문집이 어떤 명작소설보다 오랜 생명력을 지니며 베스트셀러의 반열에 올라 있는 것은 이런 문화적 배경과 무관한 일이 아니다. 여행작가 폴써로우는 독특하게 기차로 중국을 일주하고 그 결과를 기행문집으로 남겼다.

기차는 중국여행과 불가분의 관계를 지니며 여행의 재미와 쾌적함을 배가시킨다. 그것은 기차가 중국의 어떤 교통수단보다 높은 정시성을 유지하는데다가, 속도의 장점만 뺀다면 비행기라는 문명의 이기보다 한층 편리하기 때문이다. 베이징에서 우루무치로 가는 특급열차를 타면 시시각각 변해가는 바깥 풍광을 바라보며 그 옛날 서역으로 출정하던 당나라 병사의 심정이 되어볼 수 있을 것이다. 세계적 황금 관광노선이 된 티베트 라싸행 '하늘열차'를 타는 행운을 누린다면 비행기가 아니라도 이렇게 높은 고지에 오를 수 있는 교통수단이 있다는 사실에 경이감을 느낄 것이다. 청두에서 쿤밍으로 향하는 계곡열차를 타면 그 깎아지른 듯한 절벽에 철길을 놓은 사람들에게 경외심을 품게 된다.

기차는 참으로 중국적인 교통수단이다. 삼 층으로 침대를 쌓아놓은 잉워(硬臥)를 탄다면 온종일 분주하게 타고내리는 사람들과 대화하며 중국 서민들의 생활상과 애환을 들을 수 있다. 값비싼 칸막이 침대칸 루안워(軟臥)를 탄다면 출장길의 공무원이나 기업간부들과 품격있는 대화를 나누어볼 수 있을 것이다. 만일 가족이나 벗들과 루안워 한 칸 4개의 침대를 독차지하여 별실 여행을 할 수 있다면 멋진 중국여행의 추억을 만들어볼 수 있을 것이다. 그리고 고단한 열차에서의 밤을 보낸 뒤 찬란한 햇살이 빛나는 아침, 곧 도착할 목적지를 앞두고 흘러나오는 얼후(二胡)로 연주하는 애잔한 '쩐더 하오샹니(眞的好想你, 사무치게 그리운 당신)'를 듣게 되면 누구나 감상에 젖게 될 것이다.

만일 1년 계획의 중국 어학연수 프로그램을 여행과 결합시켜 주유천하의 꿈을 실현시킬 수 있게 한다면 아주 멋지고 보람있는 중국체류가 될 것이다. 1년을 계절별로 3개월 단위로 나누어 학교와 지역을 바꾸어가며 어학연수를 실시하는 것이다. 먼저 헤이룽장성(黑龍江省你) 하얼빈에서 선선한 여름을 보내며 중국어 초급단계를 이수한다. 이 지역은 정확한 표준어를 구사하는 곳이므로 중국어를 시작하는 사람들이 발음을 익히기에 좋은 곳이다. 여유시간에 가까운 초원지역이나 흥안령산맥의 원시삼림을 체험할 수도 있을 것이다. 가을에는 수도 베이징으로 와서 천년고도의 인문학적 향기를 흠뻑 흡수한다. 가을은 베이징의 사계절 중 유일하게 쾌적한 시기다. 봄의 황사, 겨울의 건조함, 여름의 더위를 피할 수 있기 때문이다. 겨울이 다가오면 푸젠성(福建省) 샤먼으로 옮긴다. 하이난섬도 좋겠지만 관광객들이 지나치게 붐비는 곳은 피하는 것이 좋을 것이다. 샤먼에서 온화한 겨울을 지내며 전 세계로 뻗어나간 해외 화교들의 고향을 둘러보고 그들의 문화를 이해하면 좋은 체험이 될 것이다. 봄이 오면 산둥성 칭다오(青島)로 옮긴다. 복숭아꽃이 만개하는 이 고장의 봄은 찬란한 계절이다. 역사적으로 한반도와 불가분의 인연을 맺고 있는 이 지역에서 한·중 관계의 미래를 고민해보는 것도 의미 있는 일이 될 것이다. 유교문화의 발상지인 취푸나 오악(五嶽)의 으뜸인 태산과 같은 명승지를 견학하는 일도 빠트릴 수 없다.

위에서 열거한 도시와 함께 타이위안(太原), 시안, 쑤저우, 청두, 쿤밍, 충칭, 상하이 등과 같이 역사와 인문학적 향기를 갖춘 내륙도시와 국제적인 대도시들을 번갈아가며 대상지로 고려해볼 수 있다. 이제 머지않은 한·중 수교 20주년을 앞두고 한국인의 중국여행도 재편할 시기가 되었다고 생각한다. 싸구려, 덤핑, 억지쇼핑 관광을 벗어나 좀 더 중국의 멋과 아름다움을 느낄 수 있는 여행상품을 내놓을 단계에 이르렀다고 본다. 여행 대상지도 백두산, 장자제, 황산, 베이징, 상하이 등과 같이 이미 많은 사람들이 다녀온 목적지들을 벗어나 내륙 여러 도시로 다양화시킬 필요가 있다. 최근 중국 내에서 인터넷 설문조사를 통해 '가장 편히 쉴 수 있는 관광지'로 뽑힌 항저우, 청두, 쿤밍, 잔장(湛江), 베이하이(北海), 주하이(珠海)

등과 같은 곳들이 번잡하지 않으면서 호젓하게 관광할 수 있는 아
름다운 도시들이다.

Chapter 5

조선족과 중국동포

한국인의 국가관과 민족관은 이중성과 모순을 지니고 있다. 이주민, 귀화인에게 하루 빨리 한국인이 되기를 요구하면서, 외국으로 이주한 해외교포들에게는 오래토록 한국의 문화, 언어, 관습을 유지해주길 바란다.

1992년 한·중 수교는 중국 내 조선족들의 거주지 분포에 일대 변혁을 몰고 왔다. 연변을 중심으로 동북지역 여러 곳에 집단거주지를 이루며 생활하던 그들이 한국기업들이 진출한 베이징, 톈진, 칭다오, 옌타이, 웨이하이, 다롄, 상하이 등지로 일자리를 찾아 대거 이주했기 때문이다. 여기다 한국으로 직접 건너가 한밑천 잡고 돌아오려는 사람들이 줄을 이어 교포사회는 이른바 코리안드림으로 요동쳤다. 지금도 중국교포들이 한국에서 연변으로 가족, 친지들에게 송금하는 외화가 지린성(吉林省) 전체 재정수입의 상당한 비중을 차지하고 있다.

오랫동안 교포사회는 중국의 사회주의 동맹국인 북한의 정치적, 문화적 영향력 아래 있었다. 특히 북한과 국경이 인접한 연변지역은 북한과 인적, 물적 교류도 활발했을 뿐 아니라 북한에 친척을 두고 있는 사람도 적지 않다. 연변지역을 국한할 경우 함경도에 원적을 두고 있는 교포들이 많기 때문이다. 민족학교에서는 북한의 혁명가요를 가르치고, 김일성을 민족의 자랑스런 영웅으로 받들며 살아왔던 것이다. 그런데 한·중 수교 이후 한국과 한국인이 등장하면서 모든 것이 달라지기 시작했다. 교포사회는 심정적으로 가난하고 낙후된 북한으로부터 차츰 멀어지기 시작했다.

일본기업의 중국 진출보다 20년가량 늦게 이루어진 한국기업의 중국 진출이 단기간에 비교적 원활하게 이루어진 것은 바로 한·중 문화의 경계인으로서 조선족들의 역할과 기여가 있었기 때문이다. 한·중 수교를 전후하여 그들은 현지 한국인들의 통역과 생활전반을 보좌하며 현지정착을 도와주었다. 그러나 때로 예기치 못한 갈등상황이 생기기도 했다. 그들이 언어 통역자로서의 역할을 넘어서 한국인의 대리인 노릇을 하는데 따른 문제점이었다. '왜 우리가 소수민족인 조선족 통역의 지휘와 감시를 받아야 하는가' 라는 푸념이 한족 직원들의 입에서 흘러나왔던 것이다.

문제는 비단 기업조직 내부에 국한되지 않았다. 현지 한국인 사회와 중국교포와의 관계도 차츰 변질되어 갔다. 피를 나눈 동포라는 순수함, 말과 문화가 통하는 한 민족이라는 정으로 만났던 사람들이 차츰 이해타산을 따지기 시작한 것이다. 중국교포들이 한국인을 경제적인 기대감으로 대하고 돈벌이 대상으로만 여긴 것과 마찬가지로, 한국인들은 중국교포들에게 공허한 약속을 남발하여 기대감을 부풀리며 그들을 이용하려는 자세를 취했다. 여기다 일부 중국교포 불량배들이 한국인을 납치하여 몸값을 요구하는 일이 생기고, 한국인을 대상으로 한 사기사건이 빈번하게 발생하자 상황은 더욱 악화되었다. 게다가 일부 한국인들은 중국교포들을 대상으로 거액의 비용을 갈취하는 국제결혼·취업 사기 행각을 일삼아 교포사회의 원망과 분노를 샀다. 이리하여 한·중 수교 이후 비교적 순탄하게 발전해오던 한국인과 중국교포와의 관계는 2000년을 전후하여 한차례 큰 홍역을 치러야했다.

양측의 갈등을 곰곰이 생각해보면 그 바탕에는 결국 경제적 생활수준의 차이가 도사리고 있다. 그래서 재미교포나 재일교포와는 발생하지 않는 문제가 중국교포와의 사이에 빈번하게 돌출하는 것이다. 한국과 한국인들에게 품는 중국교포들의 경제적 기대감과 이에 적절히 호응하지 못하면서 이용만 하려는 한국인의 심리가 문제를 더욱 키우는 것이다. 이것은 마치 탈북자들이 연변에서 중국교포들과 빚는 충돌과 닮은 점이 있다. 목숨을 걸고 어려운 결단을 내려 중국으로 건너왔건만 생계가 막연한 그들은 왕왕 중국교포들에게

"피를 나눈 동포인데 왜 도와주지 않는가?"라는 원망 섞인 푸념을 늘어놓는 것이다. 그러므로 중국에서 한국인과 중국교포들이 빚는 갈등은 중국교포들의 소득과 생활수준이 한국에 근접할 때까지 사라지지 않고 계속될 것이라고 예상할 수 있다.

오늘날 조선족은 중국에서 가장 해외진출이 활발한 소수민족이다. 유학, 이민, 해외취업 등으로 일본, 미국, 유럽, 중동 등 다양한 지역으로 조선족들이 진출하고 있다. 그것은 그들이 다문화와 다중언어의 자질을 지니고 있기 때문이다. 기본적으로 중국어와 한국어에 능통하고 일본어에 능통한 사람들도 많다. 중국교포들이 집중된 중국 동북지방은 역사적으로 만주국이 자리 잡았던 지역이어서 일본어를 가르칠 수 있는 교사들이 많아 초·중등 민족학교에서 영어보다 일본어 교육에 치중했기 때문이다. 이 때문에 우수한 교포 인재들의 명문대학 진학이 곤란을 겪기도 했지만, 중국 진출 일본기업들은 조선족 인재들을 매우 선호한다. 한·중·일 3국 언어와 문화에 모두 익숙하기 때문이다. 역사적으로나 문화적으로 자신들이 지닌 정체성의 혼돈이 한편으로 이렇게 도움이 되는 측면도 있는 것이다.

중국 조선족은 소수민족 가운데 교육수준이 가장 높다. 그들은 유전적으로 두뇌가 총명하고 청결한 생활문화를 지닌 민족이라는 자부심을 지니고 있다. 그리고 2세들에 대한 교육열이 대단하다. 온갖 희생을 무릅쓰고도 자식들에게 고등교육을 시킨다. 그래서 그런지 매년 실시되는 대입시험인 가오카오(高考)에서 지역수석을 교포 자녀가 차지하는 일이 잦다. 조선족 아이들은 어릴 때부터 부모로부터 중국에서 소수민족으로 살아가고 출세하기 위해서는 특별한 노력과 각오를 다져야 한다는 비장한 훈육을 받는다. 이런 점이 그들을 더욱 분발하게 하는 것이리라. 중국 동북지역에는 적지 않은 조선족 민족학교들이 있고, 이곳에서 아이들은 중국의 정규 교과과정과 함께 민족 언어와 문화를 교육받는다. 서구화된 한국사회보다 어쩌면 중국교포 사회가 더욱 순수하고 전통적인 민족문화를 보존하고 있는지 모른다.

한·중 수교가 몰고 온 일대 변혁이 경제적으로 그들의 생활수준을 획기적으로 상승시키긴 했지만 한편으론 조선족 사회의 기반을 무너뜨리는 부작용을 낳았다. 한국기업이 진출한 중국 내 대도시외에도 일자리를 찾아 청년들과 장년층이 한국으로 대거 몰려나가면서 연변을 위시한 중국 내 조선족 거주지에는 급격한 인구감소가 일어났다. 게다가 대부분의 가정에 노인과 아이들만 남아 이산가족이 되거나 가정 자체가 해체되는 일도 다반사였다. 그리고 조선족이 빠져나간 자리에 한족들이 대거 유입되면서 연변 조선족 자치주는 초창기 60%에 달하던 조선족 비율이 30%대로 내려앉았다. 이나마 감소추세가 지속되고 있어 이제 조선족 자치주는 무늬만 남은 셈이 되었다.

중국 내 교포사회의 또 다른 문제점은 산업기반이 열악하고, 이를 뒷받침할 인재육성이 어렵다는 점이다. 한국에서 일정한 자본을 축적하여 귀국한 사람들이 할 수 있는 일은 식당, 다방 등과 같은 소비성 서비스산업의 수준을 벗어나지 못한다. 별다른 창업지식이나 산업기술의 기반이 없기 때문이다. 여기다 일단 한국수준의 급여와 소비를 경험한 사람들이 중국 내 취업이나 노동을 기피하는 풍조가 만연하여, 교포사회의 농업기반이나 일자리를 대부분 한족들이 차지하게 되는 상황이 빚어졌다. 만일 한국이 교포사회를 위한 실질적인 지원을 도모한다면 이들에 대한 창업지원, 기술교육 등으로 산업기반을 확충하는 일이나, 이를 뒷받침할 인재교육과 같은 장기적인 프로젝트에 관심을 가져야 할 것이다.

중국에는 55개의 소수민족이 있고, 이 중 상당수는 한족에 동화되어 사라져가는 과정에 있다. 1,000만 명에 육박하는 상당한 규모를 이루고 있으면서 우리와 혈연적으로 가장 가까운 만주족은 바로 이 사라져가는 민족 중 하나다. 비록 청을 건국하여 수적으로 100배에 가까운 한족을 통치하는 역사적 영광을 누렸지만 그것이 도리어 화근이 되었다. 군집생활을 포기하고, 한족과 통혼을 하면서 그들은 혈통적으로, 문화적으로 아무런 정체성을 지니지 못하게 되었다. 불과 한 세기만에 만주어를 읽고 말하는 사람조차 사라져버렸다. 역사적으로 선비족, 거란족이 흔적을 남기지 않고 사라졌듯이 다시 100년이 지난 후에는 만주족의 존재를 역사책 속에서나 찾을 수 있을지 모른다.

이에 비하면 조선족, 몽골족은 경우가 좀 다르다. 대한민국과 몽골공화국이라는 별도의 민족국가가 있다는 점에서 말이다. 이것은 다민족 국가에서 살아가는 소수민족이 자신들의 커뮤니티와 정체성을 얼마나 오래 유지할 수 있는가 하는 점에 결정적인 영향을 미친다. 그러나 시간의 완급에 차이가 있을지언정 조선족이 언어적으로, 문화적으로 중국에 동화되는 것은 피할 수 없는 일이다. 그리고 그것을 애석하게 여길 일도 아니다. 한국에서 살다가 대만이나 3국으로 이주한 화교들이 한국문화, 특히 김치와 같은 자극적인 음식문화에 대한 향수를 잊지 못하는 경우를 볼 수 있다. 한 인간이 성장기에 일상적으로 접하는 문화는 곧 그 사람이 지닐 정체성의 본령을 차지한다. 한국으로 이주하거나 일정기간 노동에 종사하는 중국교포들이 밀집한 지역에 중국식 양념으로 만든 음식을 파는 식당이나 양고기 꼬치구이집이 꾸준히 늘어나는 것도 같은 이유에서 빚어지는 일이다.

다민족사회를 경험해보지 못한 한국인들은 중국교포들을 한국인으로 대하거나, 한국인이 되어 주기를 바라는 심정적 기대로 접촉한다. 이런 민족적 온정주의로 그들을 대하는 것은 양측 모두에게 어색하고 바람직하지 못하다. 비록 혈통의 친근성은 있을지언정 그들은 이미 문화적으로, 언어적으로 상당 부분 중국인이 되어있기 때문이다.

그들이 중국에서 그 나라의 건실한 공민으로서 행복한 삶을 누리도록 돕고 배려한다는 마음가짐이 필요하다. 한국에서 살아가는 화교들이 한국의 사회관습을 무시하며 스스로를 중국인이라 여기고 중국식 생활방식을 고수한다면 우리가 달갑지 않게 여길 것과 마찬가지로, 우리가 중국교포들로 하여금 한국인이 되어주기를 바라거나 한국의 문화와 관습을 유지하도록 강요하는 것은 온당치 못한 일이다. 이것은 중국뿐 아니라 해외 각국에 흩어져 사는 해외교포들에게 동일하게 배려해야할 본국민의 마음가짐이다.

다만 중국교포를 '조선족'이라고 냉정하고 비하하듯이 부르기보다, 정감어린 '중국동포'라는 말로 지칭하는 정도의 민족적 온정은 지녀도 무방할 것이다. 그들도 그렇게 불리기를 원하고 있으니 말이다.

닮은 듯 다른 한국인과 중국인

1. 중국인의 숫자감각

숫자에 대한 기호는 한 나라와 민족의 문화를 담는 상징성을 지니고 있다. 특히 13억의 중국인들이 숫자에 담는 의미와 집착은 남다르고도 유별나다. 1부터 10까지의 숫자 중 중국인들이 비교적 선호하는 숫자를 고르면 '8', '6', '9'를 꼽을 수 있으며, 기피하는 숫자는 '7', '4'를 꼽을 수 있다. 나머지 숫자들은 이들만큼 부여하는 의미가 두드러지지 않으므로 언급을 생략한다.

'8(八)'은 중국인들이 제일 좋아하는 숫자다. '八'이 발음상 '發財(부자가 되다)'라는 단어의 '發'자와 비슷하기 때문이다. '9(九)'는 '영구적이다, 장수하다'는 뜻을 가진 '久'와 발음이 비슷해 선호하는 숫자에 꼽힌다. 중국 어느 도시의 자동차 번호판 경매에서 '888-9988'가 엄청난 고가에 낙찰되었다고 한다. 이 번호가 중국인의 의식에 '發發發-久久發發'로 느껴져 '영구히 재운이 따른다'는 말로 들리기 때문이다. 이에 비해 '7456'과 같은 숫자조합은 기피대상이다. 그 발음이 '열 받아 죽겠네!(氣死我了)'로 들리기 때문이다. 6(六)은 발음이 '흐르다'의 '流'나, '미끄러지다'의 '溜'와 같고 '만사가 순조롭게 잘 풀린다'는 뜻인 '류류순(六六順)'이란 구령처럼 길상(吉祥)스럽게 느껴져 선호된다.

중국인이 제일 꺼리는 숫자인 '4(四)'는 우리와 마찬가지로 죽을 사(死)와 발음이 같아 기피한다. 서구문화의 영향으로 한국인들이 비교적 좋아하는 숫자 럭키 세븐 '7(七)'을 중국인들은 장례나 제사와 많이 연관된 숫자이기 때문에 기피한다. 중국에서는 사람이 죽은 다음, 매 7일이 될 때마다 고인을 위해 제사를 지낸다. 죽은 지 7일이 되면 지전(紙錢)을 태우는 소칠(燒七)을 지내고, 49일째는 칠칠제(七七祭)를 지낸다.

2. 중국인의 색감

베이징에는 현대자동차가 생산한 택시가 물결을 이루며 거리를 누빈다. 황금색, 갈색, 보라색, 녹색 등이 복합적으로 사용된 이 택시의 색상에서 한·중 양국인의 색감이 극명하게 대비된다. 한국에서는 찾아볼 수 없는 차량 색상이기 때문이다.

베이징의 학원가에 순두부 전문 한국식당이 개업했는데 내부 장식의 기본 색상이 검정색이었다. 필자가 걱정스러워 중국인들의 색감을 알려주며 교체를 권고했는데 결국 식당은 반년을 넘기지 못하고 문을 닫아버렸다. 원래 파란색을 포장용기의 기본색상으로 사용하던 초코파이와 펩시콜라도 중국시장에서는 붉은색을 사용한다. 중국인들은 기본적으로 붉은색과 황금색을 무척 좋아한다. 그들의 의식에 황금색은 '권위와 명예'를, 붉은색은 '부와 번영'을 상징하기 때문에 곳곳에 이런 색상을 즐겨 쓴다. 기업들이 이런 트렌드를 간과할 리 없다.

색상	이미지 상징	응용	부속 상징	응용
紅(붉은색)	경사, 상서로움	결혼예복	혁명, 공산당	오성홍기, 홍군
黃(황색 황금색)	황제, 고귀	노자호 간판	색정, 에로	(황색)영화, 소설
黑(검정색)	불법, 지하세계	마피아(黑幇)	반동, 우파	흑오류(黑五類)
白(흰색)	죽음	상복	순결	백옥(白玉)

3. 중국인이 한국드라마 속에서 발견한 이상한 습관들

- 생일날 반드시 미역국을 먹고, 손님이 오면 꼭 갈비구이나 갈비찜을 내온다.
- 식사 방식이 매우 복잡해서 젓가락으로 음식을, 숟가락으로는 국과 밥을 먹는다.
- 라면을 삶아 냄비 뚜껑에 건져서 먹는다.
- 식사 후 찬물을 마시고, 가난한 가정에서도 디저트로 과일을 꼭 먹는다.
- 술잔이 비면 상대에게 술병을 건네주고 빈 잔을 들이대며 술을 따르게 한다.
- 소주를 들이키고는 반드시 "카~" 소리를 내지른다.
- 노래방 장면이 자주 나오고 빈 술병에 숟가락 꽂아 마이크로 사용한다.
- 온가족이 함께 찜질방에 자주 간다. 그곳에서 꼭 삶은 계란을 까먹는다.
- 체했을 때는 침(針)을 머리에 두어 번 문지르고 손가락을 딴다.

4. 한국인이 중국여행에서 발견한 별난 풍속들

- 더운 여름, 윗옷을 벗고 돌아다니는 남자들이 많다.

- 여성들이 초미니를 입고도 실수 없이 자전거 잘 타고 다닌다.

- 아침을 대부분 밖에서 사먹는다. 한국 돈 500원 안팎이면 거의 해결이 가능하다.

- 아직도 시골 공중화장실은 칸막이가 없는 곳이 많다. 볼일 보며 함께 수다를
  떤다.

- 머리를 잘 안 감고, 머리에 까치집을 지은 채 돌아다니는 사람이 많다.

- 미용원에서 앉은 채 두피 마사지를 겸해 머리에 샴푸를 해주는 서비스가 성
  행한다.

- 차안에서 노약자에게 자리를 잘 양보하지 않으면 승무원이 강제로 요청한다.

- 한여름에도 냉수가 아닌 뜨거운 차를 마신다.

- 자전거 주차비를 받는 곳도 있다.

- 핸드폰 요금제는 받는 사람도 돈을 낸다. 그래서 전화를 가려서 받는다.

5. 중국에 비해 서구문화의 영향을 깊게 받은 한국사회의 분위기에 대해 중국인들
   은 한국이 자신의 전통문화를 버리고 지나치게 서양의 문화와 풍속을 숭배한다
   고 느낀다. 특히 한국드라마에 자주 나타나는 파티장면이나 연미복과 드레스를
   입은 한국인들의 모습에서 그런 인상을 확인한다. 정치 외교적으로는 거의 '미
   국의 식민지'에 가깝다고 할 정도로 국제사회에서 미국의 입장에 동조한다고
   지적한다. 아울러 언론보도의 시각도 매우 미국 편향적이라고 불만을 토로한다.
   중국이 항미원조(抗美援朝 미국에 대항하고 조선을 지원함)를 위해 참전했던
   한국전쟁에 대해서도 그들은 한국인들이 진상을 잘 모른다고 생각한다. 북한
   의 남침이 있기 전에 이미 남한이 북한을 대상으로 특수부대 파견, 지구적 게
   릴라전 등을 벌이고 있었으므로 전쟁의 시작은 6.25 훨씬 이전이며 남측에서
   먼저 동기를 제공했다는 입장이다. 양국은 경제적으로 서로의 실익을 챙기면
   서, 정치적으로는 이렇게 서로의 입장 차이를 건너뛰거나 외면하고 있는 것이
   한 · 중 교류의 현실이다.

6. 한국과 중국 사이에는 2시간의 생활리듬의 차이가 있다. 시차를 말하는 것은 아니다. 2시간이라고 단정적으로 말할 수 있는 근거는 저녁 종합뉴스의 방송 시간이다. 한국에서는 밤9시에 종합뉴스를 방송하는데 반해, 중국의 저녁 종합뉴스라고 할 수 있는 CCTV 신원롄보(新聞聯播)는 저녁7시에 방송된다. 저녁 종합뉴스는 보통사람들이 하루 일과를 끝내고 귀가하여 저녁식사를 하고 편안히 휴식을 취하며 시청할 수 있는 시간대에 편성된다.

하루를 시작하는 아침 시간도 중국이 훨씬 빠르다. 한국의 학생들이 등교를 서두를 시간에 중국의 학생들은 이미 등교 후 체조를 마치고 수업을 시작한다. 겨울철이면 아직 해도 밝지 않은 이른 아침에 하얀 입김을 내뿜으며 자전거를 타고 등교하는 어린 학생들의 행렬은 중국의 미래와 희망을 상징한다. 한국인이 진출한 전 세계 모든 도시에는 한국식 사회문화가 함께 진출한다. 바로 식당, 주점, 목욕탕이다. 이들 업소들은 한국인의 야간생활, 사교, 접대 문화와 불가분의 관계를 지닌다. 한국의 주당들에게 초저녁에 불과한 밤 10시가 중국인들에게는 한밤중이다.

7. 중국 직장인들은 하루 두 번 출근한다. 보통 점심시간이 여름에는 2시간 (12:00 – 14:00), 겨울에는 2시간 반(12:00 – 14:30)으로 길어 집이 가까우면 귀가해 식사를 하고 한숨 눈을 붙이고 나온다. 그런데 오전근무를 마치고 퇴근한다고 하고, 점심식사 후 다시 일터에 나가는 것도 출근한다고 표현한다. 세계적으로 시에스타(낮잠) 습관은 대개 날씨가 무더운 아열대 지역에서 성행하는 것이 일반적인데, 중국은 북방의 광범위한 지역에서도 이 오수 습관을 지니고 있다. 한국인들은 종종 이것을 한국인의 근면성과 중국인의 나태함을 대비시키는 근거로 활용한다. 그러나 오수 습관이 건강에 도움을 주고, 오후시간 업무의 집중도나 효율성은 훨씬 높인다는 점은 분명한 사실이다.

8. 중국이 사회주의 혁명을 진행하면서 전통적 가치관과 관습을 대대적으로 청소한 일이 상대적으로 한국인들을 더욱 보수적, 전통적 사고방식에 사로잡힌

사람들로 부각되어 보이게 만든다. 중국인들은 한국인들이 여전히 유교적 예법에 따라 조상들에게 제사를 지내고, 가문의 사당과 족보를 보존하며, 서로 초면의 인사를 나눌 때 누구의 몇 대 자손이며 몇 대 조상이 무슨 벼슬을 지냈다는 등의 이야기를 주고받는 일을 매우 황당하게 여긴다. 그리고 한국인들이 대개 만난 지 반시간이 지나기 전에 서로 동향인지 여부를 확인하게 되고, 한 시간이 지나기 전에 자신이나 혹은 형제자매, 자녀들 중에 누가 어느 명문학교를 나왔는지 반드시 언급하고야 만다는 사실에서 한국사회의 보편적 지연, 혈연, 학연주의 문화를 발견한다.

9. 중국의 택시기사들은 정중하게 차려입은 승객의 외양에서 금방 한국인이나 일본인임을 알아보고 확인 질문을 한다. 한국이나 일본계 외자기업에 근무하는 중국인 직원들은 번거로운 직장예절과 사교예절을 익히고 적응하는데 많은 시간을 필요로 한다.

국제결혼으로 한국인과 사돈관계를 맺은 중국인들은 한국사회의 그 많은 전통예절과 복잡한 인사예법, 친족관계의 호칭 등에 고개를 절레절레 흔든다. 윗사람에게 술을 따를 때 두 손을 사용한다거나, 어른 앞에서 술 마실 때 몸을 돌린다거나, 특히 여성들이 음식을 씹거나 하품을 할 때 입을 가린다거나, 어른에게 음식을 집어 건넬 때 숟가락이나 젓가락 밑에 손을 받친다거나 하는 종류의 예절문화가 중국에는 없다. 중국인이 보기에 한국인의 이런 습관은 과잉예절이다.

10. 중국인들은 자신의 관시망(關係網)에 포함되는 친구와 지인에 대해서는 무한한 관심과 배려를 베풀지만, 일단 그 범주를 벗어난 타인에 대해서는 철저히 무관심할 정도로 사회적 인정미가 부족하다. 이런 일반적이고 공식적인 인간관계에서는 형식화된 습관적 말치레와 행동양식들이 사회예절처럼 굳어져있다.

가령, 길에서 만난 동네사람에게 시간이 있을 때 집에 놀러오라고 청하는 인사말, 방문객이 돌아갈 즈음이면 언제고 시간이 있을 때 반드시 다시 놀러오라고 말하는 주인의 체면치레, 방학이 되면 함께 고향으로 놀러가자는 같은 학과 친구의 초청을 곧이곧대로 듣고 실천하는 중국인은 없다. 또 상사나 연장자의 칭찬에 대해서는 반드시 '평소의 가르침 덕분에' 혹은 '항상 배려하시고 키워주셔서'와 같은 겸양의 말로 대꾸하는 것이 일반적이다. 한국인들은 통상 이런 칭찬에 '감사합니다' 혹은 '고맙습니다'라고 대꾸하는데, 이런 반응은 중국인들에게 의외라는 느낌을 주며 건방지다는 인상을 주기도 한다.

11. 한국에서 중국인을 비하해서 부르는 말 중에 '짱께'가 있다. 이 말은 원래 '장꾸이(掌櫃)'에서 비롯된 것이다. '장꾸이'는 금고(돈궤짝)를 관리하는 사람이라는 뜻으로 구시대 상점이나 식당의 주인을 호칭하는 말이었다. 원래 의미는 나쁜 말이 아니라 오늘날 '주인장' 혹은 '사장님'에 해당하는 말이다. 아마 청말과 개화기에 한국으로 건너와 장사를 하던 청나라 상인들을 호칭하던 말이 차츰 중국인을 비하하는 단어로 변질된 것이 아닌가 싶다. '짱꼴라'는 원래 일본에서 만들어진 말이다.

봉건시대에 모든 백성들은 황제의 머슴이자 노예였다. 대신들조차 황제 앞에서는 자신을 누차이(奴才)로 칭했다. 더구나 소수민족인 만주족 정권 아래 한인(漢人)들의 지위는 한층 비천했다. 짱꼴라는 일본인들이 중국인들을 '청나라의 노예'라는 뜻인 '청국노(淸國奴)'라고 부른데서 비롯된 것이다. '청국노'를 중국어로 읽으면 '칭궈누'가 되는데 이를 일본인들은 '찬코로(Chankoro)'로 발음했다. 이것을 한국인들은 다시 '짱꼴라'로 부르게 된 것이다. 중국인들이 한국인을 비하해서 부르는 말은 '가오리방쯔(高麗棒子)'다. 한국의 옛 국명인 고려에 '몽둥이'라는 뜻의 '방쯔(棒子)'를 붙인 것이다. 빨래방망이를 쓰는 문화는 오직 조선에만 있는 것이어서 이를 비하의 이미지로 활용한 것이란 분석과 만주국 시절 일제(日帝)의 앞잡이로 몽둥이를 들고 설치며 중국인을 괴롭혔던 한국인들을 비하해서 부르다 생겨난 말이란 설명이 있다.

하지만 어느 것도 정설임을 증명할 근거는 없다. '방쯔(棒子)'라는 말의 또
다른 뜻에 '놈, 녀석'으로 사람을 비하해서 부르는 뜻이 있기도 하다. 만주의
선주민들이 이주민인 산동인들을 낮추어 부르는 '산둥방쯔(山東棒子)'처럼
중국 내에서도 특정지방의 지명 뒤에 '방쯔'를 붙여 비하의 호칭으로 사용하
는 경우가 있다. 그래서 '방쯔(棒子)'가 원래 특정지역 출신의 집단을 가리키
는 '방쯔(幫子)'라는 말의 변형이 아닌가 하는 생각을 해보기도 한다. 서로
발음이 같기 때문이다.

12. 중국인들은 축구를 무지 좋아한다. 유럽과 남미의 유명 축구리그는 빠짐없
이 중계된다. 스포츠를 활용한 정치의 단면을 보여주는 일이기도 하다.
2002 월드컵 축구대회에서 한국팀이 보여준 기대이상의 선전에 중국인들이
혹평을 늘어놓은 것은 자신들의 우상인 유럽리그의 스타들이 이웃 소국인
한국에 속수무책으로 무너지는 것을 두고 볼 수가 없었던 것이다. 여기다 체
육복권이 개입된 일이 상황을 더욱 가중시켰다. 더구나 자국 축구팀의 무능
력과 대비되어 더욱 받아들이기가 어려웠을 것이다. 중국 축구팬들은 자국
국가대표팀의 성적에 절망한다.
중국 축구협회의 무능력과 운영의 난맥상은 아예 아이들까지 포함한 중국
대중의 웃음거리가 되었다. 중국인의 한국에 대한 가장 선명한 인상은 한국
이 축구, 양궁, 바둑 강국이라는 점이다. 특히 한국이 강세를 보이는 바둑,
양궁은 동양의 고유한 전통이 살아있는 경기 종목이어서 중화문명 종주국으
로서 중국의 자부심에 손상을 입히는 일이 되고 있다. 특히 베이징올림픽 양
궁 종목에서 한국팀을 이기기 위해 중국은 필사의 노력을 기울였다. 안방에
서 진행되는 올림픽에서마저 전통무예인 활쏘기 챔피언 자리를 한국에 내줄
수 없었던 것이다. 중국이 날씨 조작, 호각소리 방해 등으로 국가적으로 개
입했다는 루머까지 나돌 정도였다.

13. 중국 북방지역에 장기 체류하는 한국인들이 대개 한 번씩 겪는 풍토 질환이

피부가려움증이다. 베이징의 공기는 대륙성 기후의 전형적인 성향을 지니고 있어서 건조하기로 악명이 높다. 중추절이 지나 북풍이 불어올 즈음이면 서서히 코가 매워지고 저절로 자주 물을 들이키게 된다. 겨울철 실내난방은 건조함을 더욱 가중시킨다. 잠자리에 들면서 바닥에 흥건하게 뿌려놓은 물은 아침이면 흔적도 없이 말라 버린다. 여름에 비가 그리 잦지 않고 햇살이 따가워도 그늘에만 들어서면 그리 더운 줄 모르고 지낼 수 있다. 이런 베이징의 기후풍토 속에 한국에서 하듯이 매일 샤워를 하며 깔끔을 떨면 겨울철에 피부 가려움증을 피할 수 없다. 피부 보습제나 오일류를 바르기도 하고 온갖 방법을 다 써보지만 가려움증은 쉽게 해결되지 않는다.

이런 기후 속에 중국인들은 어떻게 살아가나 싶어 주의 깊게 살펴보았다. 오랜 시간이 지난 뒤에야 발견한 비밀은 바로 내의였다. 중국인들은 대개 11월부터 시작하여 다음해 4월경까지 내의를 착용한다. 한국처럼 겨울철에도 그리 혹독하게 춥지 않은 해양성 기후지역에서는 겨울철에 내의를 입지 않고도 견딜 수 있다. 입지 않던 사람이 입으면 도리어 불편함마저 느낀다. 그러나 대륙성 기후지역에서 내의는 비단 보온효과 뿐만 아니라 탁월한 보습효과를 가져다주는 수단이다. 물론 중국 서민들의 주거환경이 아직 집에서 편안하게 샤워를 할 여건을 갖추지 못한 점도 하나의 원인이긴 하다. 그러나 두꺼운 내의를 가을부터 봄까지 착용하고, 자주 씻지 않는 중국인들의 생활습관은 기본적으로 중국의 기후풍토에 기인하는 것이다.

14. 입식생활과 좌식생활의 차이는 한국인과 중국인의 생활문화에 많은 차이점을 파생하는 근본적인 원인이다. 집에 들어서면 신발을 벗고 실내화도 없이 맨발로 지내고, 침대 없이 바닥에 이불을 깔고 자는 한국의 주거생활 문화는 중국인들에게 매우 이질적으로 비친다.

한류 바람을 타고 중국에는 많은 한국식당들이 생겨나 성업중이다. 일부 온돌식으로 꾸민 한국 민속식당에서는 진풍경이 펼쳐진다. 대부분의 손님들이 테이블마다 책상다리를 하고 앉지만 일부 손님들은 방석이 아닌, 한국의 목욕탕에서나 볼 수 있는 낮은 플라스틱 의자를 깔고 앉는다. 바로 한족 손님들이다. 그렇게 함으로써 장시간 그냥 바닥에 앉는데 따른 하체의 고통을 줄일 수 있다. 만일 조선족 손님이 같은 식으로 앉아 있다면 그는 어릴 때부터 한족식 생활습관이 몸에 밴 사람일 것이다.

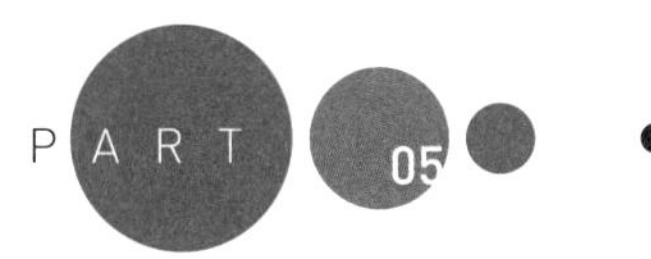

한·중 소통을 위한
몇 가지 중국문화 상식

Chapter 1

한국어 형성의 토대,
한문 번역체

우리가 중국대륙을 중심으로 한 한문 문명의 변두리에 자리 잡았고, 자신의 문자를 비교적 근년에 만들었고, 그나마 그것을 지적 활동엔 거의 쓰지 않는 터라, 우리 문체는 자연스럽게 중국어의 영향을 오래 그리고 깊이 받았다. 그래서 '우리 문체'는 본질적으로 '중국어 번역투'의 성격을 짙게 띤다.

작가 복거일

　한·중 수교 초기 많은 중국인들은 한국사람들이 모두 동굴에서 생활하는 줄 알았단다. 한국의 지명을 표시하는 주소의 대부분이 '동(洞)'자를 붙여 사는 동네를 이름 짓기 때문이다. 현대중국어에서는 '퉁(洞)'은 동굴을 뜻한다. 물론 이는 우스개로 하는 이야기다.

　한자 문화권에 함께 속하면서 한자와 한자어를 각자 자기문화에 융화시켜 독특하게 발전시켜온 동아시아 국가들 사이에는 재미있

251

는 에피소드들이 많다. 같은 글자의 단어가 서로 다른 의미나 뉘앙스를 지니는 일들이 수두룩하기 때문이다. 그래서 모국어의 한자어 체계를 중국어를 학습하는데 겹쳐서 활용하려다가는 헤어나기 어려운 혼란을 겪거나 황당한 실수를 하는 일이 자주 발생한다. 차라리 같은 글자지만 의미가 완전히 다른 어휘는 한결 수월한 편이다. 문제는 뜻의 일부만 공유하면서 미묘한 차이가 있는 단어들이다. 그런데 이런 어휘들이 다수를 차지한다.

단적인 예를 하나 들어본다. 한국어에서 '제삼자(第三者)'는 당사자 이외의 국외자를 뜻하는 말이다. 중국어에서도 법률적으로 같은 의미를 지니기도 하지만, 이보다 더 광범위하게 사용되는 뜻은 '부부나 정상적인 두 연인 사이에 끼어 삼각관계를 만드는 사람'이란 뜻의 나쁜 의미다. 또 한국어에서 연인을 뜻하는 '애인(愛人)'은 중국어에서 문어적으로 같은 뜻이 있긴 하지만 대중적으로 이미 결혼한 부부가 남에게 자신의 배우자를 가리키는 말로 사용된다.

특히 사회적 실용어휘인 직위명의 차이는 퍽이나 혼돈스럽다. 서기(書記)는 구사회에서 기록이나 문서관리를 담당하는 직명이었지만 현대중국에서 가장 실권을 지닌 각급 공산당 조직의 최고지도자를 지칭하는 말이 되었다. 원래 이상적인 평등 사회를 지향하는 공산주의 이념에 따라 채택한 것이지만, 도리어 오늘날 중국에서 가장 권위적인 냄새를 풍기는 직위명으로 변모했다. 중국에서 부장

(部長)은 대개 우리의 장관급 관료에게 사용하는 직명이다. 주임(主任)이란 단어도 한국에서는 매우 하급직을 뜻하지만 중국에서는 지방의 말단 행정조직 책임자인 촌장, 기업의 현장책임자나 공장장, 정부에서 특수한 임무를 위해 조직한 태스크포스의 책임자 등으로 다양하게 사용된다. 전체적으로 보아 한국보다는 상당한 고위직을 뜻하는 경우가 많다.

한국에서 회계나 재무담당자를 가리키는 경리(經理)라는 직위는 중국에서 매니저(Manager)의 뜻으로 기업의 중간관리자, 호텔이나 접객업소의 지배인을 뜻한다. 기업조직은 보통 평사원, 경리, 총경리(사장)의 세 계급으로 구성되고, 이사회의 구성은 동사(董事 이사)와 동사장(董事長, 이사장)으로 이루어진다. 부총경리, 부동사장 등과 같은 보조직을 두기도 한다.

한국의 언어문화사는 곧 '한자 수용의 역사' 라고 해도 지나친 말이 아니다. 그리고 한국인들이 중화문명으로부터의 정체성을 찾으려는 일련의 노력은 곧 '언어 독립의 역사' 로 대체할 수 있다. 우리 글이 없음에 따른 오랜 불편과 자괴감은 마침내 한글창제로 이어졌고, 현대에 이르러 한글전용 정책을 낳게 하였다. 그러나 고대로부터 한자를 도입하여 우리의 어문을 적으려는 노력이 시작되면서 한자어와 한문 문장이 우리의 사고와 언어생활에 깊은 영향을 끼치게 되었다. 특히 한자를 익히고 사용할 수 있었던 사람들이 지식인이나 관료와 같이 사회의 지도적 위치에 있었던 계층이었던 사실은 이런 추세를 더욱 가속화시켰다. 이리하여 우리말의 형성토대는 한자어 번역투와 불가분의 깊은 관계를 맺을 수밖에 없었다.

이 고장은 겨울이 되면 얼마나 추운지 몰라요.
不知道冷得多少 – '매우 춥다'는 의미

그것에 대해선 조금도 아는 것이 없어요.
一点也不了解 – '전혀 모른다'는 의미

우리말에서 습관적으로 사용하는 화법이 중국어의 어법과 너무나 일치한다는 점은 결코 우연한 일이 아니다. 오랜 세월 한문 문장을 익혀온 봉건시대 지식인 계층이 그것을 우리말로 직역하면서 자연스럽게 우리말의 화법으로 굳어지고, 또한 일반사람들에도 확산된 것임을 어렵지 않게 짐작할 수 있다.

한국에서 비교적 보수적이고 유교적 색채가 짙은 경상도 지방 사투리에 '어데예'는 겸양의 뜻을 표시하는 말이다. 그리고 동시에 '어데'는 장소를 가리키는 Where의 의미도 지닌다. 그런데 그것이 중국어의 동일한 뜻을 나타내는 '나리(哪里)'와 너무나 닮았다는 점도 흥미로운 일이다. 이 말은 중국어에서 장소를 묻는 말인 동시에, 나리나리(哪里哪里)로 겹쳐서 말하면 겸양의 뜻을 나타낸다. 그래서 우스개로 경상도 사투리가 원래 중국어에서 건너왔다는 말까지 생겨나게 되었다.

중국어와 그에 내포된 전설, 속담, 성어(成語)이야기, 사고방식, 세시풍속이 함께 전래된 것은 자연스런 문화현상이다. 우리말의 수 많은 속담과 고사성어는 물론, 하다못해 욕마저 중국어와 예사롭지 않은 유사성을 지닌다. '니마더(你媽的 네 어미=니기미)'라는 말이 욕이 되는 것은 한·중 양국이 같다. 서양의 욕이 주로 종교적인 것이나 개인의 존엄을 훼손하는 것이라면, 한국과 중국에서는 생식기에 관한 것, 성적인 것, 절대적 존엄의 대상인 상대방 부모나 조상을 욕하는 것들이 주류를 이룬다는 점이 닮았다.

뜻글자인 한자의 함축성과 글자의 결합으로 어휘를 생성하는 방식의 오묘함, 서예의 예술적 아름다움, 중국의 성현들이 남긴 경전과 명인들의 시문은 봉건시대 우리 지식인들에게 경모의 대상이자 문화적 신앙에 가까운 것이었다. 소리글인 한글이 탄생하기 전후의 난관과 창제된 한글이 아녀자들의 규방글에 머물며 천대를 면하지 못했던 일은 당시 지식인들의 어문에 관한 보편적인 인식에서 비롯된 것이었다. 현대의 국문학 연구자들도 왕왕 이런 함정에 빠지는 일이 없지 않다. 우리 국문학의 세계에 깊숙이 들어갈수록 도무지 우리만의 것이 무엇인지 모르겠다는 한계점에 이르게 된다는 점이다.

20세기에 들어 한글 교육이 본격적으로 이루어지고 한글이 사회적으로 광범위하게 사용되기 시작한 것은 중화문명의 장막을 걷어

젖히고 우리가 정신적, 문화적 독립을 선포한 것이나 진배없는 일이었다. 아울러 우리 민족의 정체성 회복운동이 사회 각 부문에서 진행되면서 한자교육 문제가 사회의 뜨거운 이슈로 등장했다. 이에 관한 논쟁은 지금에 이르기까지 마무리되지 않고 진행 중이다. 한자의 포기와 한글전용만이 우리가 진정한 문화적 독립을 이루는 길이요, 문맹률을 획기적으로 낮추는 일이라는 주장과, 전통문화의 계승과 동아시아 국가와의 원활한 교류를 위해 한자병용을 포기할 수 없다는 주장이 팽팽하게 엇갈려왔다. 그리고 이 논쟁은 역대 교육당국의 수장이 바뀔 때마다 그의 입장에 따라 수시로 교육정책의 근간을 뒤집으며 우리의 어문정책을 혼란의 구렁텅이로 몰아넣었다.

이런 논쟁과 소용돌이를 곁에서 지켜본 중국인 교환교수 쿵칭둥(孔慶東)은 다음과 같은 견해를 밝혔다. "한국어문 기본어휘 가운데 약 70%가 고대중국어에서 왔고, 한국에서 한문사용은 오래전부터다. 한글발명은 불과 500년 전이고, 그나마 사회적으로 광범위하게 쓰이게 된 것은 20세기의 일이다. 한자는 중국인만의 것이 아닌 동아시아인 전체의 소유물이다. 한자가 사라지면 역사가 단절되고 사유가 굳어지며, 어마어마한 부작용이 곳곳에서 일어난다."

한글전용과 한자겸용에 대한 우리 사회의 논쟁은 아직 결론이 나지 않았고, 아마도 영원히 결론을 낼 수 없는 문제로 남을 수밖에 없을 듯하다. 그것은 필요(한자겸용)와 당위(한글전용)의 두 길 중에 어느 것이 옳은 것인가 하는 문제, 중국문화를 순전히 외국문화로 볼 것인가 우리 문화를 형성하는 상당한 일부분으로 볼 것인가 하는 문제, 한국인을 구성하는 중국계 귀화인의 후손을 중국의 후예로 볼 것인가 우리 겨레의 일부분으로 수용할 것인가 하는 문제에 우리가 명확한 답변을 내놓기 어려운 것과 마찬가지일 것이다. 그것은 오직 세월만이 해결할 수 있는 문제들이기 때문이다. 한 가지 분명한 것은 우리가 한자교육을 포기하게 되면, 중국을 포함한 주변국 사람들과 의사소통이 어려워지고 정서적으로 차츰 멀어질 것이라는 점이다.

한자로 표기할 방법이 없었던 우리의 수도 서울의 중국어 명칭을 '한청(漢城)'에서 '서우얼(首爾)'로 바꾸어 놓은 일은 한국어의 속성이 중국어와 확연히 다른 외국어임을 그들에게 인식시킨 계기가 되었다. 지금도 많은 중국인들은 이 일의 배경을 의아하게 여기고 질문한다. 서울을 '한성'으로 적어온 일과 관련하여 우리가 느껴온 불편함과 심정적 굴욕감에 대해 그들은 무관심하기조차 한듯하다. 서울대학으로 향할 우편물이 한성대학으로 배달되는 불편함, 한성을 고대에 중국인들이 건너와 건설한 식민도시로 잘못 인식하며 친밀감마저 느끼는 중국인들의 사고에 일침을 가하고 싶은 한국인의 충동을 아마도 그들은 헤아리기 어려울 것이다. 이 일에 관한 상기 중국 교수의 언급은 양 국민의 인식차를 분명히 드러낸다.

"한국인은 서울의 한자인 한성(漢城)이 중국 패권주의의 발로라 하여 다른 문자로 바꾸려 하는데, 중국인은 한성이란 말에 친근감을 느낀다. 그 단어는 당당하고 기상이 웅장한 도시라는 느낌을 준다. 한(漢)이란 남자라는 의미도 있어 위풍당당한 영웅의 이미지를 풍긴다. 성(城)도 성벽을 의미하는 것으로, 만리장성 같은 견고하고 웅대한 느낌을 준다. 중국인들로서는 한성이란 말이 수도라는 느낌을 주며, 웅대하고 번화하고 문화정신으로 충만한 수도의 의미를 느끼게 한다. 한성이란 단어 대신 다른 한자로 바꾸면 마치 아프리카 어느 지방을 나타내는 것 같게 될까봐 걱정이다."

한자를 겸용하지 않고서는 어문표기가 불가능한 일본은 어문정책에서 비교적 자유롭다. 필요에 따라 한자와 한문을 자기 어문의 일부분으로 융화시켜 사용하는 일에 집중할 수 있기 때문이다. 중국과 바다를 사이에 둔 그들의 지리적 위치나 역사적으로 그리 굴욕감을 느낄 일이 없다는 점에서 일본은 한국이 겪는 것과 같은 심리적 갈등에 휩싸일 여지가 없다. 그래서 일본의 한자교육은 우리에 비해 매우 수준이 높다. 일상적으로 중국의 시문에서 유래된 한자어 명문장들이 편지글에 인용될 정도로 폭넓게 활용된다. 중국문명의 '수용'에서는 한국이 앞설지언정, 그것을 자기 것으로 '소화'하는 일에서는 일본이 앞섰다고 할 수 있을 것이다. 근대 이후 서구 문물과 사상을 도입하면서 일본에서 필요에 따라 만들어낸 수많은 일본식 한자어들이 없다면 오늘날 중국이든 한국이든 정상적인 언어생활을 영위할 수 없는 상황임은 이미 언급한 사실이다.

중국이 연관된 모든 일에 한국인은 곧잘 민감해진다. 베이징올림 픽 폐막식 공연에 초청되었던 가수 비를 두고도 불필요한 평론이 있었다. 비가 외국가수로는 유일하게 초청되어 중화권 스타들과 어 깨를 나란히 하며 노래를 부른 일을 두고, '우리가 중화권의 속국인 가' 라는 매우 황당한 비평이 제기되었던 것이다. 세계적인 행사에 세계적인 스타가 초청된 일로 보아 무방할 일에 우리는 지나치게 민감하고 주눅 들어 있는 것이다. 우리의 이런 태도가 중국인들로 하여금 한국인을 경계하게하고 함부로 대할 수 없는 국민이라는 인 식을 심어줄 수 있을지언정, '역시 소국 사람들은 어쩔 수 없다' 라 는 힐난은 면하기 어려울 것이다. 우리의 중심과 원칙을 견지하되 열린 마음으로 의연히 우리의 미래를 개척해가는 자세가 절실하다.

우리말의 한자어나 외래어, 번역체 문장에 대한 인식문제도 마찬 가지다. 한국인의 강한 민족주의 성향에 편승하여 우리 사회에서 한국어의 순수성을 지키려고 노력하는 사람들의 목소리는 무척 크 다. 그러나 이런 감시자들이 사회에 어떤 혜택을 주는 경우는 거의 없다. 오히려 사회를 비효율적이고 보다 비관용적으로 만들 뿐이 다. 한자어의 사용을 자제하고, 일본어의 잔재를 몰아내고, 영어 번 역투의 문장을 조심하는 일을 의식하면서 한국어를 자유롭게 구사 하는 일은 거의 불가능에 가깝다.

한자어나 번역체는 결코 이질적이거나 경계할 대상이 아니다. 한국어의 형성과 발전과정이 지닌 특징을 가장 잘 나타내는 것이다. 외래어와 번역체는 외래문화를 받아들여 사회를 발전시키려고 애써온 우리의 역사와 경력을 가장 잘 드러내는 것이다. 그러므로 한 국어 사용자인 우리의 임무는 그것을 비난하고 배척하는 것이 아니라 오히려 그것들이 맡은 역할을 제대로 수행하도록 도우면서, 그것을 우아하고 섬세하게 다듬는 일에 집중하는 것이다.

Chapter 2

중국어를 모르는 사람을 위한
몇 가지 중국어 지식

대륙에서는 50년대에 한자를 너무 투박하게 간체화해 한자가 지닌 예술성과 과학성을 벗어났다. '사랑 애(愛)'는 원래 글자 속의 '마음 심(心)'을 간체화하는 과정에서 빼버려 '마음 없는 사랑'이 됐다. '열 개(開)'는 간체화하면서 '문(門)'을 제거해버렸다. 문도 없는데 무엇을 연다는 말인가?

정협위원 판칭린(潘慶林)

중국의 국제적 지위가 부상하면서 중국어의 위상도 덩달아 높아지고 있다. 게다가 중국과 각종 교류가 증가하면서, 중국산 농산물이나 소비재 상품뿐 아니라 영화나 가요 같은 문화상품이 우리생활 깊숙이 파고들어 우리나라 사람들의 중국어에 대한 접촉빈도가 점차 늘어나고 있다.

한자문화권에 속하여 중국과 함께 한자를 사용하는 우리나라 사람들이 중국어를 학습하는데 편리한 측면도 있지만, 중국이 간체자

261

〈귀주이야기〉 포스터. 장이머우 감독의 영화 제목 〈귀주이야기〉는 한어병음에 대한 이해부족으로 우리나라에서 잘못 번역된 사례다. 'The Story Of Qiu Ju'는 '추쥐이야기'라고 번역해야 올바르다.

를 채택한 일이나 발음기호로 병음체계를 도입한 일은 중국어 공부의 어려움을 가중시킨다. 우리 사회의 영어 학습열풍에 비기면 아직 중국어에 대한 지식은 너무나 수준이 떨어진다. 이미 우리 주위에 중국인과 중국문화가 성큼 다가서 있는데도 말이다. 그래서 중국어에 대한 우리의 이해부족은 우리 사회에 일종의 혼선을 불러일으키는 경우도 적잖이 있다. 지금부터 말할 몇 가지 중국어에 대한 지식은 비록 중국학 연구자나 중국 비즈니스 종사자가 아니더라도, 중국과의 제반교류 증가추세에 발맞추어 우리 국민이 중국에 대한 상식으로 삼아야 할 것들이다.

1. 영화 〈귀주이야기〉에 왜 귀주는 없나?

    - 중국어 발음기호 한어병음(漢語拼音)에 관하여

　장이머우 감독의 〈귀주이야기(秋菊打官司, The Story Of Qiu Ju)〉는 중국 현대사회 사법제도의 허구성과 맹점을 한 시골 아낙네의 이야기를 통해 사실감 있게 그린 영화로 베니스영화제 황금사자상과 여우주연상을 수상한 바 있고 우리나라에도 수입 상영되었다. 영화의 원제인 '추쥐다관쓰(秋菊打官司)'를 직역하면 '추쥐(秋菊), 소송을 벌이다'라는 뜻이고, 영어제목 'The Story Of Qiu Ju'를 번역해도 '추쥐이야기'라고 해야만 한다.

　이 영화의 제목이 '귀주이야기'로 번역된 것은 중국어 발음기호인 한어병음 체계에 대해 중국어 비학습자들이 잘 이해하지 못하기 때문이다. 'Qiu Ju'는 이 한어병음에 의거해 '秋菊'를 표기한 것으로 '추쥐'로 표기해야 우리 외래어표기법에 맞다. 그러나 'Qiu Ju'를 '귀주'로 적은 것은 한어병음 체계를 무시하고, 그것을 우리가 이미 익숙한 영어나 로마자 표기방식에 의거해 읽었기 때문일 것이다.

　최근 개봉되어 흥행돌풍을 불러일으킨 중국영화 〈적벽(赤壁)〉에서 손권 역할을 맡은 대만 출신 홍콩배우의 이름에 대해서도 비슷한 혼돈이 있다. 영화소개에 이 배우의 이름이 '장첸(張震)'으로 표시되었다. 한국어로는 '장진'으로 읽히는 배우의 이름을 한어병음으로 표시하면 'Zhang Zhen'이 되고 이를 우리 외래어표기법에 따르면 '장전'이 되어야 한다. 이것을 '장첸'으로 표기한 것 역시 한어병음을 로마자 방식으로 읽었기 때문일 것이다. 그에게 별도로 'Chang Chen'이란 이름이 있는데 이것이 그의 영문이름인지, '張震'을 홍콩의 광동어 발음으로 읽은 것인지, 아니면 대륙과 다른 로마자 발음기호 체계를 사용하는 대만식에 따른 것인지는 모르겠다. 사실 홍콩을 포함한 중화권 연예스타들의 이름은 어떤 원칙 없이 대중에게 이미 알려진 대로 편하게 부르고 있는 것이 우리나라의 현실이다. 가령, 장국영 혹은 장궈룽으로 불리는 배우의 이름을 우리 외래어표기 원칙에 맞게 쓸려면 그가 사는 홍콩의 광동어 발음인 '쳉국윙'으로 불러야 할 텐데 말이다.

중요한 것은 중국어 학습자가 아닐지라도 우리가 중국어의 발음기호 체계인 한어병음에 대해 최소한의 지식은 갖추어야 이런 혼선이 줄어들 것이란 점이다.

한자발음을 로마자를 빌려 표기하는 방식을 병음(拼音)이라고 한다. 중화인민공화국은 건국 후, 1958년에 처음 이 병음체계를 도입해 사용하기 시작했으니 이미 반세기가 흘렀다. 뜻글자인 한어(漢語)는 짧은 단어나 문장에 많은 뜻을 담을 수 있는 장점을 지닌 반면, 학습의 어려움으로 인해 높은 문맹률을 불러오는 문제점을 안고 있다. 병음은 소리글자의 장점을 원용하자는 것이다. 중국이 병음을 채택한 일은 무엇보다 문맹퇴치에 기여한 바가 컸다. 또한 그것은 상표명, 광고, 영화, 방송, 교통표지판 등에 널리 활용되면서 56개 민족이 혼합된 중국인들의 상호 의사소통을 원활히 하는데 결정적 기여를 했다.

중국의 어문을 소리글자화하자는 주장은 일찍이 개화기에 진독수(陳獨秀), 구추백(瞿秋白) 같은 선각자들에 의해 제기된 바 있었다. 병음을 도입 채택하는 과정에서도 한자를 포기하고 아예 병음을 공식어로 상용화하는 방안까지 검토했었다고 한다. 그리고 로마자가 아닌 사회주의 종주국인 소련이 사용하던 키릴문자를 도입 활용하는 방식을 고려했으나, 이미 동남아 각국이 로마자를 채택해 사용하고 있는 상황아래 키릴문자에 근거한 러시아어 자모를 도입할 경우 화교들이 많이 사는 이웃나라들과 심각한 커뮤니케이션 장애가 발생할 것이라는 문제점을 생각해 로마자를 채택하게 되었다고 한다.

그러나 중국의 병음체계는 한국에서 사용하고 있는 일반적 로마자 표기방식과는 일정부분 차이가 있다. 이는 깊이 있는 학습을 필요로 하는 일이지만, 한국인들이 가장 생소하게 느끼는 몇 가지를 예로 들면 다음과 같다. 가령, 단모음으로 쓰이는 'e'를 '어'로 읽고, 'q'를 'ㅊ'으로, 'x'를 'ㅅ'으로 읽는 점 등이다. 그래서 한국인들이 중국어 병음을 로마자 방식으로 읽어 발생하는 오역, 오기 사례가 부지기수로 발생하는 것이다. 만일 중국관련 업무를 담당하게 된 사람으로서 중국어에 대해 별다른 지식이 없다면 우선 이 병음

체계에 대해 유의할 필요가 있다. 언급한 사례에서 보듯이 문화산업 종사자들은 특히 이 점에 유의해야만 한다.

최근 대만 당국이 대륙과 별도로 사용해오던 로마자 원용 국어발음 표기방식을 포기하고, 대륙의 병음체계를 수용하기로 결정했음을 발표한 바 있다. 대륙과 대만의 양안(兩岸)관계가 개선되어 상업, 운수, 유학 등 각종 교류가 급증하면서 이 발음표기 방식의 차이로 인해 많은 불편이 따랐기 때문이다. 그러나 대만은 로마자 활용방식과 별도로 민국시절부터 사용해오던 고유의 발음기호 표기방식인 주음부호(注音符號)는 그대로 유지하고 있다.

한어병음 체계가 반세기 이상 사용되면서 로마자와의 차이점 때문에 생긴 문제들도 적지 않다. 그 대표적인 사례가 중국인들은 영어 알파벳으로 표기된 외국어 상표를 중국어 병음체계로 인식한다는 점이다. 예를 들어 'SAMSUNG' 이란 기업브랜드를 중국어 병음체계로는 읽을 방법이 없다. 이런 자모 조합이 없기 때문이다. 한자표기인 '三星'을 보고 병음으로 싼싱(SANXING)이라고 읽을 뿐이다. 이런 이유 때문에 외국기업이나 다국적기업이 중국시장에 진출할 경우에 브랜드의 영어표기를 포기하고, 의역이든 차음표기든 중국어 브랜드를 작명하는 것이 필수적인 일이 되고 있다.

또 병음으로 표시된 중국인들의 인명을 외국인들이 읽을 수 없거나 잘못 읽어 생기는 해프닝이 적지 않다는 점이다. 중국의 성씨인 '秦(친, QIN)', '徐(쉬, XU)', '邢(싱, XING)' 등을 한어병음으로 표기하면 영어권 사람들에게 발음하기 매우 난처한 일이 되는데도 불구하고 많은 중국인들은 이를 대수롭지 않게 여기며 그대로 유지하려고 한다. 특히 '李(리, LI)'는 잘못하면 'MR. LIE'로 발음해 '거짓말쟁이'로 들릴 수 있고, 戴(다이, DAI)'는 'MR. DIE'로 발음해 '사망선생'으로 들릴 수 있다. 이런 사례는 부지기수로 많다.

2. '웨스트포인트 사관학교'의 중문표기는? 서점군교(西點軍校) - 곤혹스런 중국어 외래어 표기의 문제점

한국에 영국 프리미어리그 명문구단 맨유의 축구스타 박지성이 있다면 중국에는 NBA 농구스타 야오밍(姚明)이 있다. 유럽축구와 더불어 중국인들이 최근 NBA 농구를 즐겨보는 것은 이 스타 덕분이다. 미국 프로농구 리그의 팀명이나 유럽축구 리그의 팀명들을 중국에서 어떻게 번역해 부르는가를 관찰하는 것은 매우 흥미로운 일이다.

중국에서 미국 프로농구팀 LA 레이커스는 LA후런(湖人)으로 불리고, 스페인의 명문 축구팀 레알 마드리드는 황자마더리(皇家馬德里)로 표시한다. '레이커스'는 의역, 레알 마드리드는 영어로 '로열'의 의미인 '레알'을 의역한데다 마드리드는 음역하여 덧붙였다. 대개 의역할 수 있는 부분은 최대한 의역을 하고, 불가피한 부분은 음역을 한다.

뜻글자인 중국어는 글자 하나하나가 모두 고유한 뜻을 지닌다. 이 글자들을 조합하면 새로운 뜻의 단어가 생성되기 때문에, 두 글자의 간결한 조합으로도 깊은 뜻을 지닌 어휘를 무궁무진하게 만들어낼 수 있다. 그러나 중국어는 외국어를 원음대로 표하지 못하는 한계가 있다. 현대중국어의 음운체계가 내지 못하는 소리들이 많은 것이 주된 이유이고, 뜻글자의 특성상 비슷한 소리의 글자를 찾아 조합하더라도 획이 복잡한 글자들을 너무 길게 나열해야 하는 치명적인 문제점이 생긴다.

미국의 웨스트포인트 사관학교를 서점군교(西點軍校, 시디엔쥔샤오)로 번역할 수밖에 없는 데는 이런 사정이 도사리고 있다. 의역을 하지 않는다면 '웨스트포인트'와 비슷한 소리를 내는 글자들을 찾아 나열해야 하는데 원음과 비슷하게 만들기 어려울 뿐 아니라, 설사 조합하더라도 그 길이와 획수 때문에 사용상의 효율성이 너무 떨어진다는 문제가 있다. 만일 '골든게이트 브릿지'와 같은 단어를 금문교(金門橋, 진먼차오)로 의역하지 않는다면 문제가 얼마나 심각해질지 짐작하기 어렵다. 그러나 때로는 '미니스커트'를 번역한 미니췬(迷你裙, 당신을 미혹시키는 치마)처럼 절묘한 우연이 발생하기도 한다.

인명, 지명과 같은 고유명사도 문제지만 한술 더 뜨는 것은 IT, 전자, 의학 등의 수많은 전문분야 기술 용어들이다. 최근 우리 벤처

기업들의 중국진출이 줄을 잇고 있는데, 대부분 원어를 그대로 쓰거나 원음을 살려 우리말로 표기하는 한국과 달리 중국에서는 이들 신기술 용어들을 대부분 중국어로 의역해 사용하고 있기 때문에 서로 커뮤니케이션에 어려움을 겪는 일이 많다.

이처럼 중국화된 외국의 고유명사나 전문용어들은 중국어에 능숙한 사람들도 매우 난감해하는 부분이다. 중국 대학시험을 치르고자 준비하는 유학생들의 곤혹스런 난관 중에 하나가 바로 세계사 속에 출현하는 서양의 인명, 지명, 역사사건을 중국어로 외우는 것이다. 이것만으로도 외국인들에게는 별도의 한 과목을 공부하는 것 이상으로 스트레스를 준다.

언어생활의 혼란을 피하기 위해 중국어의 외국어, 외래어 표기는 국가위원회에서 전문가들의 엄격한 심의를 거쳐 통일적으로 이루어진다. 인터넷은 처음 민간에서 인터왕(因特網)으로 음역해 사용되었으나, 뒤에 후롄왕(互聯網)으로 의역해 만든 이름이 보급되어 지금은 후롄왕으로 통일되어 불린다. 중국어의 외래어 표기를 자세히 관찰하면 그 속에 중국인들의 사고에 잠재된 의식이 반영되고 있음을 느낄 수 있다.

특히 외국의 국명 표기에 중국인들의 의식에 경외감을 주는 선진국들은 의미가 고아한 선별된 글자들을 사용하는 반면, 여타 대다수 국가의 국명에서는 이러한 배려를 찾아보기 어렵다는 점이 그렇다. 유럽 국가들의 이름을 보면, 영국(英國), 프랑스(法國), 독일(德

國), 스웨덴(瑞典), 스위스(瑞士) 등과 같이 상서롭고 좋은 의미의 글자들이 많이 사용되고 있다. 그러나 음역이 대부분인 서아시아, 아프리카, 남미 대륙의 국명에서는 전혀 그런 분위기를 느낄 수 없다.

또 인명인 경우, 비슷한 음을 가진 글자들을 대상의 위상에 따라 가려서 사용한다는 점이다. 중국에서 마르크스는 마커쓰(馬克思)로 표기하는데, '思' 와 비슷한 음을 가진 글자인 '士' 는 대개 철학자나 인문학자와 같은 문인들에게, '斯' 는 글자의 의미상 무용이 뛰어난 인물들에게 붙여진다. 그런데 공산주의 이념의 창시자인 마르크스는 한 단계 더 높여 '思' 를 붙인 것이다.

인터넷 등과 같이 새로운 문물과 관련한 어휘의 탄생에도 마찬가지 현상이 나타난다. 해킹행위를 하는 사람을 가리키는 해커(Hacker)는 중국어로 헤이커(黑客)로 번역되었다. 중국인들의 의식에 흑색은 부정적이고 나쁜 상징을 지닌다. 헤이셔후이(黑社會)는 마피아와 같은 불법분자들의 세계를, 헤이스창(黑市場)은 암거래가 성행하는 지하시장을, 헤이하이즈(黑孩子)는 국가 산아정책에 위반돼 호적에 올리지 못하는 사생아를 의미한다. 이에 비해 중국에 애국적인 활동을 하는 해커들을 홍커(紅客)라고 부른다. 전통적으로 홍색이 기쁨과 정열을 나타내는데다가, 사회주의 혁명을 거치면서 신중국의 국기를 오성홍기로 정한 것에서 볼 수 있듯이 애국과 혁명의 열정을 상징하는 색상으로 의식화되어 있기 때문이다.

3. 중국비즈니스의 관건, 상호와 브랜드의 중국어 번역
- 중문 브랜드 작명에 얽힌 이야기

개혁개방 이후 많은 다국적기업들이 중국시장에 진출하여 나름의 비즈니스를 전개하고 있다. 그리고 중국경제가 비약적인 성장을 거듭하고, 중국이 거대한 황금시장으로 부상하면서 중국비즈니스 체험담이나 이문화 커뮤니케이션에 얽힌 이야기들이 화제가 되어 국제경영학이 인기를 끌고 있다. 그 중 대표적인 것이 중국어 회사명이나 브랜드의 작명에 관한 것들이다. 특히 코카콜라(可口可樂)의 중국어 브랜드는 가장 유명하고도 성공적인 사례다. 그러나 이외에도 벤츠(奔馳), 까르푸(家樂福) 등과 같이 많은 걸작 중문 브랜드들이 태어나 이들 기업의 성공적인 중국 정착에 큰 기여를 했다.

국제적으로 이미 널리 알려진 영문 상호나 브랜드라면 중국에서 그대로 써도 되지 않을까? 반드시 중문 작명을 해야 할 필요가 있을까? 중국어의 문화적 특성에 대해 조금이라도 이해하는 사람이라면 그 대답이 '반드시 해야 한다' 라는 것을 알 수 있을 것이다. 그것은 무엇보다 대다수 중국인들이 영어브랜드를 한어병음으로 인식한다는 문제 때문이다. 그래서 영문 상호나 브랜드는 소비자에게 인지시키기가 쉽지 않고, 더구나 구전 효과를 기대하기는 더욱 어렵다. 여기다 더욱 실질적인 문제는 중국에서 사업을 하려면 외자기업이 법인등록을 해야 하는데, 이때 반드시 중국어 명칭이 필요하다는 점이다.

중국 진출기업은 상호나 상품명을 중국어로 작명할 때 특별히 신중을 기해야 한다. 그것이 중국사업의 성패를 좌우할 만큼 중요한 일이 될 수 있기 때문이다. 중국 고유의 문화적 향기가 풍기면서 중국인들의 가슴에 와 닿는 좋은 이름을 찾아내면 그것이 마케팅에서 큰 도움을 주기도 한다. 적어도 회사 이름은 한국어의 원음을 살려 차음 번역하더라도, 제품 브랜드만은 중국시장의 특성과 중국인들의 기호에 맞게 작명할 필요가 있다.

중문 브랜드 작명은 의역과 음역의 두 경우가 있는데, 최선은 비슷한 음이면서 좋은 뜻을 지닌 이름을 찾아내는 것이다. 뜻글자인 중국어의 특성상 외래어를 표기하는 글자가 좋은 뜻을 나타내지 못하면 기업활동에 유리한 기여를 하기 어렵기 때문이다. 그러므로 단순한 음역보다는 차라리 의역이 나을 수가 있다. 그리고 뜻과 음이 유사한 이름을 찾아내기 어려울 때는 원래 사용하던 브랜드를 포기하고 전혀 새로운 이름을 짓기도 한다.

중문 브랜드 작명 실례를 네 가지 종류로 나누어 자세히 살펴본다.

1) 의역(원래의 소리는 무시하고 의미를 그대로 중국어로 번역하는 방안)

마이크로소프트(微軟, 웨이루안), 네슬레(雀巢, 취에차오), 제너

럴모터스(通用汽車, 통용치처) 등이 이에 해당하는 사례다. 좋은 의미의 글자를 찾아 번역해야 함은 당연한 일이고, 혹시 뜻의 일부나 전부를 공유하는 좋은 의미의 단어가 있다면 채택을 고려할 수도 있다.

2) 음역(최대한 원음에 가까운 글자를 찾아 조합하는 방안)

소니(索尼, 서우니), 노키아(諾基亞, 눠찌야), 델(戴爾, 따이얼), 코닥(柯達, 커다), 모토로라(摩託羅拉, 머퉈뤄라) 등이 이에 해당하는 사례다. 뜻보다는 원음을 충실히 살리는 방안이지만, 좋은 의미의 글자를 골라 조합하는 것이 중요하다.

3) 원음과 의미를 동시에 살리는 방안

가장 바람직하고 이상적인 작명 방안이지만 그만큼 쉽지 않은 일이기도 하다. 이미 언급한 코카콜라(可口可樂, 커코우컬러, 맛있고 즐겁다), 까르푸(家樂福, 자르푸, 가정에 즐거움과 복을 가져온다), 벤츠(奔馳, 번츠, 빠르고 힘차게 달린다) 등이 모두 이 경우에 속하는 사례다.

이밖에 나이키(耐克, 나이커, 참고 견디며 극복한다), 레고(樂高, 르까오, 즐거움이 커진다), 에릭슨(愛利信, 아이리신, 사랑과 이익을 가져다주는 통신), 이마트(易買得, 이마이더, 쉽고 싸게 살 수 있는 곳) 등을 비교적 우수한 중문브랜드 사례로 꼽을 수 있다.

4) 원래의 한자 브랜드를 그대로 사용하는 방안(주로 동아시아 국가 기업에 해당)

삼성(三星, 싼싱)이나, 현대(現代, 시엔따이), 농심(農心, 농신) 등의 한국기업과 미쓰비시(三菱, 산링), 마쯔시타(松下, 쏭샤), 히타치(日立, 르리) 등의 일본기업들이 원래의 한자 브랜드를 중국에서 그대로 사용하고 있지만 문제가 없는 것은 아니다. 기업의 규모나 유명세에 비해 이들 한자 상호들이 중국 소비자들에게 그다지 강렬한 의미나 인상을 던져주지 못한다는 점이 그렇다. 그것은 이 상호들의 의미가 그다지 특별하지 않고 밋밋해서 인지도가 약하기 때문이다.

특히 몇몇 한자 브랜드는 중국인들에게 엉뚱한 뜻으로 비치는 경우가 있다. 예를 들어 아사히(朝日) 맥주가 북한(조선)과 일본의 합작기업인 줄 오인한다거나, 마쯔시타의 한자명인 ‘松下’가 중국어로 ‘풀어져 느슨해지다’ 라는 뜻으로 들린다는 점과 같은 문제점이 발생한다.

오리온 초코파이로 유명한 동양제과는 중국진출 한국기업 중에 손꼽히는 성공사례로 인정받는다. 그런데 ‘동양(東洋)’ 은 중국인들이 ‘동방의 서양귀신’ 이라는 의미로 일본을 폄하해서 부르는 의미가 있다. 이에 중국진출 초기 ‘동양’ 을 상호로 사용하던 이 기업은 중국인들의 일본에 대한 민족감정을 고려해 수십 년간 사용해온 이름을 포기하고, 대신 ‘오리온’ 을 바탕으로 ‘아름다운 좋은 친구’ 라는 의미가 담긴 '하오리유(好麗友)'를 새로 작명해 채택했다. 이 새로운 브랜드는 이제 중국시장에서 제과 명문기업으로 이미지를 굳혀가고 있다.

중문 브랜드 작명의 몇 가지 방안에 대해 사례를 들어 분류해보았으나, 실질적인 시행과정에서는 이들 방안들이 서로 복합적으로 얽히거나, 일부만이 채택되거나 하면서, 복잡하고 지난한 과정을 거치게 된다. 대개 일차적으로 다양한 후보작들이 만들어지고, 엄선한 결과를 두고 전문가의 도움을 청하는 것이 일반적이다. 때로 중국 소비자들을 대상으로 하는 설문조사 방식 등을 이용해 대중의 의견을 수용하기도 한다. 그러나 중국어나 중국문화에 대한 소양이 없는 사내 임직원들을 대상으로 무모하게 중국지역 브랜드를 공모하는 기업의 사례도 보았다. 아무래도 이 작업은 경험 있는 원어민 전문가의 컨설팅을 받는 것이 타당하다. 최근 KOTRA와 같은 중국 진출 지원기관에서 이 문제에 관한 중소기업의 애로사항을 도와주고 있다는 반가운 소식도 들린다.

Chapter 3

한족에 대한
오해와 진실

초원민족이 한족문화에 정복당했다는 말은 틀린 것이다. 몽골민족은 언어, 문자, 신앙, 풍속을 오늘날까지 보존하며 초원을 지켜왔다. 만일 그들이 한족문화를 받아들여 대초원을 거대 농지로 개간했더라면 중원의 중화문명은 아마 오래 전에 황사에 묻혀버리고 말았을 것이다.

《늑대토템》 중에서

민족이란 개념의 사전적 정의에는 지역, 관습, 언어, 문화의 공유는 필수적인 것이지만 인종이나 혈연적 유대는 선택적인 것으로 기술되어있다. 한국인들이 단일민족을 자처하며 혈연적 유대관념을 강하게 지니고 있는 상황에 비추어보면 좀 의외의 일이 아닐 수 없다. 한국인들에게 민족은 곧 동포(同胞)요 형제자매이기 때문이다.

중국인구의 96%를 차지하는 주류민족인 한족(漢族)이란, 혈연의 개념으로 따져보자면 하나의 허구에 불과하다. 한족을 규정지을 생

276

객가인(客家人)의 주거지 토루(土樓). 중원한족 문화의 원형은 도리어 객가인들과 같이 오지에서 고립된 생활을 하며 한족의 혈통과 문화적 정체성을 유지해온 사람들에게서만 찾을 수 있다.

물학적, 유전적 특징이란 존재하지 않는다는 사실이 여러 지역 한족사람들의 DNA 검사를 통해서도 드러난 바 있다. 고대 한족의 영역은 오늘날 중국의 허난(河南), 산시(陝西), 산시(山西) 지역을 포괄하는 중원 일대일뿐이었다. 이들이 시대의 변천에 따라 중국 각지로 거주지를 넓히며 현지의 원주민들과 혼혈을 이루어, 이른바 한족의 영역을 지속적으로 확대시켰다. 중원지역도 북방 이민족들의 유입으로 혼혈을 이룬 것은 마찬가지였다.

외국인으로서 오랜 시간 중국 각 지방의 한족들을 관찰해본 필자의 눈에 한족의 평균적 인상은 한민족(韓民族)의 평균적 외모에 10% 정도 코카서스 혈통이 혼합된 사람들이란 느낌을 가지게 한다. 그것은 코카서스 인종이 집중적으로 분포하기 시작하는 동유럽과 한반도 사이에 위치한 중국 중원지방의 지리적 위치가 한반도에서 약 10% 가량 동유럽을 향한 서쪽에 위치한다는 점과도 일치한다.

오늘날 중국의 동북, 화북, 중원지방 사람들의 혈통은 중원한족과 거란, 선비, 여진(만주)족의 혼혈인들이 대부분을 차지한다. 내몽골에는 몽골족, 영하지역에는 회족들이 한족과 함께 거주하고 있다. 회족도 사실 그 혈통을 들여다보면 한족과 서하인, 돌궐, 몽골, 아랍, 페르시아인들이 혼합하여 만들어진 민족이다. 칭하이(靑海), 간쑤(甘肅) 등 서북으로 갈수록 한족과 지역 소수민족이었던 흉노, 돌궐, 장족(藏族 티베트인)과의 혼혈인들이 주민의 다수를 차지한다. 화중, 화남지방은 이주민인 중원한족과 지역 원주민이었던 토생한족과의 혼혈인들이 주민의 대다수를 이룬다. 서남지방은 소수민족의 분포가 복잡하게 얽혀있지만, 월남인들과 혈통이 가까운 남월인과 이주민인 중원한족의 혼혈이 주류다. 특히 이 지역의 객가인(客家人)들은 고립된 주거공간과 생활문화를 유지하며 오래전 이주해온 중원한족의 혈통을 보존하고 있는 사람들이다.

고대 중원지역의 문화적 우월성은 대륙 변방 각지의 원주민들을 한족의 일원으로 편입시키는 원동력으로 작용했다. 양자강 이남의 광활하고 비옥한 땅으로 영역을 넓혀간 중원의 이주민들은 오랜 세월을 통해 현지의 월족(越族)과 혼합되었다. 이렇게 혼혈을 바탕으로 새로 중화문명이라는 대가족의 일원이 된 사람들은 자신이 중원 이주민의 후손임을 자랑스럽게 여기게 되었다. 자신의 뿌리가 원주민의 혈통에 닿아 있다는 사실은 스스로 야만인의 후손이 되는 것 같아 부끄럽게 여기고 은폐하려는 심리마저 생겨났다. 그래서 산간 벽지에 오래 격리되어 문화와 혈통의 순수성을 지켜와 소수민족으로 분류되는 사람들을 제외하고, 중국대륙에서 살아가는 대부분의 사람들이 한족으로 편입되었다. 이리하여 오늘날 몽골리안에 가까운 둥베이(東北) 사람이나, 월남사람과 외모와 혈통이 닮은 광둥사람이 모두 한족임을 자처하게 되었다.

중세 이후 한족의 확산은 주로 전쟁과 상업적인 이유로 발생했다. 문약했던 송(宋)과 명(明) 왕조를 전후하여 북방민족 정권이 중원을 번갈아 장악하면서, 다시 많은 한족들이 중원에서 강남과 변방지역으로 대규모 이주를 단행했다. 난세와 민란, 기근 등으로 삶이 도탄에 빠진 사람 중에 생계를 찾아 북방 초원과 남양(南洋)으로 개척의 길을 나서는 이들도 줄을 이었다. 내몽골 지역이 한족의 거주지로 확장된 일이나, 동남아 지역에 화교사회가 건설된 일은 모두 이렇게 퍼져나간 한족들에 의해 이루어졌다. 이 생존을 위한 이주의 물결은 최근세에 이르러 청 왕조의 봉금조치가 느슨해진 만주지역으로 한족들이 대량 유입된 일과, 시대의 필요에 따라 값싼 노동력으로 태평양을 건너 신대륙으로 진출한 중국인 꾸리(苦力)들에까지 이어졌다.

이주 한족들은 현지의 원주민들로부터 혈통과 문화가 동화되기도 했지만, 거꾸로 중국의 문화를 세계 각지로 확산시킨 전도사의 역할을 수행하기도 했다. 오늘날 중국에서 사용하는 화교(華僑)와 화인(華人)이란 말에는 의미상 구분이 있다. 국적과 문화적 정체성을 유지한 중국 이주민과 그 후세를 '화교'라고 지칭하는 반면, '화인'은 국적을 포기하고 현지문화에 상당히 동화가 진행된 사람들을 가리킨다. 중화문명의 핵심부인 중원에 북방 초원민족의 유입이 지속적으로 이루어지고, 그들의 정권이 잇따라 수립되어 민족 간 혼혈이 활발히 이루어진 역사를 감안하면, 중원한족의 원형은 도리어 객가인들과 같이 오래 전에 변방으로 이주하여 오지에서 고립된 생활을 하며 한족의 혈통과 문화적 정체성을 유지해온 사람들에게서만 찾을 수 있을 것이다.

결론적으로 한족의 개념은 중국대륙에서 중국문화를 향유하며 살아가는 사람으로서 스스로 그 일원이기를 원하는 사람에게는 누구나 개방되어 있는 관념상의 민족이라고 보는 것이 적절할 것이다. 자신의 혈통적 계보가 분명치 않거나 혹은 그것을 잃어버린 사람들마저 모두 한족공동체에 흡수하고 포용해왔으니 말이다. 그래서 혈통이나 유전자, 외모로는 한족의 특징이나 정체성을 규정할 수 없다. 오직 용광로와 같은 포용성을 지닌 문화적 울타리만이 한족을 하나의 공동체로 묶을 수 있다. 중국을 대표하는 주류민족인 한족을 형성한 이러한 역사적 배경 때문에, 중국적인 것이란 원래

악비(岳飛)를 우국충정의 화신으로 받드는 일은 역사적으로 억눌렸던 한족의 비감한 민족주의와 역대 한족 정권에 대한 추모의 정을 표출하는 문화현상이다.

그 참모습이 없는 것이나 마찬가지라는 말이 생겨난 것이리라. 외래 민족과 문화를 끊임없이 수용하고 소화하며 발전해온 '혼합과 포용'의 역사는 지금도 중단없이 계속되고 있다.

오늘날 한족은 전화위복의 번영을 누리고 있다. 문약했던 한족공동체는 몽골 원(元) 제국, 만주 청(淸) 제국 통치권자들에게 사회의 기층 노동을 담당하는 노예이자 가산(家産)으로 전락하는 굴욕을 당했었지만, 그 무기력하던 주류민족은 통치계급이던 소수민족을 거꾸로 흡수하고 그들이 확장한 영토를 고스란히 이어받아 한족공동체의 영역으로 탈바꿈시켰다. 그리고 '중화민족'이란 새로운 공동체 이데올로기를 내걸어 혈통에 집착하는 소수민족들에게 문화적 동화와 심정적 복속을 유도하고 있다. 비록 소수민족에게 출산이나 고등교육 기회 등에서 사회적 우대정책을 실시하고 있긴 하지만, 주류민족의 정통성과 자부심은 사회의 저변에 잠재되어 중국을 지탱하는 중심추가 되고 있다.

한국인들에게 지고한 애국충정을 상징하는 이순신 장군의 "한산섬 달 밝은 밤에…"라는 시조가 있듯이, 중국인들에게는 남송 악비(岳飛) 장군이 지었다는 〈만강홍(滿江紅)〉이 있다. 기울어가는 나라에 대한 우국충정과 금나라 오랑캐에 대한 비분강개를 노래한 것이다. 항저우 시후(西湖) 부근에는 악비 장군의 묘와 사당이 있다. 그 사당 앞에는 악비를 모함하여 죽음으로 몰아넣은 진회(秦檜)가 꿇어앉은 조각상이 되어 지나가는 사람들로부터 침 세례를 받는다. 정규 의무교육을 받은 중국인 중에 이 〈만강홍〉을 모르는 사람이 없고, 애국주의 정신이 충만한 시가로 누구나 한 소절씩 즐겨 암송한다. 어쩌면 악비가 토벌할 오랑캐로 적개심을 품었던 민족의 후세들도 오늘날 한족의 일원이 되어 은연중에 이 〈만강홍〉을 읊조리고 있을지 모른다.

성난 머리칼은 관(冠)을 뚫을 지경인데,
난간에 기대어 바라보니 쓸쓸히 내리던 비가 그치네.
고개를 들어 하늘을 향해 길게 탄식하니, 장수의 감회가 끓어오른다.

삼십년 쌓은 공명은 한낱 먼지에 불과하고,

팔천 리 내달렸던 길도 구름과 달빛처럼 허무하구나.

속절없이 세월만 가고 검은 머리카락 어느새 세어가니,

비장한 마음만이 애절하도다.

정강(靖康)의 치욕을 아직 설욕하지 못했으니,

어느 때나 신하된 자의 한을 풀 수 있을까.

전차를 몰아 하란산(賀蘭山)을 짓밟아 무너뜨리리라.

주린 배를 오랑캐의 살로 채우고,

목마름을 흉노의 피로 해갈하리라.

내 기필코 옛 산하를 수복하여 황상을 알현하리라.

　악비를 우국충정의 화신으로 받드는 일은 역사적으로 억눌렸던 한족의 비감한 민족주의와 역대 한족 정권에 대한 추모의 정을 표출하는 문화현상이다. 오늘날 비록 중화 대가족의 단결과 화합을 저해하지 않기 위해 한족 중심주의와 우월주의가 공식적으로 표출하는 일은 억제되고 있지만 민간의 분위기는 사뭇 다르다. 최근 만학(滿學, 청나라와 만주족 문화를 연구하는 학문)의 권위자이자 CCTV 인기강좌 프로그램 '백가강단(百家講壇)'의 명강사이기도 한 옌충녠(閻崇年) 선생의 피습사건이 이런 분위기를 증명한다. 평소 그는 청나라 역사, 그중에서도 특히 강희, 옹정, 건륭 세 황제의 재위기간에 관한 각종 강좌를 전문적으로 진행해왔다. 그런데 만주족 정권 황제들의 업적은 지나치게 미화하면서, 그들이 일으켰던 문자옥(文字獄)이나 변발 강요 등과 같이 한족에게 저질렀던 각종 만행과 탄압은 도외시한다는 비난을 받아왔다. 그러던 중 그가 어느 강연회장에서 피습을 받아 봉변을 당한 것이다.

봉건시대의 마지막 왕조가 역사시대를 상징하고 대표하는 것은 어느 나라에서나 보편적인 일이다. 이런 현상은 인간이 유지할 수 있는 기억의 유한성 때문에 발생한다.

변발, 치파오, 만주족 문화가 중국의 봉건시대를 대표하는 이미지로 굳어진 것도 같은 이유에서 빚어진 일이다. 때문에 중국의 역사드라마는 태반이 청나라를 배경으로 하는 것들이다.

그러나 2007년 중국에선 명나라 열기가 조성되는 문화현상이 나타났다. 평범한 세관 공무원이 네티즌들의 관심 속에 인터넷에 연재했던 역사소설 《명나라, 그 사건들(明朝那些事)》이 책으로 출간되어 폭발적인 인기를 끌면서 명나라에 대한 재조명 열기가 확산되었기 때문이다.

중국인의 안중에 명나라는 나태하고 무능한 황제들과 환관의 득세, 민란과 왜구의 출몰이 반복되었던 암울한 시대로 여겨져 왔다. 그러나 이 책이 베스트셀러에 오르면서 명나라에 관한 각종 역사서 출간이 뒤따랐고, 명의 부정적 측면보다 '정화(鄭和)의 대항해'와 같은 긍정적인 역사와 위업에 시각을 맞추었다. 명에 대한 재조명 열기는 TV프로그램과 드라마에서도 예외가 아니었다. 그리고 이러

한복(漢服) 입은 결혼사진. 최근 오염되지 않은 한족 고유의 전통문화에 대한 복고 움직임이 활발하다. 한복을 중국의 전통의상으로 재현하려는 노력도 그 일환이다.

한 일련의 조짐이 '한족 중심주의'가 되살아나는 것을 의미하는 것이 아닌가 하는 추론을 불러일으켰다.

중국에서 최근 국학(國學) 부흥 열기나 한복(漢服) 부활 움직임이 일고 있는 것은 사회주의 혁명이 부정하고 폐기했던 각종 전통문화에 대한 복권 노력으로 볼 수 있다. 특히 고전이나 유교경전에 대한 연구와 독서붐이 일고 있는 것은 이제 중국문화의 소프트파워를 키워 중국의 국제적 지위상승과 함께 문화적 영향력의 확산을 시도하겠다는 중국 정부의 의지가 반영된 일이다.

또 청나라의 만주족 문화가 중국 전통문화를 대표하는 현상은 부적절하다는 인식 아래 치파오(旗袍)가 아닌 한복(漢服)을 재현해 중국의 전통의상으로 삼으려는 움직임도 있다. 베이징올림픽을 앞두고 한(漢) 무제와 당(唐) 태종을 다룬 대하 역사드라마가 제작 방영된 일도 중국역사와 문화의 가장 빛나는 기억을 이 강성했던 한족 정권에서 찾겠다는 저의를 드러낸 일이었다.

이 일련의 사회문화적 현상의 배경에는 지나치게 오염된 한족문화의 정체성을 회복하겠다는 의지가 개입되어있다. 그러나 '한족 고유의 문화란 무엇인가?' 라는 의문은 여전히 곤혹스러운 것이 아닐 수 없다. 한족 고유의 유전자 DNA가 존재하지 않듯이, 한족이 대표하는 중국문명의 속성 자체가 외래문화의 수용과 융합을 끊임없이 반복하며 형성된 다민족 복합문화이기 때문이다.

Chapter 4

중국의
문화 아이콘

문화는 하나의 방대한 체계로서, 통상 세 가지 차원으로 구분할 수 있다. 정신문화, 제도문화, 물질문화가 그것이다. 문화를 거대한 빙산에 비유한다면, 정신문화는 수면 아래 잠겨있는 빙산의 주체에 해당하기 때문에 사람들은 이를 쉽게 인식하지 못한다.

베이징대 교수 후자오량(胡兆量)

용(龍)

자식(아들)의 장래에 대한 여망을 중국인들은 '왕쯔청룽(望子成龍)' 이라고 표현한다. 장차 용처럼 큰 인물이 되기를 바란다는 뜻이다. 남자 아이의 이름에 '용' 자를 자주 사용하는 것도 그런 이유 때문이다. 쿵푸 액션스타 리샤오룽(李小龍), 청룽(成龍)처럼 중국 남성의 이름에서 '용' 자는 매우 흔하게 발견할 수 있다. 뿐만 아니라 '용' 자를 넣은 지명이나 산, 강, 도시, 연못 등의 이름도 적지 않다.

용은 고대 중국인들이 상상해낸 영물이자, 중화민족의 토템이다. 중국인들이 시조로 삼는 여와(女媧)와 복희(伏羲)의 형상은 사람의 머리에 뱀의 몸을 하고 있다. 이 뱀에게 말머리가 얹어지고, 사슴뿔이 달리고, 고기의 비늘이 입혀졌다. 이렇게 단계적으로 용이 오늘날의 실체를 형성하게 되었다. 각각 그 동물을 토템으로 삼는 민족들이 중화민족으로 편입되었음을 의미한다. 이리하여 중국인들은 스스로 '용의 후손(龍的傳人)'임을 자처하게 되었다.

진시황 이래 역대 중국 황제들은 용을 이용해 천자(天子)의 권위를 높였다. 진시황은 '조룡(祖龍)'으로 불렸으며, 한고조(漢高祖) 유방(劉邦)은 자신이 '용의 아들'이라는 신화를 만들어내기도 했다. 그래서 황제의 얼굴을 용안(龍顔), 의상을 용포(龍袍)라고 부른다. 명·청 시대에 이르자 크고 작은 용들이 황제의 의복을 수놓았으며 궁중에는 용의 조각이나 그림이 가득하게 되었다. 황제를 상징했던 용은 오늘날 위인이나 큰 인물을 비유하는 말로 쓰인다. 또 중화문명을 상징하는 이미지와 아이콘으로도 활용된다.

서양의 신화와 전설 속에 등장하는 드래곤(dragon)이 '악마의 화신'으로 묘사되는데 반해, 중국인들에게 용은 선량, 총명, 근면 등의 이미지를 지닌다. 그래서 중국에서는 일반적으로 중국의 용을 'chinese dragon'이라고 영문 표기하는 방식이 부적절하다고 여겨, 중국어 발음에 가까운 '룽(loong)'으로 바꾸어야한다는 논의까지 제기되곤 한다.

황하(黃河) 상류에는 용문(龍門)이라고 하는 곳이 있다. 급류(急流)를 거슬러 잉어가 그곳에 올라서면 용(龍)이 된다는 전설이 있다. 그래서 입신출세(立身出世)를 결정짓는 어려운 관문이나 중요한 시험을 비유해서 등용문(登龍門)이라는 말을 쓰게 되었다. '용의 자손' 중국인들이 용을 중시하는 전통은 그것이 신화적 의미를 잃어버린 오늘날에도 변함없이 대대손손 전승되고 있다.

황하(黃河)

중국인들은 황하를 중화문명의 발아를 가능하게 한 젖줄로 여겨 '어머니 강(母親河)'이라고 부른다. 중국 서북지방 칭하이성(靑海省)에서 발원하여 굽이치듯 용틀임하며 산둥성(山東省)에서 발해만으로 흘러드는 황하는 한 마리의 긴 황룡에 비유되기도 한다. 황하 중하류 지역은 하(夏), 상(商), 주(周)로 이어지는 중원문화의 발상지로, 중국고대사의 무대가 되는 땅이어서 황하의 누런색 황토물에서 중국인들이 느끼는 역사적 감회는 남다르다. 새천년을 여는 벽두에 홍콩의 한 액션배우는 이 황하를 오토바이로 건너뛰는 역사적 이벤트를 벌여 전 세계 중화인들의 이목을 집중시켰다. 이 이벤트 하나를 성공시켜 배우는 일약 중화권의 명사로 발돋움하게 되었다.

신석기 시대부터 황하 유역에서 싹튼 중국문명은 한(漢)에 이르러 중국대륙 전역으로 확산되어, 문화수준의 평준화를 이루는 동시에 중국의 영역을 양자강 이남으로 확대시켜 오늘날 중국의 판도를 결정짓는 발판이 되었다. 양자강 유역이 아닌 황하 유역에서 고대 중국문명이 시작된 것은 기후와 생활여건 때문이었다. 신석기시대 양자강 유역은 지금보다 기온이 높고 강수량이 많았다. 그래서 습지가 대부분이었고 삼림이 무성했기 때문에 인간이 거주하기에 적당치 않았다. 이에 반해 황하유역은 건조한 대륙성 기후와 황하에 의해 퇴적된 비옥한 토양이 농경에 적합해 인간이 거주 생활하기에 적합했다. 그래서 황하유역에 건국되었던 중국 고대국가의 수도인 장안, 낙양, 개봉 등의 문명도시가 모두 황하와 그 지류를 끼고 형성되었다.

중국 역대 황제들의 으뜸가는 업적과 관심사는 황하의 치수(治水) 문제였다. 기본적으로 황하유역의 강수량이 적어 상시적인 가뭄에 시달려야 했고, 또 일단 비가 내리면 집중호우식이어서 강의 흐름이 바뀌거나 홍수가 빈발한 유역의 광범위한 지역에 대량의 이재민들이 발생하기 때문이었다.

오늘날 황하는 끊임없이 밀려 내려오는 토사로 인해 강바닥이 주변 유역보다 높은 천정천이 되어버린 지 오래다. 그리고 하수량도 양자강에 비하면 턱없이 적다. 최근에 들어 갈수기에는 아예 말라버리기 일쑤다. 거대한 남수북조(南水北調) 공정은 북방의 상시적인 물 부족 사태를 해결하기 위해 입안되었다. 수량이 풍부한 양자강 물을 베이징지역, 산둥지역, 서북내륙의 세 갈래로 나누어 북쪽으로 올려 보내는 이 공사가 완공되면 해마다 황하 전체 수량과 맞

먹는 규모의 양자강 물이 북방지역에 공급될 것이라고 한다.

장성(長城)

중국인들이 유구한 중국역사와 찬란한 중화문명을 자랑하는 상
징물로 삼는 것이 만리장성이다. 중국인들은 통상 장성이라고 부른
다. 그러나 장성을 중국의 상징으로 만든 것은 중국인 자신이 아니
라 중국을 방문했던 서양인들과 그들의 입을 통해 장성의 위용을
전해들은 서양사회에 의해 이룩된 것이었다. 중원에 소수민족 정권
이 반복해 들어서면서 사실상 무용지물이 되어버린 장성을 중국인
들은 하찮게 생각했다. 장성을 허물어 그 벽돌로 자기집 담을 쌓고
축사를 짓는데도 사용했으니 말이다.

하지만 청과의 통상을 위해 중국을 방문했던 서양 열강 사절단의
눈에 장성은 그야말로 엄청나고 위대한 건조물로 비쳤다. 장성을
대단하게 여기고 호들갑을 떠는 서양인들을 지켜보며, 중국인들도
장성에 대해 다시 주목하게 되었고 차츰 외국인들에게 자랑삼는 역
사유물이 된 것이다. 최근에도 고향에서 장성에 관한 책을 읽고 호
기심을 느낀 한 영국인이 직접 장성을 걸어서 일주하고 다양한 모
습의 장성을 담은 사진집을 출간해 화제가 되었다.

20세기 초 이 만리장성이 ‘달에서 볼 수 있는 유일한 인공건조
물’이란 말을 널리 퍼트린 사람은 만화가이자 작가인 로버트 리플
리였다. 그리고 이 말은 최초로 달에 발을 디딘 우주인 닐 암스트롱

에 의해 확인되었다. 그러나 암스트롱은 나중에 자신이 본 것이 구름 덩어리였다고 말을 바꾸어버렸다. 과연 달에서 장성이 보이는가의 문제는 2003년에 이르러 중국 최초의 우주인 양리웨이(楊利偉)에 의해 최종 확인되었다. 그는 분명한 어조로 "우주에서 장성을 볼 수 없었다"고 말했다. 시력이 매우 좋은 중국인에 의해 확인된 진실이었으므로 더 이상 다른 이론이 있을 수 없었다. 중국 교과서의 관련부분도 수정되었다.

장성은 일반적으로 동쪽 기점인 발해만의 산하이관(山海關)에서 서역의 자위관(嘉峪關)에 이르는 것으로 본다. 중국을 홍보하는 영상물에는 공중에서 조망하는 이 장성의 웅장한 모습이 빠지지 않는다. 과연 장성의 길이가 만리인가 하는 점에 논란이 있었다. 그러나 지금 남아있는 명대 장성 이외에도 춘추전국 시대 각 제후국들이 건설한 독자적 장성, 시대별로 북방 소수민족들이 건설한 장성, 그리고 그 연원을 밝힐 수는 없지만 내륙 곳곳에 남아있는 각종 장성 유적을 모두 합친다면 중국의 장성은 1만리가 아니라 10만리에 달한다는 주장이 최고 권위의 장성 전문가들에 의해 확인된 바 있다.

부역에 나간 수많은 장정들의 고통과 남편을 잃은 맹강녀(孟姜女)의 통곡 속에 진시황이 장성을 축조한 것으로 알고 있지만, 진시황의 역할은 춘추전국시대를 거치며 연(燕), 조(趙) 등의 나라가 이미 만들어 놓은 장성을 이어서 다듬은 것이었다. 더구나 그 규모나 위치도 지금의 장성과는 많아 다른 것이었다. 그 뒤 북위(北魏), 북제(北齊), 수(隋), 당(唐) 등이 모두 나름의 필요에 따라 장성 축조에 나섰다. 이렇게 기원전 10세기경부터 수많은 왕조들이 여러 곳에 서로 이어지지 않는 성벽들을 건축했으나 그 대부분 이미 사라지고 없다. 오늘날 남아있는 장성의 모태는 명(明)에 의해 축조되었다. 연간 수백만의 관광객이 찾고, 주말 트레킹 코스로 변모한 베이징 북쪽 교외의 말끔한 만리장성은 20세기 후반 신중국에 의해 명 장성을 다시 복원 단장한 것이다.

중국홍(中國紅, China red)

중국인들이 붉은 색을 좋아하기 시작한 것은 공산주의와 아무런 상관이 없다. 중국인들이 붉은 색을 좋아하는 풍속은 오랜 역사를 지니고 있다. 그들에게 붉은 색은 정열, 축복, 성공, 정의, 충성과 용맹, 아름다움의 상징이다. 그래서 중국특유의 홍색문화를 중국홍(中國紅)이라 일컫게 되었다. 그것은 하나의 문화적 토템을 형성하며 수천 년을 전해 내려오고 있다. 중국인들은 가장 기쁜 민속명절인 춘절(설날)이 오면 거리에 붉은 등을 내건다. 높게 걸린 붉은 등을 바라보며 그들은 가슴 설레는 명절 분위기를 만끽하고, 한편으로 멀리 떨어져있는 가족에 대한 그리움에 잠긴다.

중국 민속에서 붉은 색은 즐거움과 상서로움의 부호이자, 흉악과 화를 방지하는 영험한 색상이다. 그래서 생활의 중요한 전기나 경사가 있을 때면 반드시 붉은 색으로 장식함으로써 축원과 기쁨을 표시한다. 전통혼례에서 신부는 붉은 색으로 온몸을 치장하고, 신랑도 가슴에 커다란 붉은 장식을 단다. 과거에 장원 급제하거나 출산의 기쁨을 경축하는 색도 모두 붉은 색이다. 그리고 거리에는 붉은 색 바탕에 황금색 글씨의 간판들이 넘쳐난다.

중국인들은 태어난 띠와 같은 해를 본명년(本命年)이라 한다. 12년마다 한 번씩 찾아오는 이 해가 되면 액운이 찾아온다고 여긴다. 그래서 본명년을 맞는 사람에게는 새해 선물로 붉은 색 내의, 양말, 허리띠를 선물한다. 붉은 색으로 몸을 감싸면 액운을 쫓을 수 있다고 믿기 때문이다.

중국인들의 붉은 색에 대한 집착은 공산당이 혁명을 승리로 이끌어 마침내 사회주의 국가가 탄생하면서 한층 심화되었다. 공산혁명을 상징하는 색상도 붉은 색이기 때문이다. 대장정의 기적을 이룩한 혁명군은 홍군(紅軍)이라 부르고, 국기도 붉은 색의 오성홍기(五星紅旗)로 정해졌으며, 신중국의 신세대들은 모두 붉은 스카프를 두르고 학교에 등교했다.

중국 공산당의 실질적 초대 영수로서 사회주의 중국의 아이콘이 된 마오쩌둥의 찬양가로 '동방홍(東方紅)'이란 혁명가곡이 있다. 가장 위대하고 숭고한 영웅을 붉은색 태양에 비유한 노래다. 산시성(陝西省) 북부지역인 산베이(陝北) 고원에서 수백 년 간 불려온 민가의 곡조에 1943년 한 농민이 새로 가사를 붙여 '동방홍'이 탄생했다. '대지를 붉게 물들이며 떠오르는 태양처럼 마오쩌둥이 중

신해혁명으로 중화민국을 세운 쑨원(孫文)은 상하이의 룽창샹(榮昌祥) 양복회사를 찾아가 양복처럼 편리하고 넥타이가 필요 없는 새로운 중국식 정장을 만들어줄 것을 주문했다. 이렇게 해서 탄생한 신식복장을 사람들은 쑨원의 호를 따 중산복(中山服)이라 불렀다.

국대륙에 나타났다' 라는 내용의 가사로 이루어진 이 노래는 공산당의 선전매체를 타고 널리 보급되었으며, 특히 문혁 기간에 홍위병들에 의해 애창되었다.

중산복(中山服)

중산복은 중국 신해혁명의 지도자 쑨원(孫文)에 의해 처음 창안된 것이다. 그는 수천 년 지속되었던 봉건체제를 무너뜨린 후 중화민국을 세웠다. 그리고 불편한 구시대의 복식문화를 개선하기 위해 중국의 민족적 전통을 드러내면서도 편리한 신식 복장을 창안할 필요성을 느꼈다. 그래서 1913년 쑨원은 상하이의 룽창샹(榮昌祥) 양복회사를 찾아가 대표인 왕차이윈에게 양복처럼 편리하면서 넥타이를 맬 필요가 없는 새로운 중국식 정장을 만들어줄 것을 주문했다. 그는 동남아 화교사회에서 유행하던 변형 양복의 상의를 바탕으로 옷깃의 모양, 주머니의 수와 크기, 단추 수 등에 이르기까지 세세한 부분에 대해 자신의 의견을 반영시켰다. 이렇게 탄생하여 중국인들의 애호 속에 신시대의 유행이 된 신식복장을 사람들은 쑨원의 호를 따 중산복이라 부르게 되었다.

그러나 이를 사회주의 중국의 국민복장으로 만든 사람은 마오쩌둥이다. 청년 마오쩌둥이 사회주의 혁명 대열에 참가하여 징강산(井岡山)에 근거지를 마련한 시기부터 그는 구시대 전통복장을 벗어던지고 중산복을 입기 시작했다. 그리고 중산복은 그가 세상을 떠나기까지 수십 년 동안 그의 몸을 떠나지 않았다. 마오쩌둥이 즐겨 입은 중산복은 주머니가 네 개 달린 개량형으로 초기의 중산복과는 옷깃이나 주머니 모양 등이 어느 정도 다르다.

10년간의 문화대혁명을 거치면서 중산복은 사회주의 중국의 대중적 인민복이 되었다. 자본주의의 상징으로 몰린 양복은 사라지고 그 자리를 중산복이 대체했다. 남녀노소, 직업의 구분 없이 전국민이 이 남회색의 중산복을 입었고, 그것은 중국의 사회주의 문화를 상징하는 풍경이기도 했다. 특히 성인 남성들은 중산복 좌측 가슴 주머니에 만년필을 꽂고 다니는 일을 신분과 지위를 과시하는 것으로 여겨 누구나 흉내 내는 하나의 유행이 되었다.

그러나 개혁개방이 시작된 1980년대 이후 편리한 서구식 재킷이 중산복을 대체하고 양복이 다시 유행하기 시작하면서 중산복의 입지는 크게 좁아졌다. 그러나 1990년대 말부터 다시 중산복의 부흥기가 도래했다. 젊은 감각의 복장 설계사들에 의해 중산복에 세련된 변화가 가해지고, 색상이 다양해지면서 유명 연예인들이 이 새로운 중산복을 입고 무대에 오르는 일이 잦아졌다. 그러자 신식 중산복을 입는 것은 현대인들에게 시대의 독특한 유행으로 받아들여지게 되었다.

신중국 건국 후 중산복이 대중적으로 보급된 데는 홍두(紅都)복장회사의 공로가 있었다. 원래 상하이에 저장(浙江) 닝보(寧波) 상인들이 경영하던 여러 복장회사들이 중화인민공화국 건국 후 베이징에 진출하여 연합으로 건립한 것이 홍두복장회사다. 홍두는 중산복의 개량과 설계를 도맡아 했을 뿐 아니라, 마오쩌둥을 비롯한 사회주의 중국 국가지도자들의 중산복을 수십 년간 만들어 납품한 회사이기도 하다. 이를테면 반세기 동안 중국의 국복(國服)을 생산, 유지, 관리해온 신시대의 노자호(老字號)라고 할 수 있겠다.

옥(玉) 문화

옥(玉)이란 광물 집합체를 의미한다. 옥은 크게 연옥(軟玉)과 경옥(硬玉)의 두 가지로 나뉜다. 미얀마에서 채취되는 비취는 경옥에 속하며, 유명한 신장(新疆)의 화전옥(和田玉)은 연옥에 속한다. 광물학적으로 연옥의 성분은 칼슘과 마그네슘의 규산염이며 각섬석의 일종으로 분류되고, 경옥의 성분은 나트륨과 알루미늄의 규산염이고 휘석류의 일종이다. 옥은 이런 종류의 돌로 분류되면서 통상 장식물이나 옥기(玉器) 등 공예품으로 가공될 수 있는 천연재료를 총칭해서 일컫는 말이다. 영어로는 Jade로 번역되지만 이는 경옥에 속하는 비취만을 가리키는 것이 일반적이다.

중국에서는 옛날부터 군자를 자칭하는 사람이면 누구나 고귀함의 상징으로 몸에 옥을 지녔고, 여성들도 고아한 품성의 상징으로 옥 장신구를 즐겨 몸에 지녔다. 또 가족의 부귀와 미덕을 상징하는 물건은 대개 옥을 재료로 만들었다. 중국인들이 옥을 몸에 지니는 것은 한편으로 그것이 액을 피하게 해준다고 믿기 때문이다. 그래서 먼 길을 떠나는 사람은 반드시 옥을 몸에 지니고 다녔다. 또 옥이 건강을 가져다준다고 생각하기 때문에 예로부터 황궁의 대접, 수저, 베개, 술잔 등 수많은 생활용품을 옥으로 만들었다.

2008년 베이징올림픽 메달에도 옥이 사용되었다. 인류의 제전에 참가해 우승한 선수들에게 중국인들이 고귀함의 상징으로 여기는 옥을 재료로 제작한 메달을 수여한 것이다. 여기에 사용된 옥은 중국에서도 최고의 품질로 치는 신장 옥이었다. 금메달은 금색 테두리에 우유빛 백옥을 사용했고, 은메달과 동메달도 각각 금속 테두리에 어울리는 색상의 옥을 배합시켰다.

한·중 양국민들이 옥을 다루고 사용하는 관념에는 차이가 있다.

중국인들은 옥의 품질이나 가공수준을 매우 중요시한다. 그래서 좋은 재질의 옥으로 복잡한 공예를 가한 것일수록 가치가 높다. 옥의 등급은 자신의 품위를 대신하는 것으로 여겨 신분 있는 사람들은 일정 등급 이상의 옥이 아니면 공짜라도 가지지 않는다. 아울러 옥이 건강, 장수를 상징한다고 여겨 돌맞이 아기나 노인들에게 옥 장신구 선물을 많이 한다. 그러나 옥이 몸에 얼마나 좋은가 하는 점은 그다지 생각지 않는다.

이에 비해 한국인들은 옥이 몸에 얼마나 유익한가를 많이 따진다. 원적외선, 음이온, 전자파 방지 등의 무수한 옥제품 광고문이 이를 증명한다. 그래서 한국에는 옥으로 만든 생활용품, 보건기구 등이 많은데 대부분 음식이나 인체와 직접 접촉하는 물건에 많이 사용된다.

Chapter 5

중국적 현실을 영상화하는
자장커(賈樟柯)의 영화들

빈곤이나 화려함에 현혹됨이 없이 있는 그대로의 중국을 가장 정확히 보려면 자장커의 영화를 선택해야 한다. 가장 중국을 잘 표현하는 영화감독은 〈영웅〉의 장이머우나 〈무극〉의 천카이거가 아닌 자장커라고 생각한다. 결코 화려하지 않은 그 지루한 회색빛 영상은 바로 중국을 가식 없이 보여주는 영상 다큐다.

전혀 화장을 하지 않은 맨얼굴의 중국을 보여주는 독립영화를 제작해온 자장커 감독은 중국보다 한국에서 더 널리 알려진 중국 영화감독이다. 엄밀히 말해 중국에는 독립영화의 개념이 없으므로 그의 영화는 '지하전영(地下電影, 지하영화)' 이라 불린다. 체제의 인정과 지원을 받지 못해 정식으로 스크린을 통해 개봉되지 못하는 영화를 가리키는 말이다. 원래 '독립영화' 가 자본의 굴레로부터 독립을 추구하여 탄생한 것이라면 '지하전영' 은 체제의 정치적 구속으로부터 독립을 추구하는 영화라고 의미부여를 할

자장커(賈樟柯) 감독. 자장커 영화의 지루한 회색빛 영상은 바로 중국을 가식 없이 보여주는 영상 다큐다. 중국의 어두운 모습만 찍는다는 비난에 대해 자장커는 불편한 진실을 드러내는 것이 예술의 본령이라고 응수한다.

수 있을 것 같다.

중화문명의 위대함을 웅변하는 대작들을 연이어 내놓는 장이머우(張藝謀), 상업성과 예술성을 망라하며 다양한 장르를 넘나드는 천카이거(陳凱歌), 해마다 연말연시면 새해맞이 영화로 흥행몰이에 나서는 펑샤오강(馬小剛) 같은 몇몇 거물감독들에 의해 과점 되다시피 한 중국 영화계에서 자장커는 시종 중국적 사회현실을 수식 없이 영상화하는 일에 몰두하며 자신의 특별한 존재의의를 부각시키고 있다. 그가 영화인으로서의 길을 걷게 된 과정부터가 중국의 척박한 토양을 온몸으로 이겨내며 스스로의 힘으로 일어선 영화감독이기에, 비록 그의 영화가 중국 내에서는 스크린에 걸리지 못할지라도 유수의 해외 영화제들은 그의 작품을 특별히 우대하고 초청한다. 그의 성장에 조력을 아끼지 않은 부산국제영화제도 그중 하나다.

26살이 되어서야 처음 바다 구경을 할 수 있었다는 자장커는 내륙지방인 산시(山西)성의 가난한 소도시 펀양(粉陽)에서 태어났다. 그는 지루한 고향을 벗어나 도회지로 가보려는 궁리를 하다 영화인의 길을 걷게 되었다. 중국에서 벽지나 시골 청소년이 고향을 벗어나 인생의 성공가도를 달릴 수 있는 길은 두 가지다. 군인이 되든지 대학생이 되는 것. 그러나 인민해방군 전사가 되려면 출신성분, 사상, 지력, 체력 등을 검증하는 매우 어려운 심사를 통과해야한다. 어느 정도는 장래가 보장되는 길이기에 서로 군인이 되려는 청년들로 경쟁이 치열하다. 그래서 그는 차선으로 대학진학으로 눈을 돌린다. 그러던 중 동네 영화관에서 천카이거 감독의 영화 〈황토지(黃土地)〉를 보고 감동을 받아 영화감독이 되려는 꿈을 지니게 되고, 마침내 영화대학 진학을 결심한다.

영화 탄생 100주년을 세계적으로 기념하던 20세기 90년대, 자장커는 베이징영화대학(北京電影學院)의 학생이 되어있었다. 그러나 그가 입학한 것은 영화 연출과는 거리가 먼 문학과. 경쟁률이 낮아 지방 소도시 출신인 그가 아무런 백그라운드 없이 합격할 수 있는 가능성이 더 컸기 때문이다. 영화 1백주년을 기념하여 그는 같은 학과 친구들과 그룹을 만들어 실험영화 제작에 도전한다. 자신이 연출을 맡고 배우, 조연출, 촬영 등을 모두 친구와 그 지인들에게 맡겼다. 이렇게 하여 임대한 카메라로 시간에 쫓기며 만든 영화가 그의 처녀작 〈샤오산의 귀가(小山回家)〉다.

고단한 도시의 삶을 이어가던 한 노동자가 실직한 뒤 귀향하는 과정을 그린 〈샤오산의 귀가〉는 베이징의 대학가를 돌며 연 시사회를 통해 비난과 혹평을 받지만, 예상치도 않게 그해 홍콩 단편영화제에서 그 실험정신을 평가받아 금상을 수여한다. 그리고 그의 가능성을 눈여겨 본 한 홍콩 영화 제작자의 관심어린 지원으로 이 영화의 줄거리를 발전시켜 졸업 작품으로 후속작 〈소무(小武)〉를 제작한다.

개혁개방으로 급속히 변해가는 시대상에 적응하지 못하고 암울한 삶을 이어가는 지방 소도시 소매치기 청년의 삶을 다룬 〈소무〉는 자장커의 실질적인 데뷔작이 되었다. 비록 고스란히 사실을 묘사한 것은 아닐지라도, 줄거리 속의 불행한 청년은 바로 자장커 자신의 고향 친구에게서 모델의 원형을 발견한 것이라 할 수 있다. 사회주의로 포장된 자본주의 사회에서 '부(富)'는 으뜸가는 가치이며 돈이 성공과 인간을 평가하는 잣대가 되어 버렸다. 같이 소매치기로 출발해 몰래 미국담배를 팔던 친구는 사업가로 변신했지만 청년은 여전히 범죄자로 남아있다. 이미 자본주의에 물든 개인에게 국가체제가 요구하는 사회주의적 가치관과 공허한 구호는 그로 하여금 삶의 정체성을 잃어버리게 한다. 영화는 이런 사회적 모순에 적응하지 못하는 한 가난한 청년의 초상을 그리고 있다.

장자커의 초기 영화들과 그 제작에 관련된 일화들은 이제 중국 영화계의 전설이 되었다. 비난과 조소, 상영금지 처분 속에서도 영화에 대한 열정을 버리지 않고 오늘날 세계적인 영화감독으로 우뚝 선 자장커의 삶은 중국의 젊은 영화학도들에게 하나의 꿈이자 우상이 되고 있다. 그리고 그의 치열한 실험정신과 독특한 영상 화법은 전세계 영화인들로부터 관심어린 주목을 끌고 있다.

자장커 영화의 등장인물은 대부분 사회의 소외계층에 속하는 사람들이다. 이야기 전개의 무대가 되는 장소도 보통사람들이 살아가는 꾸밈없는 공간이거나 공사판, 철거현장과 같은 황량한 곳이다. 성장과 발전이란 미명아래 속절없이 휩쓸려버린 보통사람들의 삶, 세태의 변화로 영원히 사라져가는 것들의 뒷모습을 기억하고자 하는 것이 자장커 영화의 앵글을 구성하는 기본자세요 시각이다.

중국의 어두운 모습만 찍는다는 비난에 대해 자장커는 불편한 진실을 드러내는 것이 예술의 본령이라며 자신의 예술관으로 응수한다. 중국의 불편한 모습을 숨기지 않고 직시하는 영화를 만드는 것이 혐오감을 주기보다 오히려 세계인들의 존경심을 불러일으킬 것이라는 것이 그의 지론이다. 이런 그의 일관된 태도가 마침내 햇볕이 얼음을 녹이듯 중국 당국의 태도를 돌아서게 했다. 그의 영화가 중국에서 개봉되기 시작했고, 그 자신은 문화당국의 정책적 지원 대상으로 선정된 것이다.

　자장커는 중국영화계의 6세대 감독으로 분류된다. 6세대 감독들은 최근 개성있는 작품들을 해외영화제에 입상시키며 중국영화의 위상을 끌어올린 '포스트 천안문 세대'들이다. 장이머우를 필두로 하는 5세대 거장들이 전통과 무협에 빠져있을 때, 이들은 사회의 현실과 모순에 카메라를 들이대며 정부의 검열과 씨름을 벌였다. 자장커 외에 〈북경자전거〉, 〈상하이드림〉으로 주목받은 왕샤오솨이(王小帥), 과감하게 천안문 사태를 다룬 〈여름 궁전〉을 제작했던 러우예(婁燁) 등이 대표적 6세대 감독들이다. 이들은 2000년 전까지만 해도 제도권 밖에 머물며 상영되기 어려운 '지하전영' 제작에 몰두했으나 이후 상당수가 지상으로 올라섰다.

　헐리웃 영화나 장이머우의 화려하고 장중한 역사극에 눈이 익숙한 사람들에게 지루하게 느껴지기도 하는 자장커의 영화는 그렇게 중국이 드러내 보이고 싶지 않은 모습을 가감 없이 영상에 담아내는 것이어서 재미의 차원을 넘어 오랜 여운을 남긴다. 그 우울하고 지루한 영상 속의 사람들도 모두 자신의 행복과 인간다운 삶을 추구하는 이 세계의 한 구성원들임을 우리가 느낄 수 있기 때문일 것이다.

춘절을 생각한다

중국인에게 춘절은 어머니의 품속처럼 포근한 안식이다. 그들은 1년 12달을 춘절을 기다리며 일하고 생활한다 해도 지나친 말이 아니다. 한해 모은 저축을 이 명절중의 명절에 아낌없이 지출하고, 가족과 찾아오는 친지를 위해 가장 풍성한 음식상을 차린다. 도시의 공장과 점포들은 귀향하는 종업원들에게 최소 보름이상 한 달에 가까운 춘절 휴가를 스스럼없이 허락한다. 그래서 겨울철 폭설과 한파가 몰고 오는 자연재해보다도 그로 인해 춘절에 귀향하지 못함을 더 큰 재난으로 여긴다.

악귀를 쫓고 행운을 기원하는 풍속과 음식으로 가득한 춘절은 중국인들에게 가슴 설레는 '마음의 고향'이다. 매년 춘절이 다가오면 춘윈(春運, 춘절 특별 수송기간) 귀성표 예매고지가 나붙고, 춘절특집 TV프로그램으로 연중 최고의 시청률을 자랑하는 춘제완후이(春節晚會) 예고가 TV에 나타나면, 사람들은 서서히 마음이 바빠지고 거리에는 춘절 분위기가 고조된다. 고향에 갈 수 없는 사람도 마음은 이미 고향에 가있고, 고향이 없는 사람도 괜스레 고향을 그리는 마음을 품게 된다.

춘절은 한편의 동화다. 다시 모인 가족들이 정겨움과 환성 속에 다가올 새해의 희망을 꿈꾼다. 창문에는 붉은 종이를 전지(剪紙)해서 만든 창화(窓花)를 장식하고, 대문에는 붉은색 춘련을 붙이고, 마당에는 홍등을 내건다. 중국인들이 명절이나 결혼 등 경사스러운 일에 붉은색으로 장식하는 것은 그것이 흉악을 방지하고 상서로움을 불러온다고 믿기 때문이다. 춘련을 붙이는 풍속이 생겨난 데는 이야기가 있다. 옛날 '년(年)'이란 괴물이 있었는데 매년 섣달그믐이 되면 사람을 해치고 다녔다. 사람들은 신선을 통해 이 괴물이 붉은색을 무서워한다는 사실을 알게 되었다. 그 후 섣달그믐이 되면 가가호호 문에다 평안을 기원하는 글귀를 적은 붉은색 천을 붙여 괴물을 쫓아냈다. 이것이 춘련의 기원이 되었다.

춘절에 생략할 수 없는 음식이 하나 있다. 평소에 집에서는 번거로워 잘 해먹지도 않고 기껏해야 슈퍼나 식당에서 사다먹는 교자만두다. 그러나 춘절 때는 상황이 다르다. 만두피를 밀고, 소를 싸고, 그것을 끓여내는 과정은 오래 보지 못했던 가족들이 서로의 정을 확인하고 다지는 하나의 의식이나 다름없다. 멀리서 들려오는 폭죽소리 속에 이렇게 만든 교자만두와 생선요리를 포함한 풍성한 음식상에 둘러앉아, 쌓였던 이야기보따리를 풀어놓는 정겨움이 그리워 중국인들은 일주일이 너머 걸리는 머나먼 귀향행렬을 멈추지 않는다.

춘절은 최대의 전통명절이다. 어른이나 아이들이나 설레임 속에 기다리는 연중제일 기쁜 날이다. 사회주의 중국이 들어서면서 전통명절을 모두 공휴일에서 폐지했지만 춘절만은 손댈 수 없었다. 이 기쁜 날에 중국인들은 폭죽을 터트린다. 설날 생략할 수 없는 한국인들의 국민오락이 고스톱이라면, 중국인들에게 춘절에 폭죽을 터트리는 일은 어른 아이를 구별할 것 없이 즐기는 명절 오락이다. 매년 이 폭죽 때문에 화상을 입거나 귀가 멀어버리는 사고가 전국에서 다반사로 일어나지만 이 관습은 천년을 이어 전해져 내려온다.

폭죽은 원래 악귀를 쫓기 위해 터트리는 것이었는데 명절, 혼례, 개업 등 경사가 있을 때마다 이것을 터트리다 보니 이제 기쁜 일을 상징하는 소리가 되었다. 외국인들에게는 소음이요, 공포의 폭발음이지만 중국인들에게는 자장가처럼 편안하고 희열을 안겨주기까지 한다. 화약을 발명한 나라답게 중국인은 그것을 전쟁터에서 무기로 사용할 뿐만 아니라 축제의 소품으로 발전시킨 것이다.

국가이미지와 외국인들의 혐오감을 고려하여 수도 베이징에서 한 동안 이 폭죽이 사라졌던 적이 있었다. 국가의 관문이자, 각국 대사관들이 자리 잡고 있으며, 연중 개최되는 수많은 국제회의 참가자와 외국 관광객들이 찾는 이 유구한 역사의 대도시에서 폭죽이 금지되자 명절이 되어도 시민들은 흥이 나지 않았다. 귀에 익은 추억의 폭죽소리를 듣지 못하게 되자 사람들은 마치 금단현상이라고 보이듯이 무기력해졌고, 명절이 도무지 분위기가 나지 않는다는 민원이 줄을 이었다. 더 이상 버티기 어려웠던 당국도 마침내 13년간의 금지조치를 풀었다. 2006년부

춘절이 되면 중국의 가가호호 대문에 커다란 복(福)자를 거꾸로 붙이는 풍습이 있다. 이는 복자을 거꾸로 붙인 '도복(倒福)'이 '복이 도래하다'라는 의미인 '도복(到福)'으로 받아들여지기 때문이다.

터 춘절 기간에 한정해 다시 폭죽을 허용하는 결단을 내린 것이다. 폭죽이 다시 허용된 그해 춘절, 희열에 휩싸인 베이징 거리에는 난리가 났다. 춘절기간에 무려 2,000톤의 폭죽이 팔려나갔고, 사고예방과 폭죽 쓰레기를 수거하기 위해 수만 명의 공안경찰과 청소부, 수백 대의 청소차가 동원되었다고 언론보도가 전했다.

춘절이 되면 중국의 가가호호 대문에 커다란 복(福)자를 거꾸로 붙이는 풍습이 있다. 이는 '거꾸로'라는 의미의 도(倒)자가 '도착하다'는 의미의 도(到)와 발음이 같아, '복'자를 거꾸로 붙인 '도복(倒福)'이 '복이 도래하다'라는 의미인 '도복(到福)'으로 받아들여지기 때문이다. 이것은 명나라 때부터 전해져오는 풍습으로 숨은 일화가 있다. 글을 모르는 어느 대가집 하인이 춘절을 앞두고 대문에 '복'자를 거꾸로 갖다 붙이는 실수를 저지르고 말았다. 크게 경을 칠 일이었지만, 총명한 또 다른 하인이 "이는 복이 집으로 찾아오는 경사스러운 일이 아닙니까?"라고 주인을 설득해 일을 저지른 하인은 도리어 크게 상을 받았다고 한다. 이후 사람들이 너나없이 춘절이면 복자를 거꾸로 붙이는 일이 늘어나 오늘에 이른다고 한다. 흉한 일을 길한 일로 바꾸어버린 이야기 속에, 사람들의 마음을 일시적이나마 아름답고 선량하게 만드는 춘절의 마법이 숨어 있었던 것은 아닐까?

　춘절 기분은 섣달(음력 12월) 8일, 팔보죽(八寶粥, 영양죽)의 원조인 납팔죽(臘八粥)을 끓여먹는 일로부터 시작한다. 납팔죽은 불교에서 유래된 풍속이라고 한다. 석가모니가 득도했음을 기리기 위해 절에서 시주받은 각종 곡식과 견과류, 말린 과일 등을 함께 넣고 죽을 끓여 가난한 사람들에게 나누어주던 일에서 비롯된 것이다. 이어서 섣달 24일에는 부엌신을 모시는 제사를 지낸다. 부엌신은 일 년간 집안의 길흉화복을 좌우하는 신이어서 특별히 정중하게 모셔야 한다고 믿는다. 부엌신을 모시고 나면 섣달그믐까지 새해맞이 대청소 기간을 맞는다. 이 기간을 소천(掃塵)이라고 하는데, 나쁜 기운을 털어버리고 새 마음으로 새해를 맞이하기 위해 집안에 쌓인 먼지를 닦아낸다는 뜻이다. 이때 가위나 칼 등 집안의 복을 잘라버릴 위험한 흉기는 모두 일시 숨겨두기도 한다.
　그리고 춘절의 하이라이트라고 할 수 있는 것은 섣달그믐 저녁이다. 이날 가족이 둘러앉아 함께 먹는 음식을 녠예판(年夜飯)이라고 한다. 춘절기간에 터트리는 폭죽은 바로 이 섣달그믐 밤에 집중된다. 특히 해가 바뀌는 순간에는 곳곳에서 새해를 축하하는 불꽃놀이도 동시에 진행되어 그 엄청난 폭발음에 귀가 따갑고 화약연기에 코가 매운 지경이 된다.
　정월 초하루부터는 가까운 친척부터 차례로 방문하여 세배를 나누고, 처가와 친정도 찾는다. 춘절 분위기는 원소절(대보름)인 정월 15일이 되어야 비로소 그 분위기에 잦아든다. 그리고 일터와 상가가 서서히 출근한 사람들로 채워지고 다시 일상으로 돌아간다. 한 달 남짓한 기간 동안 춘절 분위기가 지속되는 것이다.
　아이들에게 춘절이 되면 가장 즐거운 일은 세뱃돈을 받는 일이다. 한국에서 새해 첫날 세뱃돈을 아이들에게 건네는 것과 달리, 중국에서는 섣달그믐에 아이들

예전 중국인들은 춘절이 되면 가까운 사찰을 찾아 새해 무사평안과 복을 비는 관습이 있었다. 이렇게 사람이 몰리는 사찰 안팎에 열린 풍물시장을 묘회(廟會)라고 한다.

에게 과자나 돈을 주는 것이 통상적인 풍습이다. 이 세뱃돈을 야수이첸(壓歲錢)이라고 부르는데, 원래는 '귀신을 쫓는 돈'이라는 뜻의 야수이첸(壓祟錢)에서 유래한다. 요괴를 뜻하는 수이(祟)를 같은 발음이면서 나이를 뜻하는 수이(歲)로 바꿔 부르게 된 것이다. 야수이첸은 섣달그믐에 아이들만 골라 해친다는 요괴(祟)를 쫓는 돈으로 무사평안하게 나이를 한 살 더 먹도록 하라는 의미로 건네는 돈인 것이다.

그래도 요즘은 TV, 영화, 국내외 여행, 온천 등 춘절 연휴기간에 시간을 보낼 수단이 많아졌지만 전통사회에서 그 역할은 묘회(廟會)가 담당했다. 예전에 베이징 성내와 교외에는 수백 개의 사찰이 있어서 춘절기간에 새해 무사평안과 복을 비는 백성들을 위해 개방되었다. 사람이 몰리는 곳이어서 자연스럽게 풍물시장이 사찰 안과 주변에 개설되었다. 이것을 묘회라고 한다. 이 묘회 문화는 지금도 몇 군데 전통 사찰에서 상징적으로 유지되고 있다. 어느 해, 필자는 이 인산인해의

묘회를 구경 가서 입장권을 사려고 줄섰다가 사람들에 떠밀려 본의 아니게 무료
입장을 해버리고 말았다. 비록 중국의 외국인에게 춘절은 피곤하고 무료한 기간
이 되곤 하지만, 그 아련한 전통의 분위기에 취해 적어도 마음만은 중국인과 함
께 들뜨게 되는 것을 피할 수 없다.

이제 중국을 새롭게 인식하고 바라봐야 한다

중국의 반한 혹은 혐한 감정에 대한 언론보도가 끊이지 않고 있다. 덩달아 한국 내 반중 감정도 비등하고 있다고 한다. 이런 보도의 근거는 대부분 당사국의 언론기사나 사이버 공간의 평설들이다. 그러나 한편으로 혐한 감정을 그다지 느끼지 못하고 살아간다는 중국 속의 한국인들도 상당수다. 한국에서도 반중 감정으로 중국인들이 해코지를 당했다는 이야기를 들어본 적이 없다. 그러면 이 모든 상황이 언론이나 사이버 공간에서만의 해프닝인가?

2008년 5월, 중국을 국빈 방문한 이명박 대통령이 후진타오 주석과 정상회담 후 귀로에 쓰촨대지진 현장을 찾았다. 이재민들을 위로하기 위한 걸음이었다. 한국의 대통령이 졸지에 고아 신세가 된 아이를 보듬어 안은 사진이 중국의 신문지상에 실렸다. 동일 인터

312

넷 기사에는 수많은 중국 네티즌의 리플이 올랐다. 그 주류는 "쇼하지 말라!"는 반응이었다. 그것은 진심에서 우러난 행동이 아니라 험한 감정을 누그러뜨려보겠다는 생각으로 계획된 연출아래 이루어진 행위라는 비난으로 여겨진다. 이것은 하나의 단편적 사례에 불과할지 모른다. 그러나 1992년 한·중 수교 이후 오랜 기간 중국인들이 한국에 보였던 호감과 친근감에 비기면 이것은 확실히 무언가 달라진 점이 있음이 분명하다. 그것을 혐한 감정이라고 부르는 것이 적절할지는 모르지만 말이다.

개인적 사교에서는 더 이상 좋은 친구가 될 수 없는 중국인과 한국인이다. 국적의 구분이 어려운 비슷한 외모, 체면과 손님접대를 중시하는 사교문화, 함께 한자를 쓰는 문화적 배경 등 서로 가까워질 수 있는 공통점을 모두 나열하자면 끝이 없을 정도다. 그러나 국가나 민족이라는 집단 감정으로 옮아가면 상황은 무척 달라진다. 역사문제의 갈등, 영토 분규, 문화적 원조논쟁 등 양국이 부딪히고 서로 상처를 입힐 일들이 무수하다.

한반도를 둘러싼 동북아 지역블록은 매우 특수한 곳이다. 세계 4강국이라고 할 미국, 중국, 일본, 러시아의 이해가 한반도에서 서로 교차하고 있다는 점에서 말이다. 4강국 이외에는 오직 한반도만 이 지역에 자리 잡고 있다. 다른 지역블록에 소수의 강국과 다수의 중소국들이 혼재하고 있는 점과는 근본적으로 상황이 다르다. 이런 지역 환경 속에 중국은 항상 한국을 미국과의 연결고리 속에서 인식하고 평가하는 경향이 강하다. 한국도 중국의 대국주의를 중단없이 경계한다. 역사적 피해의식이 자연스럽게 이런 태도를 형성하게 한 측면이 있다. 중국의 고구려사 왜곡사건은 한·중 수교 이후 그들이 노골적으로 대국주의를 드러낸 상징적 사례다. 그러므로 다방면에 걸친 양국 간의 갈등은 앞으로도 수면아래 잠복하다 수시로 돌출하는 일이 불가피할 것이다.

한국인과 중국인은 아직 서로에 대해 충분히 이해하고 있지 못하다. 반세기의 단절기간이 서로를 너무 많이 변하게 만들었기 때문이다. 그럼에도 겨우 《삼국지》와 중화요리로 중국을 이해하는 한국인들이 중국에 대해 지닌 편견과 선입견은 매우 심각한 수준이다. 중국인 중에도 과거의 주종관계에 대한 향수를 지니고 한국에 대해 대국주의 기질을 유감없이 발휘하는 사람들이 적지 않다. 이런 몰이해와 무례 속에 피상적 언론보도나 사이버 공간의 막말이 던지는 작은 파장은 일파만파로 확대 재생산된다.

최근 양국민의 반목에 대해 다양한 시각의 원인분석과 그 해소책이 제기되고 있다. 단기간에 한두 가지 사건으로 인해 나타난 현상이 아니므로 그 원인을 집어서 이야기하기가 어려워 사실에 왜곡이 발생할 수 있다. 중국 내 혐한 감정의 핵심적 원인은 '달라진 중국의 위상을 한국인들이 인정하지 않고 여전히 가난한 인구대국, 인권후진국으로 중국을 무시'한다고 중국인들이 여기기 때문이다. 그 해소책에 대해서도 마찬가지다. 단편적으로 집어 말하기 어렵지만, 사안의 핵심은 '많은 개인적 사교와 친분의 연결고리를 만들어 집 단감정이 끼어들 여지를 최소한으로 줄어들게 만드는 길'일 것이다. 최근의 감정적 분위기에 대한 해소책으로 각종 민간교류 확대, 특히 청소년과 같은 미래세대의 교류와 친구 만들기를 집중적으로 추진하는 것은 그런 이유 때문이다.

그러나 이런 노력에 앞서 우리는 주위의 중국인들에게 소홀한 점이 없는가를 먼저 살필 필요가 있다. 중국 내 혐한 기류의 가장 핵심에 한국에서 홀대와 푸대접을 견디다 돌아간 중국인, 중국진출 한국기업에 근무한 경력이 있는 현지 직원들이 있다는 사실에 주목해야 한다. 이런 사정은 일본에 유학했던 중국 유학생들이 대개 철저한 친일 인사가 되어 귀국하는 점과 대비된다. 한국의 중국 유학생들은 중국과 중국인을 함부로 말하며 깔보는 한국인들로부터 상처받고, 한국 언론이 다루는 중국 뉴스에 심한 모멸감을 느끼는 경우가 많다. 그리고 언젠가 귀국 후 이에 복수하거나 바로잡겠다는 생각을 하게 한다. 한국을 찾아온 중국 유학생이나 기업인들을 친한 인사로 만드는 일은 서로의 반목을 극복하고 한·중 가교를 만들어가는 노력의 으뜸가는 순위가 되어야 한다.

이제 중국을 새롭게 인식하고 바라봐야만 한다. 중국이 지구촌의 수퍼파워 국가로 부상하고, 더구나 우리가 그들과의 교역에서 많은 경제적 실리를 얻고 있다는 이해타산의 차원에서 하는 이야기는 아니다. 우주선을 쏘아 올리는 첨단 항공 우주과학이나 상하이의 화려한 야경이 중국의 평균적 모습을 대표할 수 없듯이, 가짜명품이나 불량식품 파동 혹은 티베트의 시위사태 또한 중국의 참모습은 아니라는 뜻이다. 언론의 피상적 기사나 사이버 공간을 떠도는 중국에 관한 무수한 괴담에 둘러싸이면 그 넓은 대륙에도 우리와 별반 다르지 않은 일상을 살아가는 13억의 선량한 보통사람들이 있다는 사실을 우리가 자주 망각하게 된다는 문제를 지적하고 싶은 것이다.

중국은 다민족·다문화 사회의 국가다. 여전히 19세기적 삶을 살아가는 일부의 사람이 있는가 하면, 21세기 최첨단 문화를 누리며 살아가는 부유층이 공존하는 나라다. 이 거대한 나라의 문화와 언어를 배우고자 찾아온 외국학생 중 한국 유학생이 가장 많다. 그리고 중국어 능력을 평가하는 토플시험이라고 할 수 있는 HSK시험에는 매번 한국학생들이 응시자 수에서나 고득점자 분포에서 압도적 다수를 차지한다. 우리의 가장 가까운 이웃나라이면서 미래의 초강대국으로 부상하는 중국을 소홀히 여기고 대할 수 없음을 우리 스스로 인정하는 일이다. 대국의 규모나 사람 수에 현혹되어 주눅 들 필요도 없겠지만, 분단국가라는 현실과 우리의 미래번영이 연관 지어진 필요성과 실익을 방치할 수도 없는 일이다.

단일민족 국가를 자처하는 한국인들은 자신과 이질적인 문화를 잘 포용하지 못하는 단점을 지니고 있다. 때로는 한국적이지 않은 것을 나쁜 것으로 매도하기도 한다. 그리고 서구사회나 선진국의 대중문화나 사회상에 대해서는 무조건적 호감을 표시하는 반면, 개발도상국이나 가난한 나라에 관해서는 지나친 편견을 드러낸다. 이러한 기질이 중국을 바라보고 인식하는 우리의 시각과 자세에 개입하고 있음을 부인할 수 없다. 먼저 우리 스스로의 마음가짐과 자세를 단정히 해야 한다. 그리고 한국적 관념이나 문화의 잣대로 외국인과 외국문화를 평하고 비하하지 말아야 한다. 이것이 서로의 반목을 풀고 중국인들과 원만히 사귈 수 있는 지름길이라고 보아도 틀리지 않을 것이다.

한 · 중 소통을 위한 비교문화 에세이

한국이 싫다

초판 1쇄 2009년 4월 30일

지은이 정광호
펴낸이 김석규 **담당PD** 이윤경 **펴낸곳** 매경출판(주)
등 록 2003년 4월 24일(No. 2-3759)
주 소 우)100-728 서울 중구 필동1가 30번지 매경미디어센터 9층
전 화 02)2000-2610(출판팀) 02)2000-2636(영업팀)
팩 스 02)2000-2609 **이메일** publish@mk.co.kr
인쇄 · 제본 (주)M-print 031)8071-0961

ISBN 978-89-7442-570-8
값 13,000원